ふるい人たち

妻と訪ねる休日

佐田　英明

まえがき

皆さんは休日をどうお過ごしでしょうか。

佐田家の休日は夫婦で史蹟《しせき》巡りです。主人公は私で、妻はあくまでも「連れてゆかれる人」なのですが、内心では楽しんでいる様子が見て取れます。遺跡や古墳、古刹《こさつ》や神社、中世の山城など、古い場所や古いモノの周辺を夫婦でウロつくのです。つまり、田舎を散策しています。各地で執《と》り行われている神事も大好きです。時には日帰りで離島を訪れています。島の古老との対話は最高の楽しみです。渡船が一日に二～三便しか無い離島だと、前もって渡船の運航時刻を確認しておかないと鹿ケ谷《ししがたに》の俊寛《しゅんかん》の悲哀を味わう羽目になります。

史蹟巡りから自宅に帰り着くと、一杯やりながら、夫婦でその日の獲物の感想や考察をペチャクチャやります。ほぼ結論が出たらお仕舞いです。考察内容が極端に食い違っていたりすると口論となり、時には言い合いになることもあります。長く生きて来た分、言い合いに登場させる語彙《ごい》は双方とも豊富です。最近は双方が頑固になって「時には」でなくなってきました。

本書に収めたのはそうした夫婦の旅日記に類するものです。郷土に息づいている古いモノや古老に触れる歓びはまた格別でした。

コロナで散策もままならない昨今、これまでの散策ノートの記録を繰ってみました。今回は『ふるい人たち』と題して上梓させていただきました。本作品は妻と訪れた休日の記録であり、また、妻に語った「ふるい人たち」の記録です。

もくじ

異国の漂着者：ロシア兵

一九〇五年五月二十七日、連合艦隊司令長官の東郷平八郎《とうごうへいはちろう》が対馬沖でバルティック艦隊を確認したのは午後一時三十九分であった。海戦の相手となったバルティック艦隊は前年の十月にバルト海のリバウ港を出港した。総勢三十八隻の大艦隊は、その後、七カ月に及ぶ東洋への航海を続けて対馬沖に現れたのである。

バルティック艦隊がリバウ港を出港した時点では、陸軍（乃木大将麾下《のぎたいしょうきか》の第三軍）はまだ旅順《りょじゅん》の敵要塞《ようさい》を攻略できておらず、従って旅順港内のロシア艦隊は健在であった。もしバルティック艦隊とこの旅順のロシア艦隊が東洋で合流して日本海を制したら、日本は食糧や弾薬の大陸への輸送が断たれ、大陸に展開している日本陸軍が壊滅する恐れがあった。幸運にも、第三軍は一九〇四年の年末に旅順要塞を陥落させた。次の焦点はバルティック艦隊との遭遇戦《そうぐうせん》に移っていった。

バルティック艦隊の航行状況については日本の諜報員《ちょうほういん》や、航路となる海域の各地に植民地を有していた同盟国の英国を通じて逐次《ちくじ》、日本側に伝えられてはいた。ロシア艦隊は寄港を英国にことごとく断られて疲れ切っていた。一刻も早く自国領の港に辿り着きたいの思いが最短コースの対馬沖航路を選択させた。バルティック艦隊の最終的な停泊港がウラジオストーク港であることも推測された。東郷平八郎《とうごうへいはちろう》はそれらを見抜いていた。

五月二十七日午後一時三十九分、バルティック艦隊が現れた。東郷平八郎《とうごうへいはちろう》は直ちに自国艦隊を戦闘隊形に移らせた。一時五十五分、東郷長官はZ信号旗《ゼットしんごうき》を掲げさせ、例の有名な訓示を伝達した。東郷長官は北進する相手艦隊に対し、その先頭の艦の直前を横切るという、従来鬼門《きもん》とされる戦術を取った。ウラジオストーク港に逃がさないとの決意の表れであった。縦一列（単縦陣）で北進していた相手方は前方の自国艦が邪魔になり後方の艦からの砲撃ができず、ロシアの先頭艦は前方を塞ぐ形で横一列となった連合艦隊から常に一斉砲撃を受けることとなって、逐次脱落して行った。午後六時ごろにはロシアは主要艦をほぼ喪失した。バルティック艦隊は夜戦で四十隻の日本の水雷艇や駆逐艦の掃討《そうとう》を受けて全滅した。三十八隻中でウラジオストーク港に逃げ込めたのは小型艦三隻のみであった。

海戦初日（二十七日）の深夜から翌日（二十八日）になると、戦場は当初の対馬沖から北方の日本海に移っていた。バルティック艦隊がウラジオストーク港への逃げ込みを図り、それを日本の水雷艇と駆逐艦が追尾したからである。魚雷攻撃が威力を発揮し、露艦の撃沈が続いた。当時の魚雷は低速で短射程だったため、露艦に肉薄する必要があった。日本の駆逐艦《くちくかん》や水雷艇《すいらいてい》は五百メートルまで接近して魚雷を発射し大戦果を挙げた。ロシア兵士の遺体は主に中国地方の日本海の海岸に漂着することになった。撃沈された軍艦から幸運にも脱出できた水兵も僅かながらいた。脱出できた生存兵は救命艇に乗り移り、それを漕いで日本の陸地を目指した。対馬から鳥取におよぶ広範囲の沿岸地帯にロシア水兵が漂着した。ロシア兵の漂着の話が伝わる中国地方の沿岸を、私たち夫婦は機会をみては訪れて来た。そのいくつかを紹介しよう。

漂着地として最も整備され、漂着の経緯がはっきりしているのは鳥取県の鴨ケ磯《かもがいそ》である。鴨ケ磯《かもがいそ》は兵庫県境の鳥取県岩美《いわみ》町の『浦富《うらどめ》海岸ジオパーク』の一角にある。海岸に奇岩が連なるジオパークの田後《たじり》集落と網代《あじろ》集落の中ほどに鴨ケ磯《かもがいそ》はある。『カマ（鎌、嘉万、蒲）』とは断崖の海辺（時に内陸部の泉）を表す地形古語であり、まさに鴨ヶ磯もそうした地形である。

海戦から三週間後の六月十六日、田後《たじり》の漁師が鴨ヶ磯《かもがいそ》の沖合で二名のロシア将兵の水死体を見つけた。漁師は遺体を鴨ヶ磯まで曳航《えいこう》して収容した。ロシアは日本を消し去ろうとした敵国である。憎い敵兵だが、「仏になれば供養するのが道義」との漁民の意見が大勢《たいせい》となり、遺体は鴨ヶ磯で荼毘《だび》に付された。漁民たちは葬儀を営んで丁重に葬ったのである。日露戦争が終わった後、露国から遺族（らしき人）たちがここを訪れ、遺骨を故国に持ち帰ったという（日付は不明）。

海岸沿いの高い場所を縫う県道155号の空き地に車を停め、階段を百メートルほど下ると鴨ヶ磯《かもがいそ》の水辺《みずべ》にたどり着く。奇岩の隙間に『露軍将校遺体漂着地』の石柱が建てられている。田後《たじり》漁民の慈愛に心を打たれる。誰に強制されたものでもない。かつて日本人はこうであったのだ。

そのうち、下関市阿川《あがわ》の「浦《うら》地区」の墓地に、漂着したロシア兵士の墓があることを聞き及んだ。漂着したのはやはりここも死体である。この風聞だけを頼りに一人で浦地区に出向いた。地元住民への簡単な質問を準備していた。「このあたりに日露戦争のロシア兵の漂着地がありますか」。浦地区で幾人かに質問をぶつけたが埒《らち》が開《あ》かなかった。古いことでもあり地元で知る人もいない。可能な限り高齢の地元民を探すことにした。海岸通りを散歩している老人を見つけて尋ねた。「日露戦争のロシア兵の漂着地がありますか」。老人は十秒くらい私の顔を見つめたまま一言も発しなかった（認知症か？）。やがて口を開いた。「漂着地については知りません。でもロシア兵の墓はあります」。「どこにですか？」。「墓地です」。「その墓地はどこですか」。再び老人は十秒くらい筆者の顔を見つめたまま押し黙った。「何と言ったらいいか、難しい」。「遠いですか?」。「ああ、遠い」。「例えば一キロくらい?」。「いや、もっとじゃ」。「二～三キロ?」。」ウーン難しいがそこまではないかな」。「じゃ、どの方角ですか?」。「難しいなあ、方角といわれても、グニャグニャまがっておるから」。「大雑把な道順でいいですよ」。「この道をグニャグニャ進むと人家があるが、人家が終わったところを左の山手に進んだ所が墓地じゃ」。「道しるべとかロシア兵に関する説明板が現場にありますか?」「ない」。

グニャグニャ進めと言われたが、グニャグニャとしか進めなかった。車一台がやっと通れる漁村の路地であった。枝道があるので本道がどれかよく分からない。人家が果てるところを目指して進んだ。随分家がまばらになった辺《あた》りに次の老人を見つけた。「墓地に行くのはこの道ですか?」。「ああ、これを登って行けば墓地で、道はそこでおしまいじゃ」。「墓地にはロシア兵に関係した遺物が有りますか?」。「有るなあ、でも場所は説明ができん、難しいから」。「墓のそばには説明板が有りますか?」。「無い、とにかく難しい、まあ、他所《よそ》の人には無理じゃろ」。

脱輪させないように細い山道を登って行くと墓地が見えてきた。墓の数は多い。『文化』の年号が彫られた江戸時代の墓もある。ここは地元民の墓地なのだ。墓地の中をやみくもに歩いてみたが、徒労に終わった。「○○家の墓」と彫られた墓碑を除外して歩いたが、成果は無かった。次に「南無阿弥陀仏」の墓も除外することとしたが結果は同じだった。ふと、二十世紀に新たに加わった墓だから、墓地のはずれに置かれたのではないかとの考えが浮かんだ。墓地の端っこを集中的に探した。目的の墓はやはり墓地のはずれの一段低い窪地の中にあった。

『明治三十八年露戦兵墓』と彫り込まれた、六十センチばかりの粗末な墓石であった。兵士は上陸したのではなく、死体で漂着したのであろう。海戦が五月二十七～八日だから、漂着は五月の終わりか六月の初めであろう。漂着した遺体は原形をとどめないくらい傷んでいたであろう。ロシアのどこの町で育った若者だったのか。兵士たちの親は、自国の政府から戦死と伝達されただけで、浦地区の墓地のことなど想像もしなかったであろう。高さ約六十センチの墓碑の周りには石が並べられ、囲いとしてある。片田舎の住人たちの親切さが伝わってきた。墓は一言も発しない。

長門市青海島《おうみしま》の通地区《かよい》にもロシア兵が漂着した海辺がある。漂着場所は日本海に面した「大越の浜《おおごし》」である。筆者は青海島の東端の通地《かよい》区を目指した。クジラ館の前を過ぎ西山の丘陵を上ると通《かよい》小学校の正門である。正門を過ぎて百メートルほど坂を下ると、『日露兵士の墓』の案内板がある。そこで車を降り、案内板の矢印に従って石畳が敷かれた山道を進んでみた。波の音がしてきて石畳が階段に変わった。海辺に向かって石段を下るとそこが大越《おおごし》の浜である。石段の左脇に『日露兵士の墓』があった。なぜ『日露兵士の墓』なのか、理由はこうである。日露戦争が勃発した年（1904）の六月十六日、輸送船常陸丸《ひたちまる》は千人を超す兵士を載せて、朝鮮半島に向けて対馬海峡を航行していた。航行中にロシア艦隊の砲撃を受け、常陸丸《ひたちまる》は沈んだ。助かった兵士は僅かで、遺体は近海を漂うことになり、その一部が大越の浜に流れ着いたのである。

「大越の浜」には「常陸丸遭難者の墓碑」と「露艦戦士の墓碑」の二つの墓碑が並んで立っていた。そばには小さな石地蔵が立っていた。敵味方なく弔《とむら》った青海島の漁民は温かい。日本人の誇りである。開戦を決めた為政者たちは一片の命令書を書くだけで済むが、想像もしなかった異郷で短い生涯を終えるのは戦う兵士たちなのである。唐代末期の曹松《そうしょう》はこう慨嘆《がいたん》した。一将功成りて万骨枯る。振り仰げば、断崖絶壁の斜面の木々の中から野鳥の賑やかな声が聞こえてきた。

漂着ロシア兵に関してはこんな場所もあった。萩市須佐《すさ》の日本海を望む高台に法隆寺《ほうりゅうじ》という浄土真宗《じょうどしんしゅう》のお寺があるが、この寺は漂着した三十三名のロシア兵を救護した寺である。須佐の町並みはとても窮屈なので、車での通行は極めて不便である。すぐ眼前に法隆寺の屋根は見えるのだが、寺への道は狭隘《きょうあい》でなかなか近づけない。路地の随所に車がこすった痕があった。住民の協力を得てようやく法隆寺にたどり着いた。

海が見下ろせる境内には、高さ四メートルの石碑がある。対馬沖海戦の七年後に建てられた石碑である。『日本海戦役漂着敵艦将卒収容地』とある。

法隆寺の住職や奥様が懇切丁寧に日露戦争を含め、この須佐の地のあれこれを筆者に語ってくれた。北前船《きたまえぶね》の発着港として賑わった頃の話、女郎屋《じょろうや》や芸者が溢れていた頃の話、田中義一内閣の逓信大臣《ていしんだいじん》を務めた久原房之介《くはらふさのすけ》は須佐の出身であった話、日露の軍艦の大砲の音が町にドンドンと響いた話、ロシア兵がボートで須佐湾に辿《たど》り着いた話など、話題は豊富であった。先日東京からロシア領事館の青い目の青年が来た話などもしてくれた。その青年は、来年ロシアに帰る予定だが、日本滞在中にぜひこの寺を訪れたかったと語ったという。

須佐の住民はロシア兵に対してワカメ入りのオニギリやお茶を用意し、傷の手当をした。後年、捕虜兵たちは「日本人はとてもやさしく、礼儀正しい民族である」ことを本国に報告したという。やがて三十三名の身柄は須佐から門司の収容所へ引き渡された。将校はお礼として双眼鏡一個を寺に残して旅立ったという。

話を伺いながら境内から町並みや日本海を眺めた。右手には五百数十メートルの堂々とした山容の高山《こうやま》が迫る。左手の丘には毛利藩の永代《えいたい》家老《かろう》の益田氏の墓地がある。益田氏の墓地の中には須佐を統治した歴代当主の宝篋院塔《ほうきょういんとう》群が見えた。足下《そくか》は須佐漁港である。夏場には漁港は命《ミコト》イカを求める遠来の訪問者でごった返す。

カッター（短艇《たんてい》）で日本本土に上陸したロシア兵の話もある。益田町（現、島根県益田市）鎌手《かまて》村土田《つちだ》の北浜海岸に辿り着いた二十一名の水兵がそれである。異国の軍人が上陸した鎌手《かまて》村は大騒ぎになった。火縄銃を持ち出した村民もいたらしい。しかし水兵たちはあまりにも疲れ過ぎており、彼らから闘争心は消えていた。水兵たちは、自分たちが帯同していた全ての武器を放り捨てた。すると住民たちの恐怖も治まり、落ち着いて来たという。鎌手村の知識人の一人がこの突然の来訪者たちの身元を知ろうと「生国如何」と書いて示したが、役には立たなかった。知識人の「生国如何」よりも、村人の耳に聞こえていた砲声からの類推こそが正解であった。きっとロシアの水兵だ。そのとおりであった。辿り着いた水兵らは巡洋艦ウラルの乗組員だった。

村人は、食事や入浴、寝具など、文化の違いを乗り越えて水兵たちの介護に当たったという。やがてロシア兵は馬車に乗せられ、益田町内の妙義寺《みょうぎじ》に移された。妙義寺は七尾《ななお》町にある曹洞宗《そうとうしゅう》の古刹《こさつ》で、領主益田氏の菩提寺である。残念ながら現在、妙義寺《みょうぎじ》にはロシア兵に関する名残は見当たらない。事蹟としては、第二次幕長戦争の際に大村益次郎がこの寺を本陣に使ったことと、乃木三蔵《さんぞう》の墓があることぐらいだろう。乃木三蔵は日露戦争の旅順《りょじゅん》戦の指揮官乃木希典《のぎまれすけ》の叔父である。妙義寺の裏手は乃木霊園となっている。筆者はロシア兵が漂着したという北浜海岸を目指した。

　北浜海岸の現場に辿り着くのはかなり大変だった。国道上にも、また土田の集落の中にも、露兵上陸に関する標識はまるで無く、北浜を示す標識すらない。土田の集落を何度か右往左往するうち、「北浜なのだから最北端を目指してみよう」と考え、ようやく辿《たど》り着いた。風光明媚《ふうこうめいび》な砂浜と岩礁が見える浜辺に「ロシア兵上陸」の説明板があった。漂着に使われたカッターは門司に展示されていたが、第二次大戦の日本の敗北からか、廃棄処分された。上陸兵らは捕虜輸送船により妙義寺から四国松山に移された。後述するように、松山には前年に全国最大の収容施設が完成していたからである。

　所は変わるが、日露の砲撃戦の端緒の地である対馬も大勢のロシア水兵が流れ着いた地である。対馬の住民は、対馬沖から海岸に漂着した巡洋艦アドミラル・ナヒモフ号の乗組員百一名を小学校や民家で手厚く手当した。村を上げて兵士たちを介抱したことに留まらず、住民は落命者の慰霊祭を今に到るまで毎年執《と》り行っている。

　見渡せば、日本の各地に埋葬されたロシア水兵はおよそ五百人だとされる。捕虜は陸海軍兵士を併せて七万人である。この当時の一般日本人は敬意をもって彼らに対した。特筆されるべきは突然の漂着に見舞われた沿岸住民の道義心であり、義侠心である。敵味方の区別は無い。将軍たちもまたそうであった。当時の将軍たちは幕末・維新に白刃の下を潜《くぐ》り抜けてきた最後の世代の男らであった。しかし、時が二十世紀に移ると、ペーパーテストの成績で席次や階級が決まる陸海軍大学校の風土が官僚や職業軍人に醸成され、武士道が消えて行った。

明治三十七年（1904）、日露戦争が始まると、全国初の捕虜収容所が松山に設けられた。ロシア兵の捕虜は全国二十九か所に分散して収容されたが、最初でかつ最大の収容場所が松山にあった。捕虜輸送船を使って松山に運ばれた捕虜の数は、多い時で四千人を超えた。延べ人数で六千人近い。大変な数である。捕虜は寺院や松山市公会堂や松山藩の家老屋敷跡や松山城二の丸にあった衛戍《えいじゅ》病院などに分散して収容された。要するに、松山市内で収容力のある規模の大きな建物の全てを活用したのである。捕虜が松山に滞在したのは二年間である。『衛戍《えいじゅ》』とは日本陸軍が全国の大都市に設置した軍の駐留システムのことで、その常駐場所が衛戍地であり、衛戍地の基幹病院が衛戍《えいじゅ》病院である。松山城北《じょうほく》地区には二十六棟の病棟が建てられた。

松山俘虜《ふりょ》収容所では、負傷した兵士に対して愛媛県立松山病院（後の日本赤十字社）が懸命の救護活動を行った。看護の甲斐なく、九十八人のロシア兵士は松山で他界した。

松山市の城北地区のロシア兵墓地を訪れたことがある。松山大学の御幸《みゆき》町キャンパスのそばである。墓地に足を踏み入れると巨大な墓が一つ突然目の前に現れて度肝を抜かれた。その墓には『ワシリー・ボイスマン大佐之墓』と刻まれていた。死亡した捕虜の中でワシリー・ボイスマン大佐（51）が最上位の階級だったのである。階級は死後も引き継がれていた。同大佐以下、九十七人の墓が並んでいた。どの墓石も祖国を臨む形で北向きに建てられていた。ここの捕虜たちの外出は自由で、彼らは道後温泉での入浴や観劇や自転車競走などを楽しんだ。温泉の入浴風景の写真が今に残っている。さすがに食事はワカメ入りのおにぎりだった須佐の法隆寺とは違って、ロシア人向きにパンやスープや肉類が用意された。捕虜には日本政府から手当金が支給され、彼らは街で買い物をしていたのである。松山での捕虜の優遇ぶりは戦地のロシア兵にも知られており、「マツヤマ、マツヤマ」と叫びながら投降するロシア兵もいた。

捕虜兵への厚遇は、前述したような地方住民の博愛精神の自発的発露ではなく、政府が住民に徹底させたものである。当時、日本政府は常に欧米の目を意識していた。日本が野蛮国でないことを知ってもらうために「国際法の優等生」を演じてみせたのである。しかしその実、第二次大戦後に、東アジア各国の五十か所で開廷された軍事法廷では、捕虜に対する虐待など、人道に対する罪で六千人近くの日本軍人が起訴され、千人近くが処刑されているのである。

無縁仏化してゆく荒廃した墓地を随所で見かける。松山の整備されつくしたロシア兵墓地は、『脱亜入欧《だつあにゅうおう》』を焦る日本政府と日本人の卑屈さを見るようで好きになれない。日本海に面した片田舎の人々の無償行為の方が筆者らの心に響く。

異国の漂着者：ウィリアム・アダムス

時代は『関ヶ原《せきがはら》の合戦』よりも少し前である。欧州にウィリアム・アダムスという船乗りがいた。全く無名のこの船乗りがふとしたことから近世の日本で最も有名な異国人になった。彼の日本名は三浦按針《みうらあんじん》である。『按針《あんじん》』とはポルトガル語のピロト（英語のパイロット）を漢字表記したもので、船の水先案内人《みずさきあんないにん》のことである。

ウィリアム・アダムスは英国人なのである。しかし彼が首席航海士として乗り込んだリーフデ号は英国船でなくオランダ船だった。ここから彼の思い掛けない波乱の生涯が始まった。振り返れば、リーフデ号は日本を訪れた最初のオランダ船となり、アダムスは日本を訪れた最初の英国人になった。そして日本で最初の英語を母語とした人物である。その経緯を振り返ってみよう。

一五九八年六月、リーフデ号はインド洋に向け、五隻の船団を組んでロッテルダムを出港した。目指したのは日本ではなくインドであった。欧州からアフリカの西岸を南下し、アフリカ最南端の希望岬《きぼうほう》を東に回り込んでインドに到る通常航路を進む予定であった。しかし希望岬にさしかかったところでリーフデ号は逆風に遭って西側に流され、インド洋に向けた東進ができなくなった。やむなく五隻は南米の南端のマジェラン海峡を経由して太平洋に出る西回りコースを取ることにした。東に向かうはずが西に向かったのであった。この航路変更の間にリーフデ号は仲間の四隻とはぐれてしまった（そのうちの一隻は母港に引き返したらしい）。インド行きを断念し日本を目指すことにした。しかし太平洋をさまよう間に、リーフデ号の船内ではやがて水も食糧も底をつき始めた。病人が続出し、多くの仲間が失われていった。食糧を求めて見知らぬ島に上陸したところ、そこの島民に襲われ、さらに二十三人の乗組員を失った。当ての無い漂流になった。

出港からおよそ二年が経った一六〇〇年三月十六日（新暦で四月十九日）、リーフデ号は豊後《ぶんご》（今の大分）の臼杵《うすき》湾の佐志生《さしう》に漂着した。出航時に百十人だった仲間のうち、生き延びて佐志生に着いたのは二十四人であった。二十四人のうち、自力で立てたのは六人だけだった。佐《さ》志《し》生《う》に着いた後も仲間の死亡が続き、十四人が生き残った。ウィリアム・アダムスとヤン・ヨーステンはそのわずかの生き残り組である。

ウィリアム・アダムスが佐志生《さしう》に漂着した「一

六〇〇年」という年は、豊臣秀吉が他界して二年弱の頃である。豊臣政権下で最大の実力者であった徳川家康は、そのころ上方《かみがた》に滞在していた。徳川家康は大変な時期にさしかかっていたはずである。秀吉の亡き後、徳川家康は『五大老五奉行《ごたいろうごぶぎょう》』のトップではあったが、豊臣家や石田三成らとの対立が先鋭化していた。リーフデ号が漂着した直後の四月、徳川家康は五大《ごたい》老《ろう》のうちの一人である会津《あいづ》の上杉景勝《かげかつ》に召喚命令を出しており、これが半年後の関ケ原合戦の直接の導火線になっていくのである。そんな多忙な時期に家康はリーフデ号を大坂に回航するよう指示を出した。こうして乗組員たちは大阪で家康に謁見《えっけん》した。半年後、家康は関ヶ原合戦に勝利して天下人へ歩を進めたことは周知の通りである。

高い学識を持っていた英国人のウィリアム・アダムスとオランダ人のヤン・ヨーステンは残りの他の船乗りたちとは別の運命を辿《たど》ることになった。ヤン・ヨーステンは家康の外交顧問となったのである。彼は江戸城の内堀の中に屋敷を貰《もら》い、日本女性と結婚した。彼の名は今も東京駅近くに『八重洲《やえす》』として残る。

英国人のウィリアム・アダムスは大阪城で家康に対しどのように自分を売り込んだのかが興味深い。当時日本には英語を喋れる人間は一人もいなかったのである。家康と面会した僅か五年後に、ウィリアム・アダムスは妻あての手紙を書いている。その手紙によると、家康は身振り手振りで自分の意思をウィリアム・アダムスに伝えたという。そのうちやがて二人の対話の場にポルトガル人の通訳が登場したらしい。ウィリアム・アダムスは英語だけでなく、ポルトガル語もオランダ語もスペイン語も話せたのである。家康は、戦争や宗教や貿易航路を含めたありとあらゆる質問をウィリアム・アダムスに浴びせたという。肖像画や歴史に登場する家康像とまるで違った家康を私たちは知ることができる。実に臨機応変で好奇心旺盛な人間だったのである。

ウィリアム・アダムスは家康がうっとりするような博識の人であった。たしかに彼の経歴はすごい。ウィリアム・アダムスは造船術や航海術や砲術《ほうじゅつ》を習得していたのである。しかも、ドレイク提督《ていとく》が率いた英国艦隊の乗組員として、例の『アルマダ海戦』にも参加していたのである。『アルマダ海戦』は大航海時代を先導したスペインに代わって海上覇権が英国に移る転機となった大海戦である。ドレイクは元々海賊の頭目《とうもく》であったが、英国人の輿望《よぼう》を担《にな》ってスペインとの決戦の指揮を任されたのである。火のついた船を敵艦隊に突入させる海賊流の戦法によりスペイン艦隊を壊滅させた。ウィリアム・アダムスはその海戦の経験者だった。

ウイリアム・アダムスは家康から図抜けた信頼を得た。外国使節との交渉の際の通訳を務める一方、家康に幾何学・数学・航海術などの講義を担当し、家康の命で大型船の建造を指導した（1605）。こうして、ウィリアム・アダムスは、二百五十石《こく》の旗本に抜擢《ばってき》され、三浦半島に所領を賜《たまわ》ると共に『三浦按針《みうらあんじん》』という日本名を得た。三浦の姓は彼の知行地の三浦半島からであり、按針とは水先案内人のことである。やがて名門の家の「雪」という娘と結婚して二人の子供（ジョセフとスザンナ）をもうけている。

現在の私たちは英語を共通語とする世界に住んでいるが、当時の世界では、主要言語はスペイン語かポルトガル語かフランス語であり、英語はマイナーな地方言葉に過ぎなかった。ウィリアム・アダムスはポルトガル語を介して日本語の勉強を始めたのである。彼は流ちょうな和文が書けるほどまでに日本語に習熟していった。恐るべき頭脳と驚嘆《きょうたん》する情熱である。慶長十八年（1613）九月、ウィリアム・アダムスの尽力により、英国は肥前の平戸《ひらど》に英国商館を開くことができた。その折、英国王のジェームズ一世から家康あての国書が届いている。ちなみにジェームズ一世は、イングランド王とスコットランド王とアイルランド王を一身に兼ねた初めての君主である。ジェームズ一世の家康あての国書をウィリアム・アダムスが日本語に訳したのである。それは佐志生《さしう》に到着（1600）してから十三年後のことであった。

　大海をさまよっていたリーフデ号の船内で仲間が次々と消え、自らも死を覚悟していたアダムスやヨーステンらが絶望の果てに漂着した佐《さ》志生《しう》とはどんな場所なのか、とても興味があった。二〇一五年九月二十日、妻と連れだって佐志生を訪れてみた。

　リーフデ号が漂着したとされる佐志生は臼杵《うすき》湾《わん》に面した、小さな漁村だった。何の代わり映えもしない一寒村であり、人影も少なかった。漂着現場を教えてくる人を探して漁港の付近をうろついていると、漁協らしい建物の脇で地面に座り込んで談笑している数人の漁業者らしい男女の集団に運よく出会った。私たち夫婦が車から降りて彼らの方に向かうと、先方の集団は談笑を止めて多少用心するような目で私たちを眺めた。私が口火を切った。ウィリアム・アダムスが漂着したのはここですか？

　ああ、そうだよ。集団の中の一人が私に返答した。前にもそんなことを訊《き》いてきた大学の先生がいたなあ。この港のどの辺りに漂着したのですか？たどり着いたのはこの港じゃなくてあの島だよ。そう言って男は沖を指さした。黒島《くろしま》だよ、無人島だがね。指さす方向に小島が見えた。へえ、あの島だったのか。私はそこで言葉の接ぎ穂を失った。

持つべきは機転の利く配偶者である。妻は彼らから黒島に渡る手段を聞き出したのである。無人島行きの定期船はないが不定期航路があったのである。電話をかけたら黒島に送迎してくれる漁師がいるらしい。手の空いた漁業者が片道一人五百円で黒島に瀬渡《せわた》しをしてくれるという。たった二千円で夫婦二人が歴史的な場所を往復できるのである。教わった番号に妻が電話すると、まもなく、私たちがいる埠頭《ふとう》に一隻の漁船がやってきた。こうして私たちはリーフデ号が漂着した臼杵湾の黒島に第一歩を記すことができた。

黒島はとても小さな島だった。上陸してみると島には一人の男のほか誰もいない。その男は草刈機で一所懸命に浜辺近くの草を刈り取っていた。無人島ではあるが、夏場には海水浴客が訪れるので年間の来島者は三百人くらいになるそうである。近々、オランダの外交官がこの島に来るので草を刈っているという。浜辺を見渡すと歴代のオランダ駐日大使の記念植樹が植わっていた。筆者は佐志生や東九州の山並を眺めながら、ウィリアム・アダムスやヤン・ヨーステンらが黒島に漂着した日の情景に想いを馳《は》せた。彼らの心を占めたのは無上の安堵だったのか、それとも同僚二十三人を失ったどこかの島でのように、この場所でもまた殺されるのではとの恐怖であったのか。妻は無邪気に写真を撮りまくっていた。

ウィリアム・アダムスは故国への帰還を希望しながら、ついに実現できなかった。将軍位が家康から息子の秀忠《ひでただ》に移行すると、アダムスを取り巻く空気は一変した。要するに御用済みとなったのである。父の家康と違って、秀忠は海外貿易には消極的だった。結局ウィリアム・アダムスは江戸を離れて肥前の平戸《ひらど》に移り住んだ。元和《げんな》六年（1620）四月二十四日、彼はマラリアに感染し平戸で寂しく生涯を閉じた。五十七歳であった。

私たちは平戸を訪れるたびに彼の墓に足を運ぶことにしている。いつも万感の思いに浸る。彼の墓は平戸城の対岸で平戸湾を見下ろす丘（崎方《さきかた》公園）の松林の中にある。遺言によって、横須賀にも墓が設けられた。

日本で生まれた息子のジョセフ・アダムス（二代目三浦按針《みうらあんじん》）は父の後を継いで旗本となり朱印船《しゅいんせん》貿易を担当した。ジョセフは航海士としての訓練を父のウィリアムによって受けていたからである。ジョセフは東南アジア方面へ航海をしていたが、鎖国時代に入って交易《こうえき》活動は下火となった。やがてジョセフは消息不明となってしまった。娘のスザンナの詳細は分からない。鎖国時代に入ってからは、日本国内にいた混血児は全て国外退去となったと筆者は想像するが、資料に出会わない。

《補遺》
遺言により、莫大な彼の遺産（三浦半島の領地など）は、英国に残した妻や子、それに日本で生まれた二人の子に分与されている。私の妻はその財産の行方の方に興味をもっているようだ。
ウィリアム・アダムスは遺言書など、いくつかの文書を残しているが、それらの日付は和暦《われき》（旧暦）でもグレゴリオ暦でもなく、ユリウス暦なので注意が必要である（グレゴリオ暦の英国への導入は一七五二年九月十四日のことである）。

厭世：佐藤咲野《さとうさきの》

霧がよく出る所のお茶はうまいといわれる。周南市和田高瀬は自然の茶畑が広がるお茶の産地である。まだセミの鳴き声が聞こえていた夏の終わりのころ、和田高瀬にある佐藤咲野《さきの》の生地《せいち》を訪れてみた。佐藤咲野《さきの》の名を知る人は少ない。佐藤咲野は自由律俳句の泰斗《たいと》である種田山頭火《たねださんとうか》の妻である。咲野の生家《せいか》があった旧和田村は比較的新しく誕生した村である。ちょうど咲野が生まれた頃（1889）に、佐波郡《さばぐん》の近隣五ケ村（高瀬《たかせ》村、夏切《なつきり》村、垰《たお》村、米光《よねみつ》村、馬神《うまがみ》村）が合併して誕生した村だ。

　佐藤咲野《さとうさきの》は明治二十二年（1889）五月七日に和田村高瀬で生まれた。咲野は佐藤家の長女である。佐藤家はコンニャク生産や山林業を営む資産家であった。咲野は十六歳で和田尋常高等小学校の高等科を卒業したあと、宮市（現、防府市）の周南女紅《しゅうなんじょこう》学校に進んだ。周南女紅《じょこう》は娘に裁縫や手芸を教える学校で、咲野は十八歳でそこを卒業した。娘時代の咲野は近隣一円では評判の美人であった。咲野の生家は国道３７６号の殿明《とのみょう》の三差路を北に三百メートル上った左手の山の斜面に今も残っており、その山の中腹の、白い土蔵のある白壁の家がそれである。そこでは現在（2021）も子孫のご夫婦（佐藤氏）が暮らしておられる。佐藤家から斜面を降りた空き地には山頭火《さんとうか》の句碑が立てられている。『住みなれた茶の花の咲きつづく』。この句は昭和八年（1933）、山頭火が『其中庵《ごちゅうあん》』で詠《よ》んだものである。

　咲野の夫となった種田正一《たねだしょういち》（山頭火）は明治十五年（1882）十二月三日の生まれなので、咲野より七つ上である。正一は大地主だった種田家（大種田）の竹治郎と妻フサの間に長男として生まれた。種田家では正一が生まれる一年前に姉のフクが生まれており、正一の下には妹シズ、二郎それに信一がいた。正一は五人兄妹《きょうだい》であった。

　咲野の家は和田村高瀬にあり、種田正一（山頭火）の家は西佐波令《にしさばれい》（防府）の八王子にあったので、距離的には双方の家はかなり隔たっていた。ただ両家とも近隣に聞こえた資産家であったので、双方とも「相手として不足はない」と考えたのかも知れない。余談だが、『山頭火』という俳号《はいごう》は、納音《なっちん》から付けたものである。納音《なっちん》とは、「生まれた年」の干支《えと》に名称をつけ、さらにその末尾に五行《ごぎょう》（木火土金水《もくかどごんすい》）を貼り付けたものである。生まれ年ごとの特徴や運命を表したもので、末尾は必ず『木火土金水』のどれかになる。例えば、山頭火の師の荻原井泉水《おぎわらせいせんすい》だと「水」であり、彼（荻原藤吉）は明治十七年生まれなので納音《なっちん》は「井泉水《せいせんすい》」で正しい。種田正一の生年からすれば彼の納音は「楊柳木《ようりゅうぼく》」であるべきだが、彼はなぜか「山頭火《さんとうか》」の納音《なっちん》が気に入ったので山頭火にしたのだという。もし筆者が納音で俳号を名乗るなら「霹靂火《へきれきか》」である。

種田正一の父、種田竹治郎は女癖《おんなぐせ》が悪かった。彼は天満宮の前の豪華な料亭に入り浸っていた。常に何人かの妾《めかけ》を抱《かか》え、妾のうちの一人などは息子（正一）が通う小学校の通学路沿いの一軒屋に住まわせるほどに無神経であった。政治にも色気があり、村会選挙に当選して村の助役《じょやく》を引き受けたり、政友会《せいゆうかい》とも縁を持ち、長州閥の政治家の支援にも奔走していた。放埓《ほうらつ》な日々を過ごしていた竹治郎はものすごい勢いで大種田の資産を減らしていた。竹治郎の妻フサは夫の浮気と散財に苦しみ続けた。

明治二十五年（1892）三月六日、竹次郎が女を伴って別府に遊山《ゆさん》に出かけた日、フサ（33）は自宅の井戸に身を投げて死んだ。裏の木小屋で遊んでいた正一少年（9）は大人たちの叫び声を聞いた。声は井戸の方からであった。井戸から引き揚げられて血の気の失せた母の死顔《しにがお》を見た。家に飛び込んだ正一は部屋から部屋へと走り回って母を探した。母はどこにもいなかった。正一は「お母さん、お母さん」と叫び走り続けた。種田山頭火の精神の崩壊と彼の遍歴人生の原点となった日であった。

明治二十七年（1894）、正一少年が十一歳のある日、彼のそばにいた末弟《まってい》の信一が「正ちゃん、頭がフラつくよう」と畳の上にへたり込んだ。正一が信一のヒタイに手を当てると信じられないほどの高熱であった。正一は布団を押入《おしいれ》から出して信一を寝かせたが、信一の呼吸はいよいよ乱れ、そのまま兄の正一の目の前で息絶えた。

明治三十四年（1901）七月、種田正一（19）は上京して私立東京専門学校（早稲田大学の前身）の高等予科に入学した。ある日、東京の下宿に父の竹次郎からの封書が届いた。封書は正一の姉フクの死を伝えていた。正一（20）は自分を取り巻く親族の死を立て続けに味わった。そうして、正一は生まれて初めて酒を口にした。

明治三十七年（1904）、大学に入学して三年後、種田正一は神経衰弱のため早稲田大学に退学届けを提出した。半年ほどして郷里にもどった。正一の父の種田竹治郎は自分の妻が自殺した後も一向に女遊びを止めず、複数の妾を抱えて放蕩《ほうとう》を重ねていた。こうして大種田は没落への道をひた走った。長男の正一には句作と飲酒の他にすることが無かった。

明治三十九年（1906）、竹次郎は借金が重なって西佐波令《にしさばれい》にあった自宅や不動産を手放すと近くの大道《だいどう》村に転居した。大道村で醸造所（種田酒造場）を始めた。正一は父とは不仲ではあったが、取り敢えず醸造作業を手伝おうとしていた。

竹次郎は抑うつ状態が続く正一の精神と正一の怠惰な生活を心配し、配偶者を持たせることを考えた。正一は「わしは禅宗の坊主になるのだから嫁は貰わない」といって見合いを拒否し続けていた。しかし結局は古い家のしきたりに従って、遠方の村の佐藤咲野との結婚話がまとまった。明治四十二年（1909）八月二十日、佐藤咲野（20）は種田正一（27）に嫁いだ。しかし結婚して一週間で、咲野は想像すらしていなかった夫の奇行を知ることとなった。彼は深夜に咲野に見つからないようにこっそり自宅を抜け出し、酒を求めて遠くの町を徘徊《はいかい》していたのである。既に結婚の時点で彼の酒癖は高じていた。後年、「山頭火」となった彼は自身の日記の随所で、私の不幸は、母の自殺と酒と結婚だと語っている。自宅でも毎晩のように意識を失うまで飲み続け、へべれけに酔っていた。咲野は夫に意見した、「どうしてそんなにまで飲むんじゃろ」。正一の応《こた》えはこうだった、「あんたには済まんが、どうしようもならんのじゃ」。

しかし種田酒造場の経営は思わしくなかった。醸造所を開設して二年後、種田家は全ての家産を売却して借金経営に移行した。運転資金は種田家の親戚筋やら咲野《さきの》の実家の佐藤家から借り入れた。

明治四十三年（1910）八月三日、長男の健《けん》が誕生した。結婚後一年、咲野は母親になったのである。不思議な気もするが、咲野が正式に種田家に入籍したのは健の誕生の前日、八月二日のことであった。当時としては「ありえること」だった。

咲野が入籍した後も、義父の竹次郎の放蕩《ほうとう》は一向にやむことがなかった。心機一転で始めた種田酒造場であったが経営は傾く一方で、借金は増え続けた。それらの借金は種田家の親戚筋やら咲野の実家やらが穴埋めし続けていた。夫の正一は経営には無頓着《むとんちゃく》で、実務能力も労働意欲も全く持ち合わせず、飲酒と句作に耽《ふけ》った。結局、種田酒造場の使用人たちに仕事の采配《さいはい》をふるっていたのは若い咲野であった。

大正二年（1913）、夫の正一（30）は荻原井泉水《おぎわらせいせんすい》が主宰する『層雲《そううん》』の同人となり、俳号を『山頭《さんとう》火《か》』とした。父子の双方とも無能な種田家の借金は限界に達した。大正五年（1916）四月、種田酒造の経営は二年続きの酒の腐敗によってとどめを刺された。種田酒造の破産である。種田家の人間は散り散りになって人前《ひとまえ》から身を隠した。いわゆる「夜逃《よに》げ」である。竹次郎は妾《めかけ》をつれて他郷に走った。

　咲野は正一と一緒に熊本に逃げた。咲野にとって熊本は全く土地勘のない場所であったし、正一とても熊本は未知の場所であった。正一が熊本を選んだのは、熊本で発行されていた俳誌の縁である。このころ正一（山頭火）は荻原井泉水《おぎわらせいせんすい》が主宰《しゅさい》する俳誌『層雲《そううん》』の選者になっていたので、熊本の俳句同人の間でも彼の名が知られていた。熊本薬学専門学校の学生であった友枝蓼平《ともえだりょうへい》と『熊本五高』の学生であった兼崎地橙孫《かねざきぢとうそん》（1890-1957）を頼っての熊本行きであった。兼崎地橙孫は山口市生まれなので山頭火とは故郷も近い（中学は下関市の豊浦《とよら》中学）。二人とも『層雲』の同人であった。

　咲野は正一が趣味の俳句の縁で熊本を選んだと知り、夜逃げをして転居先を決める事態に陥ってもなお生活より趣味を先行させる夫の有様が理解できなかった。転居して一か月後に種田夫婦は『雅楽多《がらくた》』という古書店を開業した。古書と言っても夫が関係した句誌関連の販売が主体である。店の場所や『雅楽多《がらくた》』という店名や、古書販売という業種は全て夫正一の一存であった。『雅楽多《がらくた》』は熊本市の目抜き通りにあった。熊本城の東側数百メートルを南北に走っている下通《しもどおり》と、東西に走る三年坂通《さんねんざかどおり》と交差する場所である。現在（2021）は『ＣＯＣＯＳＡ』という複合商業施設がある場所である。以前はそこの道路脇に山頭火に因《ちな》んだ標識があったらしいが、今は撤去されて昔を偲《しの》ぶよすがは無い。『雅楽多』開店の資金は咲野の実家が負担した。咲野は夫が商売に専念することを期待したが、直ぐに無理だと分かり途方に暮れた。この時の咲野にとって、未知の熊本が終生の地になるとは想像すらできなかった。

熊本で商売を始めても夫の正一（35）は家計や経営には全く無関心であり、飲酒と句作に没頭した。咲野は『雅楽多《がらくた》』を一人で切り盛りし、ギリギリの家計で糊口《ここう》を凌《しの》いだ。咲野が店で売り上げた僅かばかりの日銭《ひぜに》すらも正一はむしり取って、それで飲酒をしていた。遠くの宿屋で無銭飲食をして宿から退出させて貰えなくなれば、句友に泣きついて肩代わりをさせた。句誌にその名が登場する山頭火を崇《あが》めていた若い同人たちまでが山頭火の金の無心《むしん》の犠牲になった。

咲野は句誌が主体の古書販売だけでは経営が成り立たないと考え、ブロマイド（印刷写真）や額縁《がくぶち》や写真アルバムを『雅楽多』で取り扱うようにしてみた。この方向転換が図に当たって、『雅楽多』はどうにか経営が成り立つ店舗になった。しかし正一の目には、古書店から額縁屋に変わった店は単なる銭稼《ぜにかせ》ぎの店としか映らず、彼は従来にも増して句会と飲酒にのめり込んでいき、家に寄りつかなくなった。夫は酒に溺れては熊本界隈《かいわい》で醜態《しゅうたい》を曝《さら》し続けた。

大正五年（1916）、『雅楽多《がらくた》』に思いがけない知らせが飛び込んで来た。岩国警察署からであった。正一の弟の二郎が愛宕村《あたご》（岩国）の山中で自殺した知らせだった。夫正一と五歳違いの二郎は二十九歳であった。夫の末弟の信一は、正一の母が身投げした翌々年に死んだと咲野は聞かされていた。母のフクが井戸に投身して以後、幼い二郎の世話をする人間は身内に誰もおらず、二郎は親族の家に引き取られ、暫くはその養家《ようか》に置いてもらえた。しかし一家の夜逃げによって多大な借金を踏み倒された養家は二郎を放り出した。二郎はあちこちをさまよった。

義弟二郎が熊本に突然やって来て『雅楽多』に暫く居候《いそうろう》をしたのはつい先日のことであった。咲野は今になって、死んだ二郎は僅かの望みを兄に託して熊本を訪ねたのであろうと想像できた。しかし『雅楽多』には経済的な余裕など無い。夫は二郎の来訪に対しても居候《いそうろう》に対しても歓迎も拒絶もせず、まるで関心を示さなかった。咲野は人づてに、熊本の場末《ばすえ》の飲み屋で二郎が泣いていたことを聞かされていた。やがて咲野と夫の前から、二郎の姿はスッと消えて行った。その先が岩国だった。首を吊った山中にあったという遺書を咲野は手渡された。二郎の遺書には「自分の死を熊本の兄に連絡してくれ」と書かれていた。『五歳にして慈母を離れ』で始まる二郎の遺書は絶望に満ちた日々を綴《つづ》った切々たる内容で、末尾は『さらば』で終わっていた。


咲野（27）は種田家の複雑な内情にはもはや取り合わなくなっていた。結婚当初と違い、咲野は強くなっていた、というより感情を棄てる術《すべ》を身に着けつつあった。僅かな売上金をわしづかみしては泥酔し、あちこちを放浪する夫にも振り回されなくなっていた。咲野の中には、息子の健《けん》を育てるために働くことのみがあった。

大正九年（1920）、夫は予告も無く、咲野と健を熊本に残したまま、突然行方不明になった。夫は単身で上京していたのである。夫は住むあても勤め先も何も決めないままに、とにかく熊本を出たのである。このたびの東京への出奔《しゅっぽん》はその後、夫（山頭火）が終生にわたって繰り返した漂泊《ひょうはく》の始まりであった。実務能力を欠き、さりとて有名な俳人にも作家にもなれず、愚痴に近い句ばかりを作る外《ほか》に何もできない自分が情けなく、商売の能力を着実に向上させていた咲野のそばにいることが息苦しくなっていたというのが後世の評論家の見方である。

山頭火は終生にわたって長期の漂泊《ひょうはく》を繰り返したが、咲野は夫の居所を全く知らないということでは無かった。夫は放浪先から葉書でこまめに咲野に連絡してきていたのである。といっても、葉書の中身は決して咲野への感謝でも詫《わ》びでもなく、また決して咲野の近況を尋ねる内容でも無かった。金品の送付を求めるだけの内容の葉書であった。金品の届け先は各地の郵便局であった。咲野は金の無心《むしん》をする夫の葉書によって夫の居場所を掴《つか》めた。咲野が送った金はたちまち酒に消えるのが常であった。山頭火はほぼ終生にわたり「たかり」を繰り返した。咲野は急速に感情を失っていった。それは生き抜くためであり、子を育てるための必然の変化であった。

今回の東京出奔は、熊本の第五高校の職員から文部省職員に転用された俳句同人を頼ってのものであったという。上京した山頭火は暫く行商をやって糊口《ここう》をしのいだ。暫くして水道局（東京市）の臨時職員となることができたが、大きな篩《ふるい》で石と砂を分別するだけの単純労働であった。日雇《ひやと》いなので正一の懐《ふところ》が温《ぬく》もることはない。その日の日銭《ひぜに》は直ぐに酒代に消えた。

ちょうどその頃、咲野のもとに彼女の実家（兄）から、離婚を促す通知が再々届くようになっていた。仕事もせずに妻子を放り出して放浪するような見込みの無い男とは別れて帰って来いと言って来るのである。咲野は後で知ったことだが、兄は東京の正一の所にも離婚催促をしていた。「咲野（31）と健（10）は佐藤家で責任を持つ」から、離婚届に押印して送り返せと正一に通告し続けた。咲野には夫と添い遂げられるという確信は完全に消えていたし、添い遂げたいとの意思すらもすっかり失われていた。咲野には正一への未練は無く、彼がフラリと『雅楽多』から消えることも気に留めてなかった。従って咲野は兄の申し出に従って構わないはずであった。しかし、咲野には正一と別れて実家に帰るつもりはさらさら無かった。そのころには、熊本の目抜き通りで咲野が経営する『雅楽多』は繁盛していたのである。咲野は咲野の兄が知る昔日の「サキノ」ではなく、兄が知らない咲野に変身していた。咲野は兄からの離婚の督促《とくそく》を無視し続けた。

咲野が後で知ったことであるが、東京の正一の方は「そうか、こんな連絡が佐藤家から自分宛に来るということは、妻が離婚を望んでいるのか」と考えたのであった。正一は離婚届けに押印し、それを咲野の兄に送り返した。正一は物乞いの葉書は咲野に頻繁に出すくせに、大事な離婚問題については咲野の意思確認すらせずにあっさり押印したのである。暫くして彼女のもとに種田正一の印が捺《お》された離婚届が兄から送られてきた。彼女が押印すれば離婚が成立する。咲野は「夫は私に離婚を求めたのだ」と思い、自分も捺印《なついん》するとそれを実家に送り返した。夫婦双方の早とちりであった。意図せざる離婚が戸籍上で成立してしまい（1920）、種田咲野は佐藤咲野に戻った。しかし『法定家督《かとく》相続人の氏名変更はできない』という当時の民法の規定により、息子の健《けん》の苗字はそのままに残った。種田健である。

大正十年（1921）の五月、大種田を破産させた義父の種田竹次郎（64）の死亡の知らせが咲野のもとに届いた。すると、まるで後を追うように、実父の佐藤光之輔（68）も七月に死亡した。夫は東京に行ったままである。身内が減り続け、咲野の健への思い入れは一層強まった。東京にいた正一は暫くして一ツ橋図書館の事務職の本雇になったようである。しかし事務作業中に抑うつ気分に襲われることが増えて仕事にならなくなり退職届を出した。そして大正十二年（1923）九月一日、正一のそばで大異変が発生した。

九月一日、大震災が発生した。東京が混乱する中で種田正一は社会主義者と疑われて巣鴨《すがも》刑務所に拘置された。刑務所は拘置した男が元来、思想も何もない人間だと判かって釈放した。そもそも無計画な東京生活であったが、そこに震災が加わって東京での生活は成り立たなくなった。離婚した以上はもはや熊本すらも自分の故郷ではなくなった。生まれ故郷の西佐波《にしさば》に戻りたくても生家は人手に渡っている。結局、この年の十月に正一はフラリと『雅楽多《がらくた》』に戻った。四年ぶりの熊本であった。

咲野に対して正一は離婚を問いただした。「お前の兄さんにしつこく言われたから印鑑を押したんじゃが、わしが印鑑を押しても、お前が押しさえせんかったら兄さんは届を出せんかったのじゃからのう」。正一のその言葉で咲野は実家が関与した事実を知り「早まった」と思ったが、知らん顔をしていた。自分の詰問にも知らん顔の咲野を見ると、正一は世間からも妻からも棄てられたと感じたようだ。東京から戻ってきた正一は相も変わらず咲野の手提《てさ》げ金庫の中から金をくすねたり、句友らに金を無心《むしん》しては泥酔を続けた。

大正十三年（1924）の年末、正一（42）は泥酔の挙句《あげく》、ついに事件を起こした。熊本市公会堂のところで、彼は走ってきた熊本市電の前に立ちふさがったのだ。間一髪で電車は止まった。将棋倒しになった乗客が電車内から降りてきて険悪な雰囲気となった。その時、一人の乗客が泥酔状態の山頭火の手を引いて線路脇から、とある場所に連れて行った。山頭火が連れていかれたのは法恩寺《ほうおんじ》という近くの禅寺であった。手を引いて法恩寺に連れて行ったのは木庭《こば》徳治《とくじ》という人で、熊本の実業学校の創設者であった。法恩寺で山頭火は望月義庵《もちづきぎあん》師と対面した。翌日から望月義庵は山頭火に座禅の指導を始めた。法恩寺は現在も中央区坪井三丁目にある。薩摩街道（国道三号線）から近いが直接の道が無く、入り組んだ路地を通らねばならないので分かりにくい。境内には山頭火の句碑がある。『けふも托鉢《たくはつ》、ここもかしこも花ざかり』。

正一が起こしたこの事件を咲野は知らなかった。何日たっても帰ってこないので、また勝手にどこかに出かけたのであろうと考えただけで探しもしなかった。咲野はやがて隣人を介して正一が事件を起こしたことや彼が法恩寺に籠っていることを知ると、着替えを持って法恩寺を訪れた。真冬のことである。咲野が法恩寺で目にしたのは、垢切《あかぎ》れてひび割れた手に濡れ雑巾《ぞうきん》を持って廊下を拭いている正一の姿だった。別れた夫の信じられない光景であったが、なぜか咲野は安堵《あんど》したという。

三か月後、山頭火（43）は得度《とくど》（出家）して『耕畝《こうぼ》』と名乗った。咲野は正一と一緒に『雅楽多』を切り盛りをしようとの希《ねが》いはとっくに捨てていたので、彼の出家《しゅっけ》はいいことだと感じた。正一は味取《みとり》（現植木町）にある観音堂の堂守《どうもり》になった。味取《みとり》観音は『瑞泉寺《ずいせんじ》』という禅寺にある。熊本市の中心部から国道三号線沿って北方二十キロの「植木味取交差点」のそば十メートルの場所である。車が行き交う現在では決して静謐《せいひつ》な場所とはいえない。長い石段を上ってゆくとお堂がある。石段とお堂の両脇にはビッシリと千手観音《せんじゅかんのん》の石仏が立っている。国道に面した味取《みとり》観音の入口には山頭火の塑像《そぞう》と句碑がある。『松はみな枝垂れて南無観世音』。

堂守といっても所得は皆無である。彼は日々の食べ物を托鉢《たくはつ》で得ることとなった。堂守生活を始めた正一から咲野の所に聖書が送られてきたことがあった。まさか聖書の影響ではなかったであろうが、咲野はメソジスト教会に少しのあいだ出入りをし、間もなくそれをやめている。彼女の頭にあるのは商売の繁盛と息子健の成長だけであった。生き延びるために咲野の金への執着は高まっていた。咲野の付け焼刃のメソジストと同様で、たった三か月の寺の生活で身に着けた正一の禅僧気分も付け焼刃であった。程なく（一年二か月）彼は味取観音の堂守を去った。正一は根気や忍耐を欠いた人間であった。離婚をしてしまい味取《みとり》の堂守も棄て去った正一に帰る場所は無く、天涯孤独である。にもかかわらず、再び正一（種田山頭火）の『雅楽多』への出入りが始まり、句会への出入りが始まり、泥酔が始まった。

『層雲』の同人で山頭火が最も尊敬していた尾崎放哉《おざきほうさい》（41）が大正十五年（1926）四月七日に他界していたことを知った。放哉と似た境遇なのに自分の句は尾崎放哉の句に遥かに及ばないことがいつも山頭火には切なかった。山頭火の思考は停止した。ある日のこと山頭火は市内の水前寺公園の芝生に寝転がっていた。放哉《ほうさい》が逝《い》った、放哉が逝った。土産物店から店の女が出てきて、山頭火の鉄鉢《てっぱつ》に米を注いでくれた。四月二十七日、山頭火（43）は一杖一鉢《いちじょういっぱつ》の漂泊の旅に出た。ここから彼の行乞《ぎょうこつ》人生が始まった。『鴉《からす》啼いて私も一人』。

山頭火は阿蘇に向かった。歩く道のどこでも、多大な喜捨《きしゃ》が得られた。僧衣を身に着けて行乞《ぎょうこつ》すれば喜捨《きしゃ》が得やすい。新たな行乞《ぎょうこつ》手段を身に着け、宿と酒を手に入れやすくなった。とはいえ、当ても無く彷徨《さまよ》いながらも、山頭火は法衣を着て行脚《あんぎゃ》する自分の偽善に苦しんだようではある。それでも飲み代は十分に欲しいので、放浪先からは各地の郵便局あてに金や衣類を郵送するように、咲野あてにせっせと葉書を出していた。咲野は郵便局の場所から山頭火の所在を知ることができたが、彼の居場所にはまるで関心は無かったし、彼が作る句にも関心は無かった。

行脚《あんぎゃ》に出て三年後（1929）、突然、山頭火は『雅楽多』に舞い戻った。『雅楽多』に戻った山頭火は、この時ばかりは前掛けをし、店番をし、商品の行商を手伝い始めたのである。咲野は暫くは正一の変身ぶりに混乱していたが、今回もやはり長続きはしなかった。『雅楽多』での労働風情は半年で影を潜め、再び以前の泥酔と家出の生活に回帰した。

翌春（1930）、健が秋田鉱山専門学校（後の秋田大学鉱山学部）に入学した。感情に振り回されなくなっていた咲野ではあったが、息子の旅立ちはさすがに寂しかった。『雅楽多』に一人取り残されてしまったのである。

昭和五年（1930）九月、「今度こそ本物の行乞に出るぞ」と山頭火はあちこちの句友らに宣言して回り、多額の餞別《せんべつ》をかき集めると行乞《ぎょうこつ》の旅に出た。彼は日記を焼き捨てて、再出発に賭けた。一方の咲野の受け止めは「また姿がみえなくなった」程度であった。咲野は正一が旅立った後で、彼が自分に秘密であちこちに相当の借金を抱えていたことを知ると全て清算して回った。咲野は商売上手になっていた。秋田の健に仕送りをしても家計が維持できるほどに営業手腕を成長させていた。咲野は正一から舞い込んでくる葉書の指示に従い、淡々と小包を送り続けた。山頭火は咲野宛だけでなく俳句の同人たちにも居場所を知らせる葉書をせっせと投函し、金品の無心をしていた。どういう風の吹き回しか、年末の十二月（1930）に正一は突然熊本に舞い戻った。舞い戻っても彼は『雅楽多』に顔を出せる立場ではなかった。彼は熊本市内に間借りをしたのである。部屋があるというだけで、家財道具も何も無いし金も無い。結局は『雅楽多』に頼るほかない。咲野（41）の所に顔をのぞかせても、一緒に暮らしたいとは言わない。彼は一々理由を付けては雅楽多に顔を覗かせた。近々、庵を結ぶので『雅楽多』に置いてあった荷物を取りに来たとか、近いうちに句会を開くので火鉢《ひばち》を貸してほしいとかである。彼は空き家を借りたものの、直ぐに家賃や酒代に窮した。彼に可能な手段は限られる。全国の句友に金の無心を続けた。

理由をつけては毎日『雅楽多』に顔出す正一をみて、咲野は「金も無いのに熊本市内に間借りしている」彼の所作《しょさ》に呆《あき》れていた。咲野にとっては正一の所作は金の浪費に過ぎない。そう思う一方で、咲野は世間体を多少は気にしていた。繁盛する店を持ちながら正一を借金まみれにし、彼に物乞いをさせている自分の薄情さが世間に知られることを多少気にしていた。といって、山頭火の心理の底を読んで彼を労わるには、自分はあまりに裏切られ続けてきたのだと思い直した。咲野の思考では『雅楽多』以外に住む場所のない正一である。しかし、いつかこの人は本当に遠方のどこかで結庵《けつあん》しようとしているのかも知れないとも、うっすらと感じ始めていた。

昭和六年（1931）以降になると山頭火は無銭飲食や泥酔で留置されることが増え始めた。警察からの知らせを受けるたびに咲野が身元引受人になっていたのだが、山頭火はそれに気づいた様子もなかった。この年（1931）の暮れ、山頭火は再び行脚に出た。絶望が彼を行脚《あんぎゃ》に駆り立てるのである。もう今度こそは熊本に戻るまいと彼なりに決めていた。『うしろ姿のしぐれていくか』。この時の句である。

昭和七年（1932）六月、正一から咲野のもとに、母の位牌《いはい》を送ってくれと書かれた葉書が届いた。三十三歳で自宅の井戸に身を投げて死んだ母フサの位牌である。その送り先は川棚村《かわたな》（現、下関市）の木下旅館であった。正一は五月の下旬に川棚温泉に来たのだという。川棚村は咲野が耳にしたことも無い土地で、随分遠方のようである。もう熊本の私の所には二度と戻らないとの意思表示なのかしら？　山口の海辺の片田舎に庵を結ぶというのかしら？　もうどうでもいい、振り回されることには飽き飽きした。咲野は正一の注文の通りに『釈順貞信女』の位牌を小包で木下旅館（桜屋旅館）あてに送った。

山頭火（49）は三か月間（六月九日～八月二十六日）、川棚温泉にある木下旅館（桜屋）に滞在していた。『桜屋』とは木下氏の旅館の屋号《やごう》（個人事業の事業所名）で、妙青《みょうせい》禅寺の石段の下の宿である（現在は廃業）。紛らわしいが、その隣の『山頭園（廃業）』は山頭火の逗留《とうりゅう》先とは全く関係ない。山頭火は川棚村民から結庵の許可を得ようと交渉をしていた。山頭火の希いを叶えようと尽力した唯一の人が木下氏であった。木下氏は村の顔役たちに随分と結庵を懇請した。しかし村民らは素性《すじょう》の知れない乞食坊主を近くに住ませまいと、あの手この手で邪魔をした。身元保証人を出せとか、アンタが死んだら遺体の処理はどうするのかなどを並べ立てて難癖《なんくせ》をつけた。山頭火は、身元保証人の引き受けを頼もうと、種田家で一人残った実妹のシズや咲野や健に書簡でその旨を依頼した。しかし山頭火の結庵希望は川棚の村民に容《い》れられず、結局、川棚村から追い出された。彼は『狡猾《こうかつ》な田舎者』と言い残すと憤然と川棚の地を去った。今になって川棚が「山頭火の里」を高唱するのは噴飯《ふんぱん》ものである。

川棚村を立ち去った山頭火に思いがけない朗報が飛び込んで来た。結庵に適した物件が小郡《おごおり》町（現、山口市）にあるという知らせである。

情報の提供者は山口農校職員の国森樹明《くにもりじゅみょう》（35）という人であった。国森樹明は俳句の同人で、山頭火の句に傾倒していた一人である。山頭火は紹介された小郡町《おごおり》の山裾の空き家を見て、結庵を決めた。国森樹明は近隣の句友らを集め、庵の掃除や修理を手伝って山頭火が住めるようにした。山頭火はここを『其中庵《ごちゅうあん》』と名付けた。其中庵の六年間が始まった。

昭和七年（1932）九月二十二日から山頭火は其中庵での生活を始めた。山頭火の生活費のかなりは国森樹明が支えた。咲野は其中庵で山頭火が生活し始めたことに激怒した。もう熊本には帰らないとの意思表示に腹を立てた。自分だけが故郷山口に戻ったことにも腹が立った。生まれ故郷の西佐波令は其中庵から直ぐだからである。『雨ふるふるさとははだしであるく』。

国森樹明《じゅみょう》にも酒癖があった。樹明の酒癖は深い闇のような酒癖であった。樹明《じゅみょう》は毎晩一升瓶を抱えて来ては其中庵で山頭火と一緒に飲んだ。そのころ、幼い娘を抱えていた国森樹明は自分に心底《しんそこ》から安らぎを与えてくれる女を求め続けていた。やがて小料理屋の女を其中庵に導き入れては束の間の逢瀬《おうせ》を過ごすようになった。そうした自堕落《じだらく》を重ねていた国森樹明はある日、自分の幼い娘が失明していることに気づいた。呵責《かしゃく》に耐えかねた樹明は其中庵で咽《むせ》び泣きながら山頭火と泥酔するようになった。凄《すさ》まじい情景だったであろう。

咲野に嬉しい出来事が訪れた。待ち望んでいた健《けん》の卒業と就職が決まったのだ（1933.4）。健の勤め先は飯塚《いいづか》にある日鉄二瀬《ふたせ》鉱業という会社で、そこは熊本からも近かった。咲野は健の卒業や就職のことを正一には一切知らせなかった。咲野は健に対しても、彼が卒業したことや就職したことを父親に知らせないようにとクギを刺した。しかし偶然から、山頭火は息子の状況を知ることとなった。たまたま飯塚の隣町の田川に住んでいる句友の木村緑平《りょうへい》（本名、好栄）を訪ねた時、息子の健が飯塚の日鉄二瀬《にってつふたせ》鉱業という会社に就職していることを木村緑平《りょうへい》から聞いたのである。木村緑平は糸田炭坑の坑医で、彼も荻原井泉水《おぎわらせいせんすい》が主宰する『層雲《そううん》』の同人の一人である。山頭火より六つ若い木村は、終焉まで山頭火を物心両面で支えた男である。健が勤めた二瀬鉱業は今は無い。飯塚市の中心から国道二〇一号を西（福岡方面）に向かって数キロ進んだ所の東伊川《ひがしいがわ》交差点を北に折れ、数百メートル行った所がかつて日鉄二瀬《にってつふたせ》鉱業があった場所である。昔は田園地帯だったであろう。戦後に設立された『一番食品』という会社が今もその場所にある。土地の古老が筆者に語った話では、日鉄二瀬《にってつふたせ》鉱業は、そんなに大きな会社ではなかったとのことであった。

昭和九年（1934）三月二十日、山頭火は其中庵から遠方への旅に出た。各地の句友に金と酒をたかるつもりであった。陸奥《みちのく》を目指していたが、出発して間もなく長野県の飯田で肺炎に罹《かか》り入院してしまった。肺炎が癒えた四月の末、憔悴《しょうすい》し切った体で其中庵《ごちゅうあん》に辿《たど》り着いた。帰庵後のある日、国森樹明《じゅみょう》が其中庵にやって来た。国森は山頭火の息子の健を連れてやって来たのである。もう自分で稼《かせ》げるようになっていた健は見舞い品を持って父の前に現れた。

父に対する健の心情は父の生涯にわたって、決して批判的でも侮蔑《ぶべつ》的もなく、同情と慈愛に溢れたものであった。一方の山頭火はその後、健に金をせびるようになっていった。健の其中庵訪問を健から打ち明けられた咲野の反応は全く異質であった。咲野に無断で健が其中庵《ごちゅうあん》を訪ねたことや健が山頭火に仕送りを始めたことなどを聞き、咲野は山頭火に対してだけでなく息子に対しても烈火のごとく怒った。従来は山頭火のどんな行状も無視して平然としてきた咲野であったが、息子にまで酒代を集《たか》る山頭火を許せなかった。さらに息子が咲野に内緒でこのろくでもない父親とこっそり付き合い始めたことに対する怒りが重なった。咲野にとって健は、『自分の子』であった。

其中庵を訪ねて以後、健は毎月父親に送金し続けた。それは父の死の日まで続いた。健の心の中には、母を「善」とし父を「悪」とする思いはまるで無かった。息子からの定時収入が生まれたことで山頭火の酒への浪費は一層進み、送金を受けても二〜三日で酒代に消えるようになった。やがて山頭火は健の送金から幾日も経たないうちに健に追加送金を申し込んだりするようになった。健はそれに応じた。

昭和十年（1935）の秋、山頭火（54）は致死量カルモチンを服用した。しかし意識が消えたところで嘔吐をしてしまい、結局彼は死ねなかった。死ぬることすらできない！。山頭火の自嘲《じちょう》は極まった。『死ねない手がふる鈴ふる』。

昭和十一年（1936）健の結婚が決まった。健は父に結婚式の日取りを連絡し、旅費を含めて、父に従来より多めの仕送りをした。結婚式は八月である。何ということであろう、山頭火は健が送付してきた旅費を全て呑み潰してしまった。咲野は息子の結婚にまるで喜びの感情が湧かなかった。それでも式には参列した。山頭火は健の結婚式に出なかった。こうして咲野は結婚式の場で山頭火に再会することは無かった。種田家の側からは、唯一山頭火の妹のシズ（町田シズ）だけが式に参席した。やがて健は子供をもうけた。健は結婚後も父への仕送りを欠かさなかった。

健のとりなしもあって、山頭火は二度と訪れまいと決心していた『雅楽多』を訪れたことがある。咲野は山頭火との邂逅《かいこう》を愛《め》でることもなく、本人への激しい不満と共に健への不満や健の新妻《にいづま》（俊恵）への不満までも山頭火に向かってぶちまけた。咲野から激しい罵倒《ばとう》を浴びた山頭火は熊本には自分の呼吸空間が存在しないことを思い知った。

『さようなら』。山頭火は罵倒を浴びせられたこの場のことを日記に残していた。咲野にとっては、正一はロクでもない、ぐうたら人間でしかなかった。咲野は山頭火の他界後はじめて、山頭火が残した膨大な日誌を通して彼のこころの襞《ひだ》や彼の最晩年のその生き様を知ることとなるのである。

山頭火は、前回は途中の発病で途絶してしまった陸奥《みちのく》の旅に改めて出発した。句友から金を借り続け、行く先々で同人たちの歓迎を受けつつしこたま飲んでは、また次の町に移動した。句友からの歓迎が山頭火には心地よかった。伊豆や平泉を回り、永平寺を訪れた。長らく憧れていた永平寺であったが、偽禅僧の山頭火には寺の門は閉ざされていた。『なにやらかなしく水をのんで去る』。

昭和十二年（1937）の秋、山頭火はふと、一生の間に一度だけは労働によってお金を得てみたいと思って下関港で沖仲仕《おきなかし》の仕事を始めた。しかし体力が無く、また雇い主との喧嘩もあってわずか五日で退職した。体力への自信だけでなく心の自負までも失われてしまい泥酔が極まった。その年の末、山頭火は泥酔して無銭飲食をした。その金額が余りに大き過ぎたので、彼は山口警察署に留置された。彼は通常の勤労者の一か月の所得分を一晩で飲んだのだ。返済の期限も過ぎ、拘置所に収監される直前、健から債権者あてに全額返済の電報為替《かわせ》が届いた。間もなくして山頭火は健から書簡を受け取った。手紙には、満州《まんしゅう》炭鉱への就職が決まり、来年には渡満する旨が綴《つづ》られていた。年が明けると、健は飯塚の日鉄二瀬鉱業を退社し満州炭鉱に就職した。健は満州からも毎月父に送金を続けた。

昭和十三年（1938）になると、六年間住んでいた其中庵《ごちゅうあん》の雨漏りがひどくなった。雨漏りは山頭火の気持ちを一層荒《すさ》ませた。屋根職人に修理を頼むと、「危のうで屋根に上がれん」と一蹴《いっしゅう》された。壁も裂け、裂け目から蔓草《つるくさ》が侵入している。どうにもたまらなくなり、同年の年末に彼は其中庵を処分した。六年余りの其中庵であった。彼は湯田温泉（山口市）に新たな庵を構えると、そこを『風来居《ふうらいきょ》』と名付けてみた。ある日、彼は自分の生家である大種田の家のあった西佐波令《にしさばれい》八王子を訪れた。大種田家のあった場所は萩往還《はぎおうかん》道と山陽道が交わる一等地であったが、そこには何も残っていなかった。母に繋《つな》がる井戸も無かった。『うまれた家はあとかたもないほうたる』。

昭和十四年（1939）、湯田の『風来居』で新年を迎えた。体の衰えがひどくなり、もはや自分自身の店仕舞も近いことが分かってきた。それでも歩かずにはおられず、彼は近畿・東海・木曽・伊那、四国遍路の旅を終えた。山頭火（56）は死に場所を求めて歩き続けた。自分の最期にふさわしい庵は未だ彼には見つからなかった。

このころ、山頭火の周囲に彼や彼の句を本当に理解する若い同人たちが集いつつあった。そうした一人が広島逓信局《ていしんきょく》に勤務する大山澄太《すみた》（39）である。大山澄太は山頭火が『終の住処《ついのすみか》』を求めていることを感じ取っていた。また、海を越えた松山の高橋始（俳号、高橋一洵《いちじゅん》）も山頭火に心酔する同人だった。高橋一洵は早稲田大学を卒業した後、古代インドの宗教社会と政治の研究を続けつつ、戦後は松山商大で三十三年間教鞭《きょうべん》をとった人である。高橋一洵（39）は、句だけでなく山頭火の生き方や人柄に心酔していた。大山澄太と高橋一洵は山頭火の

『終の住処《ついのすみか》』を二人して探した。大山澄太と高橋一洵の骨折りにより、ようやく松山の護国神社の近くに庵の候補がひとつ見つかった。紹介を受けた山頭火はそこに入庵したいと思った。

山頭火が松山に渡る前夜、大山澄太は広島の自宅で一席を設けた。しかし山頭火はもう飲めなくなっていた。呼吸するのも苦しそうであった。翌日、大山澄太は知己の医者（小野実人）に山頭火の診察を頼んだ。医者の診断は「心不全」であった。医者は「あんたは好きなように生きてきんさったけ、いつ死んでもええじゃろ」と言った。大山澄太は高橋一洵《いちじゅん》宛の紹介状を山頭火に持たせ、広島の宇品《うじな》港に山頭火を見送った。宇品港から松山高浜港行《いき》の相生丸が出る時、山頭火は澄太《すみた》に合掌《がっしょう》した。

昭和十四年（1939）十月、山頭火は四国松山に着いた。しかし落ち着く間もなく、いまから四国遍路に出ると言い出し松山駅に向かった。

彼は尾崎放哉《ほうさい》の最期の住処である小豆島《しょうどしま》の『南郷庵《みなんごうあん》』を訪ねようと思っていた。夜中の一時の松山駅である。同行した高橋一洵《いちじゅん》は「一晩泊ってはどうか」と提案したが、山頭火は朝一番の列車で発つのだと言う。その夜の松山は土砂降《どしゃぶ》りであった。松山駅で朝を待つ間、網代《あじろ》傘《かさ》を被《かぶ》って駅前のベンチに横たわり濡れそぼっている山頭火の姿に、一洵は死を超えた俳人の安心立命《あんしんりゅうめい》を感じた。

昭和十四年（1939）十二月十五日、四十日あまりの四国遍路を終えた山頭火は松山に生還した。直ぐに紹介された庵に入った。それが終《つい》の住処《すみか》となった『一草庵《いっそうあん》』である。一草庵は今も城北公園の一角にほぼ当時の姿で御幸寺《みゆきじ》の境内に建っている。ただ、周辺の風景は当時とは一変している。古地図を見ると、山頭火が生活した当時は庵のそばには大きな堤《つつみ》があったが、今は埋め立てられて住宅地となっている。どぶ川のような小川（名前は大川）を渡って御幸寺の参道に入る。山頭火が『濁れる水の流れつつ澄む』と詠んだどぶ川である。この界隈《かいわい》（御幸一丁目）は寺町《てらまち》とよばれる。どこの城下町もそうだが、城の周辺には寺が密集する。戦闘時の防御施設として利用したのである。一草庵の並びにも八～九の寺が林立している。一草庵から南方の直ぐ（一キロちょっと）の所の丘の上に松山城がある。庵の縁側から松山城がよく見えたはずであるが、今は高層建築に視界を塞がれてしまった。東に一キロちょっと歩けば道後温泉である。松山の中心地によくも乞食坊主が住めたものである。実は一草庵は御幸寺《みゆきじ》の納屋《なや》だったのだ。庵は三畳と六畳の二間《ま》で、前者は句会場所で、後者は山頭火の私的空間であった。改築された今は二間の配置が当時とは少し違っている。六畳の間には仏壇が置かれ、仏壇の前の経机《きょうづくえ》（供養机）には母の位牌が置かれていた。

山頭火は一草庵で昭和十五年（1940）を迎えた。最期となった年である。山頭火の最後の句集となる『草木塔《そうもくとう》』が出版社から山頭火の手元に届いた。『草木塔』は彼が作句した自由律俳句の中から精選した句集である。『草木塔』の巻頭にはこう記されている。『若うして死を急ぎたまへる母上の霊前に本書を供《そな》えまつる』。

四月、彼は最後の句集となった『草木塔』を風呂敷《ふろしき》に包めるだけ包んで、中国・四国・九州の旅に出た。数歩進めば息が切れ、もう体はいうことを利かない。徳山、山口、小郡、門司、八幡、神湊《こうのみなと》（宗像《むなかた》）、赤池（田川）を行脚《あんぎゃ》した。大山澄太《すみた》、国森樹明《じゅみょう》、木村緑平《りょうへい》・・・、縁をいただいた一人ひとりに会い、彼はお辞儀をして『草木塔』を手渡した。この最後の行脚は死が近いことを知った山頭火の「暇乞《いとまご》い」であった。大山澄太はこれが不世出《ふせいしゅつ》の自由律俳人の見納めなのだと思った。

昭和十五年（1940）十月十日、山頭火は松山市一草庵で五十八年の生涯を閉じた。一草庵での生活は一年に満たなかったがとても充実したものだったようだ。山頭火は松山では托鉢をしていない。鉄鉢《てっぱつ》は知人に預けた。山頭火は自分も『層雲』同人の尾崎放哉《おざきほうさい》のように去りたいと、常からそればかりを考えていた。『もりもりもりあがる雲へ歩む』。世間ではこれが最後の句とされるが、正しくない。『層雲』に掲載された句として最後のもので、一草庵では死の淵まで句作は続いた。

山頭火の遺体はそばの火葬場で荼毘《だび》に付された。骨揚《こつあ》げ場面の写真に納まっているのは数人の句友だけである。高橋一洵もその中の一人である。健（39）は葬儀には間に合わなかったが満州から一草庵に急行した。咲野（51）は山頭火の死を熊本で知った。しかし、咲野が松山の地を踏むことはついに無かった。

山頭火の墓は防府市本橋町《もとはし》の護国寺にある。護国寺は母親の菩提《ぼだい》が弔《とむら》われている寺で、彼の生家の直ぐ近くである。山頭火の墓石の左には句碑がある。『うどん供へて、母よ、わたくしもいただきまする』。実に優しい句である。句碑を眺めていた私は、一草庵の庭に置かれた句碑を思い出した。高橋一洵のうたである。『母と行くこの細径《ほそみち》のたんぽぽの花』。

いつの時か、健は父親の日記の束を『雅楽多《がらくた》』の母の所に持参し、帰って行った。ある日のこと、咲野は山頭火の日記の束を解いた。古い日付から機械的にページを繰っていた。懐かしい文字であった。かつて正一からの葉書に登場した場所がたくさん並んでいた。日記を繰る咲野の手がある所で止まったようだ。最期の年の六月、『暇乞い《いとまごい》』の行脚《あんぎゃ》に続くはずの部分であった。正一は雅楽多が見える場所に立っていたと咲野は思った。日記のその箇所は空白になっていた。

熊本市は昭和十九年の十一月から米軍機の空襲を繰り返し受けた。翌年七月一日の大空襲で『雅楽多』のあった下通《しもどおり》の一帯は甚《はげ》しく被災した。戦災により、山頭火の筆蹟《ひっせき》・遺墨は全て失われた。そして戦後が訪れた。

昭和二十七年（1952）十月十一日、一草庵で山頭火の十三回忌が盛大に行われた。今や有名人の山頭火であった。一草庵の六畳の間で県知事の久松氏の両脇に荻原井泉水《せいせんすい》と種田健が並んで『回し酒』をする場面の写真を見たことがある。種田健（42）が余りにも山頭火に生き写しなのに筆者は驚いた。法要の会場となる殺風景な一草庵が多少でも引き立つようにと、師の井泉水は『一草庵』と揮毫《きごう》した木の表札を東京から持ち寄った。現在の一草庵の入り口に掲げられている表札はその模造品であり、実物は縁側の壁に掲げられている。


山頭火が逝《い》ってのち三十年近くの間、咲野は熊本市内に一人で暮らし続けていた。咲野の所に松山市の俳句同人たちから、一草庵の庵主になって欲しいとの要請があった。咲野はにべも無くはねつけた。とんでもない、知人すら居ない異郷で俳句なんかに付き合えるか。とはいえ、咲野は夜逃げをした時に正一が熊本の地を選ぶきっかけとなった俳句同人の友枝蓼平《ともえだりょうへい》を時々訪ねていた。晩年の彼女は高利貸《こうりが》しで生計を立てていた。健《けん》夫婦は咲野に自分たちとの同居を勧めたが彼女は同居を拒み続けた。

昭和四十三年（1968）七月二十七日、咲野は熊本市渡鹿《とろく》の県道でバスに轢《ひ》かれた。渡鹿には息子の健（57）が住んでおり、健の家を訪問して自宅へ戻る時の事故であった。咲野は赤信号を無視して飛び出して事故に遭い左足を骨折した。事故現場は市の中心部から東へ数キロメートルの白川の畔《ほとり》である。入院中に咲野は衰弱していった。

事故から二か月、昭和四十三年（1968）九月二十日、佐藤咲野は七十九歳で他界した。法名は『寂照院心操貞節大姉』である。佐藤咲野として生まれ、僅かの間だけ種田を名乗った他は佐藤咲野として去った。

俳句の仲間うちでの咲野の評価は、しっかり者、烈女、実務家、拝金主義者、厭世家といったところである。山頭火は最晩年、自堕落《じだらく》な自分と気丈な妻を「意志を忘れてきた男」と「意志だけ持っている女」と評した。

咲野の生地《せいち》である和田高瀬の集落はすっかりさびれていた。結婚した当初、種田正一はこの山あいの妻の実家に何度も足を運んでいたという。私はあぜ道に立ち、晩夏の日差しの中で西側の山の斜面にある咲野が生まれ育った白壁の家をずっと眺めていた。周囲の茶畑からセミの声がするばかりであった。

厭世：尾崎放哉《ほうさい》

尾崎放哉《おざきほうさい》という俳人がいる。種田山頭火とならび立つ自由律俳句の巨星である。虚無と寂寥《せきりょう》と洒脱《しゃだつ》を表現した俳人である。世間は、種田山頭火と尾崎放哉の違いを、前者が「動」の放浪者で、後者が「静」の放浪者だという。筆者にはその分析が分からない。山頭火は句を作るために「動」であったのではない。一方、放哉の句には悔恨や怨念や絶望が少ない。それが私には山頭火との一番の違いのように思える。

放哉《ほうさい》の生きざまはおよそ尋常でない。世上では、『学歴を棄て、地位を棄て、妻も棄てた』男と評される。その表現だと、恰《あたか》も尾崎が主体となって身の回りの一切を棄てたように映る。「棄てた」のでなく「棄てられた」のである。職業人としても家庭人としても不適格であり、放擲《ほうてき》され続け、居場所を探し続けた。彼もやはり

「動」である。放哉は酒を鯨飲《げいいん》した。彼の酒は陰気でタチが悪い。いわゆる酒乱であり、相手にからむ酒である。友人たちは酒好きで貧乏人の放哉に酒を振舞った挙句《あげく》に放哉から罵倒《ばとう》されていた。必然的に放哉は仲間内で忌避《きひ》され、棄てられる運命であった。小豆島《しょうどしま》の最期《さいご》の八か月、漸く彼は自らの生を棄て去ることができたと思う。

尾崎放哉や種田山頭火を見るにつけ、縁の下で厄介者の二人を支え続けた自由律俳句の先達であり、二人の師匠筋にあたる荻原井泉水《おぎわらせいせんすい》の偉大さに感動する。

筆者が尾崎放哉に関心を抱いたのは吉村昭《よしむらあきら》著の『海も暮れきる』で放哉を知った時であった。尾崎放哉が最後の八か月を過ごした小豆島の南郷庵《みなんごうあん》を訪れたことがある。

まずは尾崎放哉の略歴を眺めてみよう。本名は尾崎秀雄《おざきひでお》である。秀雄は明治十八年（1885）に尾崎家の次男として鳥取市に生まれた。長男が夭逝《ようせい》したので実質長男である。鳥取藩士の家柄で、父は裁判所の書記をしていた。尾崎放哉の誕生地に関しては現在でも混乱が見られる。吉方町《よしかた》二丁目と立川町《たちかわ》一丁目の二か所である。いずれの場所も鳥取城の直ぐ下である。その一帯は路地が交錯しており、かつ路地の大半は一方通行なので、車で辿り着くのは難事である。正しい生誕地は「吉方町二丁目」の交差点付近で、現在（2021）、そこの場所は「なかしま美容室」さんである。美容室の表玄関の左には放哉の最後の句となった『春の山のうしろから烟《けむり》が出だした』の句碑が立てられている。もう一つの「立川町一丁目」はさらに路地の果てである。吉村さんとおっしゃる方のお屋敷のそばに句碑がある。『せきをしてもひとり』。その句碑のそばに説明板があり、『鳥取市立川一丁目九十七番地のこの地に生まれる』とある。説明板の横に

『尾崎放哉生誕之地』の石碑が建てられている。地元史家によれば、ここ「立川一丁目」は実は転居地であり、正しい生誕地は「吉方町二丁目」の方である。いずれにしても、秀雄少年は鳥取城があった久松山を見上げながら成長したのである。

秀雄は学業成績が抜群の子供であったらしい。まあいえば、秀雄は早熟の天才である。中学生のころには俳句を作り始めたといい、当時の俳号は「梅史」であった。十七歳で第一高等学校の文科に入学した。第一高等学校の彼の一年先輩には、後に俳句の師となる荻原井泉水《おぎわらせいせんすい》がいた。秀雄は一高に入学した翌年に一高の俳句会に名を連ねた。当時の秀雄の俳号は「芳哉《ほうさい》」である。彼は一高から東京帝国大学法学部に進学した。法学部を卒業した彼は俳人として生きる道を選ばず生命保険会社（東洋生命保険）に就職した。彼の行動上の異変はこの当時には始まっていた。人間関係が結べないことと、アルコール嗜癖がひどくなっていったのが特徴である。彼の酒は他者にからむ酒乱（悪酔い）である。

精神医学では「ゴッホの酒」が俎上《そじょう》に上る。『ひまわり』や『糸杉』で知られる大画家のゴッホは大量飲酒者だった。ゴッホが、自身の双極性障害（いわゆる躁うつ病）を酒で自己治療していたと主張する精神科医もいる。ゴッホ自身は「心の嵐があまりに騒々しくなり過ぎると、自分の気持ちをはるかに遠くにさせようと一杯のんでしまう」と述べていた。狂気の画家と称されるゆえんである。

尾崎放哉の酒の背景を彼の「恋愛の挫折」に求める文芸家もいる。鳥取で生活していた中学生当時、秀雄はある少女（沢芳衛《さわよしえ》）と出会った。芳衛《よしえ》は秀雄の「いとこ」で、秀雄より一つ年下である。秀雄は芳衛に思慕の感情を抱いたが、ただそれきりであった。やがて一高生となって東京での生活を始めた秀雄の前に芳衛が再び現れた。芳衛は文学を志向し、日本女子大（国文科）の学生となったのである。芳衛の兄は東京帝大の医者であった。同郷の三人の交友が東京で深まった。芳衛の卒業を機に秀雄は芳衛に結婚を申し込んだ。しかし芳衛の兄が近親結婚の害を盾にして、二人の結婚話を反故《ほご》にしてしまった。それが「秀雄の酒」の始まりだというのである。

そうした出来事が酒を飲むきっかけにはなったかも知れないが、『酒乱』はまた別である。連続飲酒でアルコール依存にはなっても、酒乱であるかどうかは別である。酒乱は脳内のシナプス構造や脳内物質の遺伝的素因に基づくものである。

秀雄は生命保険会社（東洋生命保険）に就職した後も依然、俳句と繋がっていた。会社勤めの傍らで、自作の句を荻原井泉水《おぎわらせいせんすい》が創始した『層雲』に寄稿した。俳号を「芳哉《ほうさい》」から「放哉《ほうさい》」に変えたのもこのころである。間もなく秀雄は鳥取の女性の坂根馨《さかねかおる》と結婚して家庭を持った。馨の母である「坂根とし」は鳥取の出身で、当時東京で池田藩（鳥取藩）の屋敷の管理をしていた。併せて「坂根とし」は上京してくる鳥取の女子の世話をやっていた。前出の沢芳衛の世話もしている。「坂根とし」は秀雄とも顔見知りだったのである。

東洋生命保険での秀雄の昇進は速く、二十代にして大阪支店の次長となった。しかしそこでは支店長との反《そ》りが合わず、仕事を放り出すことが増えていった。アルコール臭を漂わせながら昼頃に出勤したり、無断欠勤するありさまだった。放哉のアルコール嗜癖はひどくなり、耽溺《たんでき》状態となった。

間もなく東洋生命保険で社長の交代があって

厳格な人物が後任の社長になると、たちまち秀雄は管理職から引きずり降ろされた。秀雄は「社会と離れて孤独を守るにしかず」と啖呵《たんか》を切って退社してしまった。孤独を守るにしかずと一旦は決意したものの、友人の誘いを受けて、直ぐに朝鮮火災海上株式会社に転職した（37）。しかしこの会社でも彼の酒癖は改まらず、遠からずして解雇されてしまうのである。人間関係が築けない秀雄は憂《う》さを晴らすために飲酒量が増えていった。このころに秀雄の肺結核が重篤化した模様である。しかし、秀雄が漂泊の俳人となるのはまだ先のことである。

秀雄は友人に多額の借金をしており、その返済のためにも働かなくてはいけない。そこで妻の馨と満州に渡ったが、結核性胸膜炎のために満州での生活が続けられなくなった。心身ともボロボロの状態で関東大震災（1923）の直後の日本に引き揚げてきた。秀雄は間もなく妻と離婚した。結局、仕事からも家庭からも見放された。それでも秀雄（38）はまだ世捨て人とはならなかった。この年の年末に『京都一燈園《いっとうえん》』に身を投じたのである。一燈園は、「自然にかなった生活をすれば、人は何物をも所有しないでも、また働きを金に換えないでも、許されて生かされる」ことを信条として、西田天香《にしだてんこう》氏が明治末年に創設した修養団体で、そこでは無所有と奉仕の生活を実践する。しかし、社会性を著しく欠き、かつ体力も無い放哉には一燈園での作務《さむ》は務まらなかった。

神戸の須磨寺《すまでら》の堂守（寺男）、さらに知恩院塔頭・常称院の寺男になった（39）。ここでも酒乱が災いして住職から追放された。続いて福井の常高寺に移り住んだが、どこでも愛想をつかされた。こうした遍歴を重ねる秀雄を支え続けたのは俳句同人の中心人物である荻原井泉水《はぎわらせいせんすい》であった。寺男として寺院での仮住まいを繰り返す秀雄からは、かつてのエリートの面影はすっかり消えていた。一方で句作は爆発した。この頃から膨大な量の句を読み、尾崎放哉としてその才能を開花させていった。

結核病変（肺結核や喉頭《こうとう》結核）の進行もあって、「死と安寧」が視界に入ってきたに違いない。彼の軌跡を眺め直すとその萌芽《ほうが》は少年期からみられる。彼が一高の学生だった頃、同級生の藤村操《ふじむらみさお》が華厳の瀧《けごんのたき》で投身自殺をした。また、別の友人が寮の三階から飛び降りて死んだこともあった。その時に秀雄少年が残した文章はこのようだった。『瀧に落ちても死ぬる、噴火口に這《は》い入っても死ぬる、戦争でも死ぬる、三階でも死ぬるではないか。地球上どこでも死ぬる道具に満ちている』。放哉の生来の刹那観《せつなかん》が巧まずして表現されているような気がする。

肺結核の宿痾《しゅくあ》を抱え、行き場のない放哉が最後の場所として選んだのが小豆島《しょうどしま》であった。荻原井泉水の門下の一人、井上一二《いちじ》が小豆島の人間であったことから、放哉は井上に小豆島で暮らしたい旨を伝えていた。井上からはついに快諾の返事は来なかった。「生活破綻《はたん》者の住処《すみか》など小豆島には無い」と井上が断ろうしていた矢先に、放哉が小豆島に押しかけてきた。盆の八月十三日、放哉は宇野・高松・土庄経由で小豆島の井上宅に押しかけたのである。井上家は醤油醸造の家元で、井上一二は「急に庵を提供しろと言われても、今すぐには」と返答するしかなかった。

地獄に仏で、助け船がやって来た。小豆島の土庄《とのしょう》にある西光寺《さいこうじ》の住職が新たに奥の院（庵）を開こうと申し出たのである。西光寺《さいこうじ》の住職は杉本玄玄子《すぎもとげんげんし》といい、玄玄子《げんげんし》もまた放哉と同様に荻原井泉水《おぎわらせいせんすい》が主宰《しゅさい》する『層雲』のメンバーだった。杉本玄玄子と井上一二が小豆島で尾崎放哉を支え、放哉を世に出したのである。

真言宗西光寺の奥の院とは、放哉の終《つい》の棲家《すみか》となった『南郷庵《みなんごうあん》』のことである。放哉は八月十九日に南郷庵の庵主となった。小豆島に足を踏み入れて六日目のことである。放哉が寺男ではなく庵主となれたのは俳句の師である井泉水と小豆島在住で『層雲』同人の井上一二、そして西光寺住職（杉本玄玄子《げんげんし》）の尽力によるものであった。南郷庵は放哉にとって最期《さいご》の地となり、安住の地となった。この頃の放哉には、なぜか山頭火のような挫折感が無い。欲も得も無く、南郷庵《みなんごうあん》の放哉には「生」に目覚めた開放感だけがあったと思う。生きている間は句を作れるのだ。

放哉（40）は漸く庵主となった。小豆島の西光寺の奥の院の南郷庵《みなんごうあん》を終の棲家《ついのすみか》とした。西光寺は小豆島五十八番霊場であり、土庄《とのしょう》の海が近く、二間《ふたま》の小さな庵での生活は創作にはかけがえのない日々であっただろう。尾崎放哉は極貧であり、無所得、無一物を極め尽くした。南郷庵《みなんごうあん》は札所《ふだしょ》なので遍路《へんろ》が頻繁に出入りする。蝋燭《ろうそく》代など、遍路からの喜捨《きしゃ》が放哉の生活費であった。この小豆島の南郷庵《みなんごうあん》の八か月こそ、尾崎放哉が最も輝いた日々であった。喉頭結核が進行してきたのか、十月になると咳がひどくなった。『咳をしても一人』。

大正十五年（1926）になると放哉は末期的な病状を呈し始めた。起居が難しくなった放哉を見かねた南郷庵《みなんごうあん》の裏の漁師の婆《ばあ》さん（南堀シゲ）が世話を始めた。冬の間は遍路がやって来ないので放哉には収入はない。春になると遍路がやってきて収入がある。放哉は春の訪れを心待ちにしていた。『春の山のうしろから烟《けむり》が出だした』。これが放哉の最後の句になった。

四月七日。午後八時、放哉の全てが止まった。小豆島に着いて八か月、四十二年の生涯を閉じた。別れた妻の馨は放哉危篤の知らせを聞いて四月七日に大阪港から三時発の小豆島行きの連絡船に飛び乗った。南郷庵《みなんごうあん》で馨が目にしたのは既に瞑目《めいもく》した放哉であった。

四月九日、荻原井泉水《おぎわらせいせんすい》が同人仲間の内島北朗《うちじまほくろう》らと南郷庵《みなんごうあん》に駆け付けた。その日のうちに西光寺の墓地に埋葬した。彼らは手にもったシャベルで黙々と土をかぶせていった。荻原井泉水が詠《よ》んだ。『白いはがき沢山持って死んでゐた』。内島北朗が詠んだ。『仏にもの言ふて土かける』。伝統俳句では表現できない自由律の極致である。

小豆島で生まれた放哉の作品の数々は、荻原井泉水によってまとめられ『大空《たいくう》』として刊行された。『大空《たいくう》』が尾崎放哉の唯一の句集となった。種田山頭火が小豆島を訪れたのは放哉が他界して二年後（1928）と十三年後（1939）の二度である。西光寺の境内に山頭火の句が残っている。『その松の木のゆふ風ふきだした』。

尾崎秀雄が尾崎放哉として生きた南郷庵《みなんごうあん》は、現在『尾崎放哉記念館』になっている。現在の南郷庵は放哉以後、三回目の建て替えをしたらしい。シロアリでやられて朽《く》ち果ててしまうのですよと管理人は言う。建て替えたといっても、内部の間取りはかつてのままである。来館者による写真撮影は禁止である。室内には所狭しと、『層雲』の仲間の写真やパンフレットが置かれている。もはや南郷庵は見せ物である。記念館の庭先には彼の自由律句や書簡の断片を彫り込んだ石碑が立てられている。騒々しい。

放哉の墓は南郷庵の南側の共同墓地の高台の部分にある。墓石には戒名が刻まれ、踊った文字で「大空放哉居士《たいくうほうさいこじ》」とあった。墓の前にはビールや日本酒カップが供えられており思わず笑ってしまった。墓地では一人の女性がわき目も降らずに清掃を続けていた。

尾崎放哉を眺める時、私はヘルマン・ヘッセを思い浮かべてしまう。ノーベル賞を受賞したドイツ人作家である。彼の人生の軌跡もまたすさまじい。ヘッセは活発な子供で四歳頃から詩を作っていたという。学業成績は抜群であった。難関校に合格はしたものの神学校に入れられた。半年ほどして彼は神学校を脱走した。周囲の平凡な大人たちからみるとヘルマンの言動は尋常《じんじょう》ではなかったようで、「悪魔祓《あくまばら》い」を受けさせられている。ヘルマンは周囲との落差に苦しみ、自殺を企てたが未遂で終わった。その後も、精神病院に入院させられたり、パート店員になって脱走したりの歳月を送っていた。彼の小説はいずれもそうした体験がモチーフなっており、素晴らしい作品群である。「上を眺めず、平凡な日々こそ自分の日々なのだ」と。三度目の妻がヘルマンに安らぎを与えてくれた。ヘッセは何かの場でこんな発言をしていた。正確な文言は思い出せないが、「ある種の人間は、運命的に人生に迷う」。

《補遺》

放哉が逝《い》った後だが、放哉の弟（秀明）が『層雲』の同人となった。昭和五年（1930）、鳥取地方でコレラが流行した折、秀明はコレラに罹患した。放哉の妻だった馨《かおる》は甥（秀明）の看病のために鳥取入りした。しかし、馨がコレラに感染してしまい、死去した。秀明は詠んだ。『病人うわごと云うて夜明けの海が荒れとる』。

いくさと女：野村望東尼《のむらもとに》

防府市に『桑の山』という山がある。山というより街の中の丘に近い。初冬の『桑の山』は美しい。特にその南側から東側にかけての山裾が美しい。傾いて緩《ゆる》い日差しの中に木の葉が舞っていた。野村望東尼《のむらもとに》の墓は桑の山の南側山腹の木立の中にある。野村望東尼《のむらもとに》は異郷《さいご》で最期の時を迎えた巨人である。そこから少し東に数百メートル行った山裾には男爵楫取素彦《かとりもとひこ》が眠る。

幕末の筑前に勤王家で女流歌人の野村望東尼《のむらもとに》という尼僧《にそう》がいた。野村望東尼は私たちが『尼』に抱く印象とはずいぶん異なった政治活動家である。保守派（幕府恭順派）が藩政治を取り仕切っていた幕末の福岡藩からみれば野村望東尼は過激派の活動家であった。彼女の『平尾《ひらお》山荘《さんそう》』は尊皇《そんのう》激派アジトであった。名は体を表わさず、現在、平尾山荘は高層マンションなどのビル群に囲まれた緑地の中にある。幕末には西郷隆盛《さいごうたかもり》と関係の深かった僧の月照《げっしょう》や長州から逃れた高杉晋作らもこの彼女の秘密のアジトに潜伏した。現在、平尾山荘の草庵《そうあん》は復元され、園内には「野村望東尼山荘跡」の碑が立つ。山荘の一帯が福岡市指定の史跡となっている。

平日の早朝だと、平尾山荘公園に人影は少ない。ゆっくりと散策ができる。平尾山荘の道路向かいには遊園地があり、幼児用の滑り台やブランコが置かれている。平尾山荘の敷地は広い。山荘の管理人によれば、近所の篤志家《とくしか》が市に寄贈した結果、広くなったとのことであった。敷地の地面は芝に覆われ、その中に庭石がポツポツと置かれている。敷地内はよく手入れされている。敷地の中央に野村望東尼の胸像が置かれている。敷地の北西の端には資料館があり、資料館の隣が野村望東尼の旧宅（平尾山荘）で、畳の小部屋が三室である。高杉晋作はどの部屋で起居していたのであろうか、などと思ってしまう。敷地の南西側は木立であり、地面は少し高く盛り上がっている。土手を上ると小祠《ほこら》の石碑がある。望東尼一人で自活していたのではなく、若い女中が仕えていたという。

野村望東尼は文化三年（1806）に福岡の赤坂で生まれた。福岡藩士の浦野《うらの》家の三女である。彼女の娘時代の名はもとである。浦野もとが十七歳で嫁いだ最初の結婚は半年で破綻《はたん》した。もとは夫の浮気を許せず、自分から飛び出したのである。浦野もとは二十四歳の年に、福岡藩士の野村貞貫《さだつら》の後妻になった。夫の野村家は福岡藩の最上級の家禄《かろく》の家柄であった。野村貞貫《さだつら》ともとは二川相近《ふたかわすけちか》という歌人の門下生であり、そこで知り合って親しくなった。野村もととなってからの彼女は、穏やかな夫と落ち着いた生活が送れたようである。その後、もとは夫と、福岡の歌人の大隈言道《ことみち》に歌の師事をした。夫婦はたびたび大隈言道《ことみち》を交えた歌会を自宅（現、平尾山荘）で催している。実はこの大隈言道との出会いが晩年の望東尼《もとに》の人生に多大な影響を与えることになるのである。

もとは子供との縁が薄い女性であった。夫の貞貫《さだつら》との間に生まれた四人の子を全て失っただけでなく、継母として世話をした三人の子も全て失っている。嘉永《かえい》三年（1850）、夫の野村貞貫の連れ子で武士で歌人でもあった野村貞則《さだのり》（36）は江戸在勤中に抑うつとなった。貞則《さだのり》は福岡に帰郷して間もなく自害した。貞則の自害により、既に貞則に家督《かとく》を譲っていた野村家は家禄を没収され家名断絶となり、自宅（平尾山荘）も召し上げられた。ただ、自決した貞則の遺児が後年父の跡目を継ぐと家禄が戻されている。子供を失った悲痛をもとはたびたび哀切迫る歌に詠《よ》み込んだ。

弘化三年（1846）七月、もと（40）は夫の野村貞貫《さだつら》と平尾山荘に隠棲《いんせい》した。平尾山荘はそれまで住んでいた家から近い静かな木立の中にあった。安政六年（1859）七月二十八日、夫の野村貞貫《さだつら》（65）が亡くなった。望東尼（52）は博多の明光寺（野村家の菩提寺）で得度《とくど》・剃髪《ていはつ》し、名前をもとから『望東尼《もとに》』に変えた。

文久元年（1861）十一月二十四日、夫と死別しておよそ二年が経ったころ、望東尼は突然福岡を発って上方《かみがた》に向かった。上京の理由の一つは、おそらく京阪の地への憧れがずっと以前からあったからであろう。さらに、夫と二人で歌の師事をした大隈言道《ことみち》が四年前に上坂《じょうはん》していたことも大きい理由であったろう。大隈言道は花鳥風月に縛られない自らの歌風を広く世に問いたくて上坂《じょうはん》した。望東尼は大隈言道の人柄や彼の歌に心酔していた。筆者が想像するに、大隈言道の歌は時代は異なるが、俳句界での荻原《おぎわら》井泉水《せいせんすい》らの思想に通じるのではなかろうか。望東尼にはそうした上京の理由以上に、筑前の地に飽き足らず、京阪《けいはん》の高名な歌人らに自らの歌の評価を受けたい気持ちがあったであろうし、亡き夫や自身が筑前で詠んだ歌の歌集を出版したいとの抑え難い欲求に突き動かされていたのであろう。さらに想像を逞しくするなら、後年の彼女の生き様からして、学びの対象は歌に留まらず、幕末期に興隆してきた日本固有の精神、いわゆる『国学』に触れてみたいとの希《ねが》いもあったのではないか。

望東尼が乗船した大坂行きの船が赤間関《あかまがせき》（現下関）に到着したのは十一月二十八日である。翌日、赤間関で亀山八幡宮に参拝している。当時、亀山八幡宮の南側の一帯は入江であり、現在の唐戸地区の街並みもまだ湾の中である。乗船した船が三田尻《みたじり》の沖を通過したのは十二月一日のことであった。彼女は、そこが自分の終焉《しゅうえん》の地になると知る由もなく、船から三田尻の街並みを眺めたのであろうか。望東尼《もとに》が大阪に到着したのは十二月七日である。大阪に到着の翌日、そこで大隈言道《おおくまことみち》と四年ぶりに再会した。涙にくれた二人の邂逅《かいこう》の有様が伝えられている。年の瀬に大坂に着いたばかりというのに、望東尼《もとに》は十二月二十一日には大阪を発っている。大隈言道と別れた彼女の足は直ぐに京へ向かった。尼僧《にそう》の面影は影を潜《ひそ》めて活動家に変わりつつあった。

彼女の京での宿所は、『大文字屋《だいもんじや》』という呉服商の屋敷であった。『大文字屋』の経営者は比喜多《ひきた》五三郎という商人で、五三郎は望東尼《もとに》の亡夫の野村貞貫《さだつら》の親族である。比喜多は福岡藩御用達《ごようたし》の呉服商をしていた。こうして望東尼は文久二年（1862）の新年を京で迎えた。

当時の京・大阪の街は、攘夷《じょうい》派志士や刺客《しかく》の暗躍、新選組《しんせんぐみ》の結成、公武合体《こうぶがったい》を推し進めようとした薩摩藩主島津久光の上洛、その島津久光の指示で薩摩藩自らの手で自藩内の急進派を京で粛清《しゅくせい》した寺田屋事件（四月）など、様々な思想や様々な動きが入り乱れ、猖獗《しょうけつ》を極めていた。尊皇攘夷《そんのうじょうい》の動きと同時に、二月には和宮親子《かずのみやちかこ》内親王《ないしんのう》の将軍徳川家茂《いえもち》への降嫁《こうか》など『公武合体』を志向《しこう》する動きも一方で顕在化していた。

望東尼《もとに》は京や大阪という政治現場にいたことで、風雲急を告げる変革の時代を肌で感じることができた。京都では大文字屋《だいもんじ》の分家の主人の馬場文英《ばばぶんえい》と特に親しく付き合った。馬場は勤皇家であり、鋭利な視点を持った思想家であった。馬場は自らが生きた時代に、自らが見聞きした幕末の出来事を分析し、多くの著作に残している（『元治夢物語』など）。例えば薩摩・会津藩が警護する京都御所を長州藩が攻撃した「禁門《きんもん》の変《へん》」にあたっては、馬場文英《ばばぶんえい》は自らが目撃したことを忠実に記録しており、幕末史の第一次史料として高く評価されている。やがて馬場の著作活動は後年、京都守護職《しゅごしょく》の知る所となり彼は逮捕され投獄される運命になる。望東尼《もとに》は京や大阪の地で、国学に根差した志士たちの政治力学の底流を読み取っていた。次第に馬場や勤皇志士らとの結びつきを深めていき、憂国の志士に変身を遂げていった。京都に滞在中、望東尼は同郷の志士の平野國臣《くにおみ》の活動にいたく共感していた。やがて勤王激派というべき平野國臣と自分とに接点ができるとは、そのころはまだ夢想もしていなかった。

望東尼は半年ほどを京と大阪で過ごしたのち筑前に生還した。山荘はやがて平野國臣、中村円太《えんた》といった福岡藩の尊皇攘夷派の藩士が出入りする場所になる。望東尼は福岡に戻った後も馬場文英《ぶんえい》との情報交換を続けていた。そうした馬場文英による京都の情勢分析を望東尼から聞きたいと、勤皇派の若者が平尾山荘に集まるようになっていた。彼女は自分の住居（平尾山荘）を勤皇志士の隠れ家や情報交換の場に提供するようになった。何よりも、彼女自身が特筆すべき勤王家になっていったのである。

望東尼が京阪から福岡に戻った時、平野國臣《くにおみ》(34)は福岡藩の牢獄に繋《つな》がれていた。福岡藩からすれば平野國臣を牢獄に入れる罪状は山ほどあった。例えば彼は安政五年（1858）脱藩していた。当時は脱藩は重罪であった。桜田門外で井伊直弼《いいなおすけ》が襲撃される計画を國臣《くにおみ》は事前に知っており、その襲撃計画とその後に予想される事態とを福岡藩主（黒田斉溥《ながひろ》）に上申していたことも罪である。島津久光が薩摩藩士千人を率いて上京の途についた際に、それを倒幕の挙兵と勘違いして自らが挙兵に加わろうとしたことも罪である。

平野國臣《くにおみ》は筋金入りの志士であった。国学に傾倒した國臣《くにおみ》は、自らの名前を幼名の「種徳」から『國臣』に変えた。尊王攘夷の理論的指導者として武市瑞山《たけちずいざん》や久坂玄瑞《くさかげんずい》、真木和泉《まきいずみ》とも親交があった。彼の名は『勤皇倒幕派』のトップ志士として全国に知られるようになっていた。野村望東尼は牢獄を訪れて、若い平野國臣を和歌で励まし続けた。投獄中の平野國臣は筆を持つことを許されていなかった。彼は紙で「こより」を作り、「こより」で文字を作り、それを紙に貼り付けて望東尼への感謝のメッセージとしたのである。

文久二年（1862）年から四年にかけ、平野國臣の活動はたとえばこんな具合であった。彼は自藩の藩主（黒田斉溥《ながひろ》）の参勤の邪魔をした。野村望東尼が京都にいた頃、偶然だが彼女は参勤する自国の藩主黒田斉溥《ながひろ》の行列を見ようと通りに立って待っていたのである。彼女がいくら待っていても藩主の駕籠《かご》はやってこなかった。実は、藩主の駕籠は大蔵谷《おおくらだに》（現、明石《あかし》市付近）で「回れ右」をして西に引き返してしまっていたのである（『大蔵谷回駕《かいが》』）。その時、平野國臣は薩摩藩の使者だと偽って大名行列へ割り込み、福岡藩主に「このまま進むと襲撃される」と虚偽の報告をした。福岡藩主の黒田斉溥は島津家の出身で島津久光《しまづひさみつ》の親族なのである。平野國臣はてっきり久光が倒幕の挙兵をするものと勘違いをしていた。さらに、福岡藩主の黒田斉溥の上洛は親族久光の倒幕を思いとどまらせるためだと早合点をした。久光の倒幕行為を鼓舞《こぶ》するため、慰留《いりゅう》行為を中止させようと黒田斉溥《ながひろ》に虚偽の報告をした。平野國臣は同年八月十八日の政変で朝廷を追われた尊攘派公卿の長州落ちにも、後日だが加わっている。さらには同年秋の生野《いくの》銀山の襲撃（生野の変）を企画・立案し、幕府の生野《いくの》代官所を襲撃した。平野國臣はその短い人生を思うままに動き回った逸材であった。最後は京の獄舎（六角《ろっかく》の獄）に繋がれたが、それはまだあとのことである。

文久三年（1863）三月二十九日、囚《とら》われの平野國臣は尊皇派の仲間たちによる朝廷工作と和宮降嫁《かずのみやこうか》の特赦《とくしゃ》もあって釈放された。釈放された國臣は朝廷から学習院の教育係に任命され、朝廷から上京を指示された。國臣が京都へ向かう前日（六月二十八日）、望東尼（56）と國臣（35）は平尾山荘でひと晩中語り明かしたという。何を語ったのかは伝わっていない。おそらく、「信じる道を躊躇《ためら》わずにやり尽くし、役目を終えて消えて行きましょう」といった激励ではないか。その夜の平尾山荘が望東尼と國臣二人の今生《こんじょう》の別れの場となった。元治元年（1864）七月十九日の蛤御門《はまぐりごもん》の変で発生した大火災騒動のどさくさに紛れて、六角の獄舎に囚われていた平野國臣（36）を含む囚人ら全員を新選組の隊士が斬首したのである（七月二十日）。

望東尼は自宅（平尾山荘）を勤皇志士たちの密議の場に提供し、あるいは山荘に勤皇志士をかくまうようになった。いわゆる「アジト」である。名の知られた志士としては月形洗蔵《つきがたせんぞう》や中村円太《えんた》、月照《げっしょう》がかくまわれた。やがて高杉晋作と野村望東尼が平尾山荘で出会うことになる。中央政局を動かす逸材が福岡藩からほとんど出ていないことが望東尼の心残りであった。一握りの福岡出身の勤皇志士であった中村円太や平野國臣《ひらのくにおみ》らは捕縛の身であったり処刑されてしまっていた。野村望東尼の意を受けた福岡藩の若い志士たちが紹介状を持って上京するようになっていった。紹介状は京都の宿泊所の手配を頼む内容であったりした。筆者の目には、望東尼は思索型の人物ではない。感覚的で直情的な女性である。望東尼の行動にはためらいが無い。大きな時代の転換期に、天は第一級の女性を送り出してくれたものである。

この当時の長州藩の状況にも少し触れてみる。長州藩の革新派（尊王攘夷の激派）による蛤《はまぐり》御門《ごもん》の変《へん》（禁門の変）が失敗に終わると、長州藩内では保守派が台頭し、保守派の政府は革新派の者たちに自宅謹慎を命じた。自宅謹慎はそのまま処刑に繋《つな》がった。元治元年（1864）十月二十五日の未明、高杉は萩の自宅をこっそり抜け出し、同志だった楢崎弥八郎《やはちろう》（大和国之助）の自宅を訪れた。高杉は謹慎中の楢崎に自分と一緒に逃げるよう説得したが、楢崎は晋作の申し出を「オレは正しい道を突き進む」と言って拒否した。楢崎はこの後（十二月十九日）に野山獄《のやまごく》で保守派に斬首されている。身の危険を直感した高杉晋作は長州から逃れようとした。

まず高杉は転げ込むように馬関（下関）の商人の白石邸に逃げ込み二泊した。彼は行先を九州（福岡、長崎、佐賀）と決め、九州で同志を募って長州の保守派を倒す計画だったが、熟慮を欠いた実体の無い夢想であった。白石邸には、この時福岡藩の尊攘派の中村円太がいた。中村円太は福岡藩の獄に繋がれていたが脱獄して長州に逃れていたのだ。九州の地理に不案内な晋作は藁《わら》をも掴《つか》む思いで中村円太に九州への脱出を頼んだ。十一月二日、高杉と中村円太と大庭伝七《でんしち》（白石正一郎の弟）の三人は海を渡って博多に入った。高杉は対馬商人と称して石蔵屋卯平《いしくらやうへい》の家に投宿した。

十一月十日、高杉は福岡藩の志士の月形洗蔵《つきがたせんぞう》の導きで野村望東尼の平尾山荘に入り、そこに匿《かくま》われた。高杉は十一月二十一日までの十日間を山荘に潜伏した。疲労困憊して転がり込んだ高杉であったが、野村望東尼と過ごした十日間で、彼に精気が芽生えた。この十日間こそ、やがて長州内乱から幕府倒壊を導く画期《かっき》となった。高杉は野村望東尼をこう表わした。『あなたは、さながら静かな空に浮かぶ雲と野に遊ぶ鶴のように、心清らかで悠々自適《ゆうゆうじてき》としており、かつ超然としている。何と素晴らしいことであろうか』。望東尼は高杉に、「花は時が来れば咲きます。焦らずその時を待ちなさい」と言葉を返したという。二人の共通の生き甲斐は和歌であった。四人の子ども全員を早くに失っていた望東尼は孫のような晋作に対し母親の情愛を感じたのかも知れない。野村望東尼と過ごした平尾山荘の十日間が高杉晋作の体に背骨を入れた。いよいよ晋作が山荘を去る日、望東尼は手縫いの羽織《はおり》・袷《あわせ》・襦袢《じゅばん》を贈り、そして和歌を添えた。『まごころをつくしのきぬは国のためたちかえるへき衣手にせよ』。

高杉が高杉晋作として輝いたのは望東尼と出会ったあと、彼の生涯のたった最後の二年半である。それまでは、高禄の家柄の息子だが、筋道だった行動の取れない「やんちゃ坊主」に過ぎなかった。身に迫った危機を避けることや、同志を糾合することを夢想して筑前に足を踏み入れた高杉であったが、望東尼《もとに》と過ごした十日間で、彼は自らが決起することを決断した。九州でも身の安全は無いと分かった高杉は町人姿に変装して馬関《ばかん》（下関）に戻った。そして馬関に戻るや否や、高杉は萩本藩に対して反乱を起こしたのである。おりしも前年の政変（『八月十八日の政変』）で京を追われ、長府《ちょうふ》（下関市）の功山寺《こうざんじ》に潜伏していた尊王派公家たちを前にして高杉は絶叫した。『長州男児の肝《きも》っ玉をお見せいたす』。政権を握っていた萩本藩の保守派への宣戦布告である。その後の二年半、博打《ばくち》のようなドラマが高杉によって一気に展開された。

慶応元年（1865）の春、高杉は萩本藩の内乱に勝利し、長州藩内の保守派を一掃した。高杉が内戦に勝利できたのは何故か。天保十年（1839）生まれの晋作はこのとき二十五歳である。権謀術数《けんぼうじゅっすう》を駆使できる素地は全くない。「天の時」と「偶然」と「人の和」の結果であろう。領地や年貢に統治基盤を置いていた武家制度がもはや終末を迎えつつあった。これが天の時である。偶然の雨が幸いする事態にも恵まれた。天王山《てんのうざん》となった慶応元年（1865）正月の決戦の場で、高杉らの反乱軍が使った新式銃はこの偶然の雨下でも機能したが、萩政府軍側の旧式銃は偶然の雨下に機能しなかった。この緒戦での反乱軍の勝利をみた資産家の商人らが雪崩《なだれ》を打って反乱軍への財政的支援に踏み出した。人の和ができたのである。

長州藩内の保守派を駆逐した高杉は、藩を幕府との対決へと導いていった。『幕府恭順《きょうじゅん》』から『対幕武備《ぶび》』に藩論を変えて対幕戦争に踏み出した。長州藩の存亡を賭けた第二次幕《ばく》長戦争《ちょうせんそう》が開始された。高杉は四千人の兵で幕府軍十五万人を相手に戦うこの戦争を勝ち抜いた。しかし勝利が確定した時、高杉の命脈《めいみゃく》は尽きていた。振り返ってみると、高杉という人物は二つの戦争を勝ち抜かせるためだけに天が送り届けたモノである。その転換点に野村望東尼《もとに》がいた。

慶応元年（1865）になると、福岡藩では藩主黒田斉溥《ながひろ》による勤皇志士への弾圧が強まっていた。長州の高杉晋作らが反幕府の旗幟《きし》を鮮明にし、薩摩が長州に同調する兆《きざ》しが見えたため、幕府の眼を気にした島津家出身の福岡藩主斉溥《ながひろ》は、自藩の安寧《あんねい》を優先し、勤皇派の藩士の取り締まった。福岡藩では百名以上が斬刑などで処分されたが、中村円太は獄舎から脱獄した。この脱獄計画が平尾山荘で練られていたことが判明すると、望東尼は志士を庇護《ひご》したとの廉《かど》で、六月末に自宅軟禁の身となった。やがて望東尼は筑前姫島《ひめじま》への流罪が決まり、同年十一月十五日、彼女の身柄は孤島の牢獄に移された。

筆者は野村望東尼が一年間を過ごしたという姫島（糸島市）の獄舎跡を訪れたことがある。山裾のテニスコートの四分の一ほどのスペースに窮屈そうに庵《いおり》（獄舎）が建っていた。庵に嵌《は》め込まれた格子が獄舎らしくしていた。室内は四畳半ほどの広さである。彼女が生活に使ったと思われる杵《きね》やら花瓶《かびん》やらが室内に置かれていた。部屋の隅にはトイレらしい構造物も見えた。収監された時は六十歳に近かった。三田尻《みたじり》（現防府）で逝去《せいきょ》した時が満六十一歳である（1867）。彼女の活力は仏門への帰依《きえ》だけに由来したものではあるまい。来るべき時代への期待だけでもない。生来《せいらい》の多動性が支えになったのではないか。獄舎の庭に立っていると急に波の音が耳に届いて来た。望東尼は格子の内側で毎日この波の音を聞いていたのだ。

高杉晋作の理解者であったり、練達の第一級歌人であったり、得度した尼であったり、尊王思想家であったり、それはそうである。その一方で、望東尼の本質はチェゲバラのような活動家ではなかったかとの思いが膨らんできた。「男に隷属しなければならない」女ゆえの哀《かな》しみを詠《うた》う彼女の和歌ともマッチする気がした。獄舎を後にして路地を北に進むと、ハイカラな西洋風の建物が見えてきた。糸島市立姫島小学校であった。校庭の入り口には『誠心誠意』の校訓が掲げられていた。望東尼が過ごした地にふさわしい校訓である。

慶応二年（1866）一月二十一日、京都の小松帯刀邸で薩長同盟《さっちょうどうめい》が秘密裏に締結されていたが、孤島の牢獄に閉じ込められた望東尼は知る由も無かった。薩長同盟は薩摩と長州両藩の軍事的同盟で、目的は『攘夷』や『尊皇』を超えて『倒幕』であった。

慶応二年（1866）六月七日、第二次幕長戦争《ばくちょうせんそう》が勃発した。高杉晋作は僅か四千人の長州兵で十五万人の幕府の軍勢を相手にした。高杉はこの長州藩の存亡を賭ける戦争の指揮を執《と》った。第二次幕長戦争では石見《いわみ》（島根県）方面の戦闘でも、安芸《あき》（広島）方面の戦闘でも、また、大島（現、周防大島）方面の戦闘のいずれの戦闘でも長州軍が制した。そうして最後に残った決戦場が小倉口（現、北九州市）であった。長州にとって最も苦しい戦いとなった。七月二十九日、小倉口の戦闘現場にいた山縣有朋《やまがたありとも》のもとに将軍徳川家茂《いえもち》死去の知らせが飛び込んで来た。この情報に怯《おび》えた小倉城の守将小笠原長行《おがさわらながゆき》は小倉城を棄て、軍艦で逃亡してしまった。八月一日、主《あるじ》の居ない小倉城は炎上し小倉口での戦闘は終結し、幕長戦争も終わった。長州の勝利は奇跡に近かった。

　小倉戦争の最中に高杉は病魔（肺結核）に襲われ、やがて病床から指揮を執《と》った。高杉の病状は進行し、九月四日、高杉は喀血《かっけつ》をした。再起不能となっていた。しかし高杉にはどうしてもやり遂げなければならない仕事がまだ一つだけ残っていた。病床の高杉は筑前姫島に囚《とら》われている野村望東尼の救出指令を出した。救出班の一人に姫島に流刑された経験を持ち、福岡藩を脱藩して長州藩士となっていた男（藤《ふじ》）を加えた。

　慶応二年（1866）九月十日、浜崎（現唐津市浜玉《はまたま》）の海岸に見慣れぬ帆船が横付けされた。浜崎の地は唐津藩領だったり幕府領だったりを繰り返したのち、幕末には対馬藩《つしまはん》領の飛び地に編入されていた場所である。救出班は黒田藩（福岡藩）領を避け、対馬藩《つしまはん》領の飛び地を基地とした。現在、「虹の松原」の東の端あたりの砂浜には『浜崎海岸』の石碑が建てられている。その位置からは姫島は見えない。砂辺を西側（唐津市内）に少し歩くと北側十数キロの海上正面に姫島が現れてくる。浜玉漁港（浜崎漁港）に近い砂浜からだと右手の渕上《ふちのうえ》地区の突端が邪魔して姫島は見えない。救出船は浜崎で数日の風待ちをした。救出船はどのあたりに潜んでいたのか。地元史家の井上充《いのうえみつる》氏は個人的見解ですがと前置きして、救出船の居た場所は浜崎漁協のそばの玉島川の河口辺り、さらに想像するなら漁協そばの、恵比寿神《えびすしん》の祠《ほこら》の場所だとおっしゃった。出向いてみると、漁協の建物そばに恵比寿神《えびすしん》の祠があった。そばの玉島橋の下には船溜まりがあった。数日の風待ちをするなら、波が打ち寄せる砂浜ではなかったはずである。

慶応二年（1866）九月十六日、浜崎を発った帆船は姫島の南岸に接岸した。獄舎に辿り着いた救出班は獄の鍵を壊し望東尼の手を握った。望東長期の囚《とら》われで望東尼の足は萎《な》えていた。望東尼を抱きかかえて搬送していると、福岡藩の役人と救出班との間で銃撃戦となったが、死傷者を出すこともなく隠密裏に望東尼を姫島の獄から救出した。野村望東尼を思慕していた島民らが救出を陰から支えた。

九月十七日の夜、救出船は馬関（ばかん、下関）の白石正一郎邸に着いた。馬関港の埠頭そのものが白石正一郎邸の門（浜門）である。豪商白石正一郎は尊皇攘夷派の志士を変わることなく支援し続けた人物である。彼の屋敷には，中山忠光や平野國臣や西郷吉之助（隆盛）や坂本龍馬などが滞留したことがある。余談だが、当時の浜門は移築され、現在、JR山陽本線の長府駅を出てすぐの路地を南方向に数百メートル行ったところの民家の脇に昔のままの姿で残っている。白石正一郎は志士たちへの支援で資産をすっかり失い、晩年は赤間神宮の宮司として生きた。

高杉は、野村望東尼が白石邸に到着する五日前から、人の出入りが騒々しい白石邸を避けて、赤間町の入江和作《わさく》の静かな屋敷で床に就いていた。一方の野村望東尼も下関の白石正一郎邸に着いた途端に発病し寝込んでしまった。高杉は白石正一郎に野村望東尼の世話をお願いした。横柄だった高杉が「天下のためにお願いします」と商人白石正一郎に頭を下げた。

九月の最後の日、望東尼は入江和作の屋敷で高杉晋作に再会《もと》した。会えると思っていなかった二人は滂沱《ぼうだ》の涙に暮れた。

慶応三年が明けると晋作の病状は一層重篤となり、傍目《はため》にも回復は無理であった。高杉は林算九郎宅（現、下関市新地町）の離れ座敷で最期の床についた。望東尼は晋作が息をひきとるまで枕辺で彼の看病をした。晋作の病床では、晋作の愛人おうの（22）と正妻の雅《まさ》（21）そして野村望東尼（61）の三人の女性が看病に明け暮れた。正妻の雅は山口町奉行の次女で、十六才の時に晋作に嫁いだ。結婚後の雅は晋作からほったらかされたままに過ぎ、ついに晋作との家庭生活は巡って来なかった。要するに晋作はあまりに多動に過ぎ、所帯《しょたい》のことなど眼中に無かった。慶応三年（1867）四月十四日、晋作は三人の女性に看取られながら林算九郎宅の離れ座敷で二十七歳と八か月の生を終えた。

しかし望東尼の日々は平穏とならなかった。高杉晋作の亡き後、望東尼は山口の小田村伊之助（のち楫取素彦《かとりもとひこ》）の元に身を寄せた。それは高杉晋作の手配によるものであった。望東尼は山口滝村（現滝町）の小田村家に寓《ぐう》することになった。小田村家は五十鈴川《いすずがわ》の畔《ほとり》である。

余談だが、現在の山口県警（滝町）から鳳翩山《ほうべんざん》山系に向かって数百メートル進むと法泉寺《ほうせんじ》跡に到る。かつて陶《すえ》氏の謀反《むほん》で大内義隆が山口を去る日に短時間留まった場所がこの法泉寺である。今はイブキ（槙柏《しんぱく》）が残るだけで建物は無く、現在も民家はここまでである。さらに五十鈴川に沿って上れば、右手の杉林の中に大内家二十九代当主の大内政弘の墓がある。

滝村での望東尼は小田村家だけでなく隣の熊《くま》丸《まる》邸に仮寓《かぐう》したことが伝わっている。滝町の県警の建物の棟続きが今の山口県庁であり、その隣は『旧藩庁』である。望東尼は吉敷木崎《きざき》（山口市吉敷木崎）の民家にも滞在したらしく、その地の末田邸で詠んだ歌が残っている。そばには『鼓《つづみ》の瀧』で知られる中国霊場十七番札所の龍蔵寺《りゅうぞうじ》がある。山口で望東尼が最も長く過ごしたのは湯田温泉であった。これらの逗留先は高杉の遺言で小田村伊之助（のちの楫取素彦《かとりもとひこ》）が手配したものであった。

第二次幕長戦争で征長軍が長州藩に敗北したことで、幕府の権威は失墜した。薩長両藩にとり、武力による「倒幕」が日程に上ってきた。やがて薩長両藩を中心とする西南雄藩の軍事勢力が倒幕に向けて東上《とうじょう》する時がやってきた。なんとか幕府との武力戦に持ち込みたいと薩長は策動し挑発した。望東尼の鋭敏な耳はそれをのがさなかった。

湯田温泉など、山口に滞在していた望東尼は、薩長芸の三か国の討幕軍が三田尻（防府）から東征することを聞きつけると、とても山口にじっとしては居られなかった。慶応三年（1867）九月二十五日、彼女は山口の町を発った。徒歩で三田尻に向かった。従者のいない全くの一人旅であった。二十数キロの道のりであったが、その日のうちに三田尻に辿り着くと松崎天満宮（現、防府天満宮）で参籠《さんろう》をした。参籠を済ませると望東尼（61）は歌人でありまた年齢も近い荒瀬百合子（58）の自宅に泊めて貰った。荒瀬百合子は早世した夫と共に国学と歌を学んだ歌人である。望東尼は七日間の参籠に入った。参籠とは社寺堂に籠って神仏に祈願する「行」で、彼女は礼拝や読経《どきょう》、断食をして祈願成就《きがんじょうじゅ》した。彼女は出征する諸隊の兵士の武運長久を祈り続けた。もはやここには得度者《とくどしゃ》の面影《おもかげ》は無い。何かに取りつかれたようで、『鬼神《きしん》も之《これ》を避く』気魂であった。

十月上旬、倒幕に向けた薩摩の軍艦三隻が三田尻の向島《むこうじま》の小田港に入港した。小田港は塩田公園がある向かい側である。望東尼は三田尻の中心部にある丘（桑の山）の山頂に上った。山頂からは薩摩の軍艦がよく見えた。望東尼は平野國臣や高杉晋作ら、今は亡き若者たちを思い出し立ち尽くしていた。望東尼は新しい時代が訪れることを予感できた。気丈な望東尼からとめどなく涙が流れた。すっかり自分の役割は終わった気がした。急に気魂が消えた。望東尼はその夜から病床に就いた。筆が持てなくなっていたのである。

　野村望東尼は平野國臣《ひらのくにおみ》や高杉晋作《たかすぎしんさく》と同じく、実に「動」の人であった。特に晋作は望東尼にとって勤皇の同志であり、歌人としての盟友であり、早世した息子たちに代わる息子であった。病床の晋作が気分のいい時に『面白《おもしろ》きこともなき世に面白く』と詠むと、望東尼は下の句を『住みなすものは心なりけり』と継いだ。二人は顔を見合わせてニヤッと笑ったことであろう。超人の最期《さいご》が近づいた。

　慶応三年（1867）十一月六日が訪れた。現在の暦（新暦）では十二月一日である。その朝、荒瀬宅の望東尼は病床から起ち上がると沐浴《もくよく》をし、身体を清めた。沐浴を済ませた望東尼は手縫いの法衣《ほうい》を着た。そして法衣の上に袈裟《けさ》を纏《まと》った。活動家から尼に戻った。身支度《みじたく》を全て整え終えた彼女は静かに最期《さいご》の訪れを待つように見えた。やがて日が没し夕闇が訪れると、彼女は布団の上に正座をした。周囲が見守る中、それでも静かな時が流れた。微《かす》かに口が動いたように見えた。周囲の者に何かを伝えようとしたのか。声にはならず、前に倒れ込むと息は絶えていた。六十一歳であった。

　望東尼の亡骸《なきがら》は荒瀬宅から近い桑の山の南麓に埋葬され、位牌《いはい》は正福寺《しょうふくじ》の荒瀬家の位牌堂に祀《まつ》られた。正福寺は荒瀬宅と桑の山の中間にある曹洞宗の古刹《こさつ》であり、三田尻御茶屋（招賢閣《しょうけんかく》）の裏手の老松《おいまつ》神社のすぐ隣である。薩長連合軍が討幕に向けて三田尻を出発したのは十一月二十五日であった。

冬のある日、筆者は桑山の南麓にある望東尼の墓所を訪れた。鶯《うぐいす》が啼《な》く季節や蝉が鳴く季節に何度か訪れてきた桑の山の南麓であるが、初冬の桑の山にはまた別の趣がある。望東尼の墓は入り口から二百メートル入った木立の中にある。墓石は前後に薄い大きな四角で、墓というより碑である。墓碑の表に『正五位野村望東尼之墓』とある。墓の裏面には楫取素彦《かとりもとひこ》が撰した碑文（漢詩）が彫り込まれている。望東尼を山口の自宅に迎え、彼女の晩年を自宅で共に過ごした楫取素彦の漢詩で、望東尼の晩年を短く紹介した内容である。冬枯れた木々の枝が望東尼の墓に影を落としていた。そこから少し離れた東側に楫取素彦《かとりもとひこ》が眠る。

臨終の場となった荒瀬宅は中塚町にある。桑の山の東南六百メートルあたりである。現在、防府市には中塚町という町名は無いが、旧荒瀬宅には『望東尼終焉之地』と彫り込まれた丸い自然石の碑が置かれている（三田尻本町10-2）。荒瀬宅はその後、桑の山の東麓（防府市岡村町）に移築され、そこの三差路にも『終焉の地』の碑がポツンと立っている。桑の山の東麓をたまに道行く人はいても碑に関心を払う人はいない。忙《せわ》しく通り過ぎていく。

《補遺》

一般に仏教用語は漢音でなく呉音《ごおん》を原則とすることから、望東尼を「ぼうとうに」でなく「もとに」とした。彼女の本名のもととは関係ない。

《補遺》

野村望東尼の生涯に関しては『平尾望東会』顧問の谷川佳枝子氏の素晴らしい学術書『野村望東尼』がある。参考にさせていただいた。

いくさと女：静御前《しずかごぜん》

阿東町《あとうちょう》（現、山口市）の徳佐《とくさ》地区の国道わきには『静御前の墓』の案内板がある。静御前《しずかごぜん》が長門国のこんな片隅の集落で最期の時を過ごしたということがありえるだろうか。

静御前という女性は白拍子《しらびょうし》（舞姫）であり、源義経の愛妾《あいしょう》である。静御前について語る資料はほぼ『吾妻鏡《あずまかがみ》』のみであり、彼女の子細はなぞに包まれている。『吾妻鏡《あずまかがみ》』は源氏から政権を奪い取った北条氏の側の誰かが編集した史書で、ほぼ同時代の書物である。静御前は『義経記《ぎけいき》』にも登場する。しかし義経記《ぎけいき》は同時代のものと言えず、史書でもなく、英雄源義経《みなもとのよしつね》を語る軍記物で、弁慶や静御前は脇役で登場する。阿東町徳佐の地は後白河法皇《ごしらかわほうおう》の荘園という意味では源義経と全く無縁とはいえない。『静御前の墓』は船平山《ふなひらやま》のある西方向である。九月の中旬、雨の中を案内板の矢印に従って船平山方向に向かった。秋雨前線《あきさめぜんせん》のために数日間、雨が降り続いていた。

源平を対立させたのは後白河法皇の手練手管《てれんてくだ》であった。源平合戦の後、後白河法皇は義経に左衛門尉《さえもんのじょう》や大夫判官《たいふほうがん》などの階位を授《さず》けた。頼朝は自分のあずかり知らない形で弟の義経が勝手に叙階《じょかい》したことに激怒し、やがて義経に対する不信と敵意を増幅させることとなる。頼朝《よりとも》と義経《よしつね》とを離間させたのもやはり後白河法皇の手練手管の賜物《たまもの》であった。後白河は、頼朝討伐の指示（院宣《いんぜん》）を出したかと思えば、その一か月後には義経追討の院宣《いんぜん》を出すという無原則ぶりであった。

田園の中を二～三キロほど船平山《ふなひらやま》の裾野《すその》方向へ進んだ。田んぼの脇に『静御前の墓用駐車場』の札が立っており、車二～三台が停められるくらいの空き地が用意されていた。駐車した空き地から静御前の墓まで、雨の竹林を少し登らなくてはいけない。倒れた竹を跨《また》ぎながら竹林の中を登って行った。私の後ろから妻が「こんなに濡れた山道を歩くような靴は履いて来てないのに・・・」と愚痴を言いつつ、それでも仕方なく私のあとを付いて来ていた。薄暗い竹林のあちこちではヒグラシがカナカナカナと鳴いていた。山道のわきには早くも曼殊沙華《まんじゅしゃげ》が赤い花を咲かせていた。誰が設置したものなのか、山道が分岐するたびに、分岐点に『静御前の墓』の矢印の札が立てられていた。

百数十メートル登ったところが「その場所」であった。雨のせいもあって、ずいぶんと薄暗い。竹林の隙間に宝篋印塔《ほうきょういんとう》とも五輪塔《ごりんのとう》とも区別がつかない石塔が三つ並んで立っていた。そばに説明板が立っている。中央の大きい石塔が静御前の供養塔だという。傍らの墓の一つは静《しずか》の母親のもので、もう一つが静の子（義経の子）の供養塔であるという。腕組みをして『吾妻鏡』の記述を思い返してみた。

源平合戦では八面六臂《はちめんろっぴ》の活躍をした義経であったが、合戦の後は兄の頼朝と不和になっていった。ついには頼朝から討伐を受ける身となり、義経は吉野に退避する。『吾妻鏡《あずまかがみ》』や『義経記《ぎけいき》』によれば、静御前が義経に同行したのはこの吉野までである。いよいよ自分の身の危険を予感した義経は吉野を抜け出し北に向かうことにした。奥州《おうしゅう》の平泉《ひらいずみ》をめざしたのである。この時に静御前は子供を宿していた。静が子を宿していることを自ら義経に告げた途端、義経は動揺したようである。再起を期すなら静《しずか》の同行は足手まといになるとの判断が勝《まさ》り、義経は吉野山で静《しずか》を手放す決心をした。静御前は義経と別れたあと雪道をさまよい、間もなく吉野の山中で頼朝方に捕縛された。義経の家臣で義経や静《しずか》のお供をしていた佐藤忠信《さとうただのぶ》ら数名は頼朝方の兵に討たれた。文治元年（1185）十一月のことなので、まだ壇ノ浦合戦《だんのうらかっせん》の同年であり、急転直下の落ちぶれ方であった。従者に棄てられた静《しずか》が京の北白川に戻ってきた経緯は知られていない。静《しずか》が戻った先は彼女の母親（磯禅尼《いそのぜんに》）の元であった。

次第に膨《ふく》らむ静《しずか》の下腹部はやがて人々の噂に上り、その噂は鎌倉の頼朝の耳にも達した。文治二年（1186）三月、静は母いそと一緒に鎌倉に送られ、頼朝の前に突き出された。頼朝の後方の幔幕《まんまく》の内側には頼朝の妻の北条政子《ほうじょうまさこ》がいたようである。頼朝は静《しずか》の美貌に嫉妬《しっと》を感じたのであろうか、静の腹を切り開いて母子ともに命を断て、などと口走ったらしい。ここで梶原景《かじわらかげ》時《とき》の例の進言が登場する。生まれてきたのが男児なら殺しては如何《いかが》ですか。

静は白拍子なので舞いの名手であった。残酷なことだが、静は頼朝と北条政子の前で舞うことを命令された。文治二年（1186）四月八日の鶴ケ岡八幡宮でのことである。身重《みおも》の静は頼朝と政子の前で詠《うた》いながら舞った。ここでまた例の有名な即興歌が登場する。「しづやしづ賤《しず》のおだまき繰り返し昔を今になすよしもがな」、「吉野山、嶺の白雪踏み分けて入りにし人の跡ぞ恋しき」。義経を恋うる即興歌に頼朝は激怒した。しかし女心《おんなごころ》が分かる政子が頼朝をなだめたという。

閏《うるう》七月の末（1186）、静《しずか》は出産した。生まれ出たのは男児であった。頼朝の家臣の安達清経《あだちきよつね》がいそ（静《しずか》の母、のち磯禅尼《いそぜんに》）が抱いていた赤子を奪い取って立ち去った。安達清経は京で義経の監視役をやったり静《しずか》の身柄の引き受けたりしていた。いそは安達清経の後を追いかけた。そして由比ガ浜《ゆいがはま》に打ち捨てられていた赤子の死体を見つけると抱き上げて帰り、娘に渡した。

赤子の殺害から間もなく、静御前は母と鎌倉を発ち、九月に京に帰り着いている。一方の義経もこの頃、京の隠れ家に正妻の郷御前《さとごぜん》と潜伏していたようだ。潜伏場所ははっきりしない。比叡山《ひえいざん》であったかも知れない（吾妻鏡）。郷御前《さとごぜん》は過去に女児を出産しており、このころ二人目の子（男児）を懐妊していたようだ。

義経は奥州（平泉）の藤原秀衡《ふじわらひでひら》の元に向けて弁慶《べんけい》らと京の隠れ家を発った。出発は文治三年（1187）二月十日ころだと思われるが、これもまたはっきりしない。義経一行が平泉に辿り着いた日取りもはっきりしないが、その年（1187）の春ごろであろう。義経には静御前に代わる愛妾《あいしょう》（蕨姫《わらびひめ》）もいたようで、奥州への旅にはその愛妾も同行させたともいう。蕨姫《わらびひめ》は平家の武将の娘だったとされるが詳細は伝わっていない。義経が衣川の館で妻（郷御前《さとごぜん》）と二児（女児と男児）と共に自害したのは文治五年（1189）、閏四月三十日のことで、これだけは確かな日付と場所である。

さて、義経と別れ、また我が子まで殺害された静御前が失意のどん底にあった当時、長門国の徳佐《とくさ》はどのような地であったのか。現在の鄙《ひな》びた集落とは少し違っていたようである。徳佐には六世紀に築造された狐塚《きつねづか》古墳という前方後円墳が残っている。つまり六世紀の時点ですでに徳佐には権力構造があったのである。さらに中世には、徳佐には後白河法皇の荘園（阿武《あぶ》御領《ごりょう》）があった。後白河と義経との密な関係から推して、「静御前にとって後白河は決して見ず知らずの雲の上の人では無かったのでは」などと即断してはいけない。法皇は「雲の上の人」である。また、徳佐の阿武御領《あぶごりょう》が後白河の荘園といっても、『没官領《もっかんりょう》』の一つに過ぎなかったかも知れない。平氏の滅亡後に平氏の所領を没収した朝廷領が『没官領《もっかんりょう》』である。当時、没官領に由来する後白河法皇の荘園は全国に五百箇所もあったからである。静《しずか》と母（磯禅尼）が西国の没官領の一つを目指して当てのない長旅をしたと考えるのは無理な気がする。そもそも白《しら》拍子《びょうし》の静《しずか》には徳佐での生活歴は無かった。

鎌倉から京に戻ったその後の静御前《しずかごぜん》の動静について、『吾妻鏡』は一切触れていない。静御前の終焉の地と伝承されている場所は全国にいくつかあるが、いずれも根拠は無い。例えば、静《しずか》は一旦は義経が暮らす平泉を目指したものの、平泉に向かう道中で義経の死を伝え聞き、平泉には向かわなかったと言う者がいるがこれは荒唐無稽《こうとうむけい》な話である。義経が北上川の支流の衣川《ころもがわ》の畔《ほとり》の高館《たかだち》で自決した状況ははっきりしている。三十一歳の義経は正妻の郷御前《さとごぜん》や娘や息子と自決しており、それは静《しずか》と別れた三年半後のことである。一連の経過を西暦年で表すと、義経が静御前と別れたのは一一八五年の秋である。鎌倉で我が子を殺された静《しずか》が鎌倉を発って京に帰り着いたのは一一八六年九月である。義経が衣川で自刃したのは一一八九年の閏四月三十日である。後白河の死は一一九〇年三月である。義経記《ぎけいき》の中では、静は文治二年（1186）中に出家し、翌年に二十歳で他界したとする。

まず、徳佐にある山口市阿東町支所を訪ねることにした。もう妻は付いてきてくれない。支所で来意を告げると数人の職員が互いに顔を見合わせ「厄介な男が紛れ込んできた」という雰囲気を漂わせた。いくつか質問したところで職員はうろたえて、隣のコミュニティセンターに行ってくれと筆者を追い出した。地元に『静御前の墓』の案内板を掲げておきながら知らぬ存ぜぬはないだろう、と捨て台詞を吐いて支所を出た。コミュニティセンターでも私は歓迎されざる闖入者《ちんにゅうしゃ》であった。それでも、関係がありそうな資料を出してくれた。その資料によると、静御前が徳佐に住み着くに到った顛末《てんまつ》はこのようであった。義経が平泉に到着したのが文治三年（1187）。義経自刃が文治五年（1189）。平泉を目指していた静御前が義経の死を知って京に戻りついたのも文治五年（1189）。文化を好む大内氏《おおうち》の招きにより静御前と母いそと侍女の三人が壇ノ浦に思いを馳《は》せて長門領に入り大内《おおうち》満盛《みつもり》の庇護を受けたのが建久二年（1191）。山口の居宅よりもさらに安住できる地として徳佐片山の笊笥庵《そうけあん》に入居した。以上である。全体の筋書きは粗雑で、相当に無理がある。義経記《ぎけいき》では静《しずか》は文治三年（1187）に死んでいる。源平合戦当時、大内氏の根拠地は周防の国衙《こくが》（現防府）に限られ、長門国とも山口の町とともまだ無縁である。それに大内氏が京文化に傾倒し始めたのは応仁の乱（1467-1477）以後からである。公家連中が乱で荒れ果てた京から山口を目指し、山口が第二の京になったからである。

平安時代の終わり頃、つまり源平の勢力争いが激しくなった頃には国司《こくし》は任地に下向せず、国司の指示を受けた目代《もくだい》が国衙《こくが》（政庁のこと）の役人を指揮して国務を処理するようになっていた。これらの国衙役人がいわゆる『在庁官人』である。平安時代の終わりころには在地豪族が在庁官人の役に就《つ》き、それを世襲化し始めている。周防国でいえば、十二世紀の半ばに、ようやく多々良氏（のちの大内氏）の名が在庁官人として文書で確認できるようになる。その多々良《たたら》氏が大内介《おおうちのすけ》と、『介《すけ》』の官位をつけて呼ばれるようになったのは永寿二年（1183）のことである。永寿二年とは静御前と義経の「吉野の別れ」の二年前に過ぎない。『介』の位は律令国家の国司四階級の第二位である。源平の対立中、大内氏は在庁官人の立場ゆえに中立的に行動していたが、時に逸脱して源氏に肩入れしたらしい。

大内氏が鎌倉幕府の御家人《ごけにん》となったのは十三世紀の半ばと思われ、源平争乱が決着した数十年後のことである。つまり、静御前が存命なら八十歳代の半ばということになろう。八十歳代の半ばの静御前がその母親を伴って、上方ではまだその名も知られていないような一御家人の大内氏を頼って周防まで歩いて来ることは無い。大内氏が周防国衙を支配したのは鎌倉時代の後半なのである。

静御前の母であるいそ（磯禅尼《いそぜんに》）の故郷は讃岐《さぬき》（香川県）である。静御前の終焉《しゅうえん》の地として最有力の讃岐を訪ねることとした。静御前と母親のいそにまつわる史跡は讃岐東部の一帯に広く分布しているからである。播磨灘《はりまなだ》に面した小磯《こいそ》地区がいその生まれ故郷である。現在、小磯の町は「東かがわ市」に属する。

高松市内から南東二十キロメートルに、長尾（さぬき市）と三木（木田郡）という、隣り合った二つの町がある。この一帯に静《しずか》母子の事蹟が多数残る。特に池に関した事蹟が多い。雨が少ない讃岐《さぬき》は灌漑《かんがい》用の溜池《ためいけ》が極端に多い場所である。したがって個々の池を同定するのはかなりの難事である。さぬき市と三木町との境界で東西に走る県道十号の一〜二キロ南方に『鍛冶池《かじいけ》』があり、鍛冶池のほとりに「静薬師庵《やくしあん》」がある。地元では薬師庵が静母子の住処《すみか》だったとされる。現在そこにある五輪塔《ごりんのとう》が静御前の墓と伝えられているが、少し違うようでもある。

義経記を離れて讃岐の地元に伝わる伝承を基に静《しずか》母子の足跡を再現してみた。文治四年（1189）三月二十日、静（21）と母いそは『鍛冶《かじ》池《いけ》』に近い『長尾寺《ながおじ》』で得度《とくど》していた。長尾寺は四国八十八霊場の中の第八十七番の札所である。静《しずか》は得度《とくど》して『宥心尼《ゆうしんに》』という法名を貰った。いそは『磯禅尼《いそのぜんに》』という法名を貰った。こうして二人は尼となった。静と「いそ」はここ長尾寺で剃髪している。長尾寺の境内の一角には静御前の剃髪塚があり、剃髪塚のそばには五輪の塔が立っている。
二人は鍛冶池の傍《そば》でささやかな草庵を結んだ。それが現在の静薬師《しずかやくし》である。静薬師で、母と娘は念仏三昧《ねんぶつざんまい》の日々を送ったらしい。ある日その静薬師に一人の娘が合流してきた。京で静御前の侍女をしていた琴路《ことじ》という名の娘である。琴路は主人母子を求めて長旅をし、庵に到着したそうである。

建久《けんきゅう》二年（1191）十一月二十日、母のいそは長尾寺から川土手を通って鍛冶池《かじいけ》の薬師庵《やくしあん》に戻る途中で突然死してしまった。静（23）はまるでその後を追うように、翌年の春に侍女（琴路《ことじ》）に看取られて衰弱死した。静《しずか》の初七日《しょなぬか》の日、琴路は鍛冶池に投身した。以上が讃岐での三人の女性の生活の断片として語られる物語である。

静の墓として五輪塔《ごりんのとう》が建てられた。過去のある時、灌漑用の溜池を改修した折、静御前の墓石を解いて改修工事の資材に利用したらしい。その伝承が最近まで残っていた。平成十六年（2004）、再びその池の改修工事が行われた際、『願勝寺《がんしょうじ》』の住職が「伝説の石」を探させたところ、五輪塔に使われていた球形の墓石が池の取水口から一つ出現した。

願勝寺の境内には、『宥心尼《ゆうしんに》』と『磯禅尼《いそのぜんに》』の墓がある。宥心尼の墓のそばには池から出てきた球形の墓石が置かれ、出現の経緯の説明した石碑が球形墓石のそばに建てられている。従って、第八十七番の札所の長尾寺は二人が得度した寺であり、二人の菩提寺は長尾寺から南西二キロにある『願勝寺』と考えるのがよい。いずれにしても二つの寺は指呼《しこ》の間《かん》ではある。

静御前の墓所としては、徳佐片山の竹やぶの石塔でなく、願勝寺の境内の五輪の塔に軍配が上がる。

海賊の島：浮島《うかしま》

浮島《うかしま》は屋代島《やしろじま》（周防大島のこと）の北側数キロ沖の離島である。「うか」とは泥濘地《でいねいち》（湿地）を表す地形古語である。浮島の中にある樽見《たるみ》集落の、「たる（弛）み」もまた泥濘地の古語である。現在（2021年）、浮島《うかしま》には二百五十人が暮らしている。浮島は本島とその北にある頭島《かしらじま》の二島からなり、両島は架橋で結ばれている。浮島には本州との船便は無く、周防大島の日良居《ひらい》との間に一日四往復の町営定期船が運航されている。

古代よりこの一帯は海上交通の要衝であり、また近世の浮島は浮島水軍（宇賀島衆）とよばれる海賊の根拠地であった。毛利氏と陶氏の厳島《いつくしま》合戦の折、宇賀島衆は陶氏の側に立って参戦しそして敗北した。宇賀島衆を待っていたのは毛利氏による徹底的な掃討であった。その結果、浮島は無人島となってしまった。

無人島になった浮島にどうして現在島民がいるのか。これは古代ギリシアのアリストテレスが生命起原に関して提唱した『自然発生説』のようであった。『自然発生説』は生物が親の生物無しでも無生物から生まれることがあるとする学説で、十九世紀のパスツールの登場までの長いあいだ一応、信じられていた学説である。

ここで、『海賊』と『水軍』に関して少し触れてみる。『海賊』と聞くと、スティーブンソン作『宝島』のジョン・シルバーや、バリー作『ピーターパン』のフック船長をイメージするであろうが、これらは童話の世界である。歴史好きの者だと、英国がスペインから海上覇権を奪取する契機となったアルマダ海戦の英国側英雄のドレイク提督であろうか。彼の前身は生粋《きっすい》の海賊（私掠船長《しりゃくせん》）であった。『私掠船《しりゃくせん》』とは、仏政府や英政府から彼らの敵国スペインの通商路を妨害する許可を与えられた海賊である。つまり、海上での略奪を合法的な生業《なりわい》とする輩《やから》である。本章の『海賊』もややこれに近い。もっとも日本でも、朝鮮や中国の沿岸に出向いて非合法な侵攻や略奪を行った「前期倭寇《わこう》」のような海賊もいた。本章の『海賊』は『瀬戸内《せとうち》水軍』とよぶべき集団である。瀬戸内を活動舞台とした『海賊』行為は、単に彼らの生活手段をさすだけでなく、瀬戸内の通商に利害をもつ豪族や大名たちの海上覇権にも関係する準合法活動であった。いわゆる『シーレーン』である。もちろん、彼ら海賊（水軍）が略奪を働くこともあった。

瀬戸内《せとうち》海賊の登場の背景を眺めてみよう。「陸の人間は物を作って食い」、一方「海の人間は物を獲《と》って食う」のである。これが真理であった。陸後者は悪質な気がするがそうともいえない。陸の人間が物を作るかあるいは売買する時には『税』が発生し、税は取り上げられる。穀物でも商品でもそうである。『税』とは取られる側から すれば理不尽だが、取る側からみればこんな便利な仕組みは無い。ところが、海には当初この仕組みが存在しなかった。

日本で海賊問題が発生したのは五～六世紀のことで、大和朝廷が四国や九州を勢力圏に組み込み始めたころである。海賊はそれまでは海で生活する『海族』に過ぎなかった。四国・九州と大和の間にあるのが瀬戸内海である。そこの海を「吸いあげられた税」が通航するのである。掠《かす》め取りたくなる。『桃太郎』の舞台は岡山県だが、登場する『鬼』とは要するに海賊である。海賊の生活原理とは、「海の物を獲《と》って食い、税は払わない」のである。海の物は海藻であったり魚介類であったり、大宰府から都への貢納米であったりした。結局、日本列島の全域が『律令』の秩序でまとまった奈良時代に海賊問題が起きた。海賊問題は貢納米輸送の大動脈である瀬戸内海で起きた。

海賊たちが跋扈《ばっこ》するのは広い海でなく海峡であった。貢納船《こうのうせん》が絶対に通過しなければならないのが海峡で、因島《いんのしま》、来島《くるしま》、大三島《おおみしま》、周防大島のいずれの地もそうである。これらの海峡一帯は耕地が少なく、峻険《しゅんけん》で農耕が成り立たない場所である。つまり、初期の瀬戸内《せとうち》海賊が欲したのは食糧であった。やがて、通行する船の安全を護《まも》るために通行料を徴収する新商売が生まれ、これが段別銭《たんべつせん》（通行料）徴収システムにつながってゆく。家内事業のような小規模だった海賊行為がやがて集団化して大規模になると、幕府や有力大名らは大海賊を自軍の戦力に組み込み始めた。つまり『水軍』の発生である。伊予《いよ》（愛媛）を根拠地とした河野水軍とその傘下の村上水軍および能島《のしま》水軍、因島水軍、あるいは浮島《うかしま》を根拠地とした浮島《うかしま》水軍、あるいは屋代島《やしろじま》（現、周防大島）の近隣海賊の大浜氏・桑原氏・神代《こうじろ》氏・沓屋《くつや》氏・浅海《あさみ》氏らが合わさった『屋代島衆（大島衆）』などである。

これらの水軍がどの大名と相互支援の契約をするかはかなり場当たりであり、契約解除や裏切りが横行した。水軍側の大名選定基準は、どちらの大名が勝ちそうかと、どの大名の利益供与が得になるかであった。また室町幕府の手持ちの水軍は脆弱《ぜいじゃく》だったので、有力な水軍には『警固衆《けごしゅう》』のお墨付きを与え、掠奪《りゃくだつ》行為をする海賊の取り締まりに当たらせた。ところが他の水軍も勝手に警固衆《けごしゅう》を名乗るようになり、やがて瀬戸内海は『警固衆』だらけになる。警固衆を名乗れば、海峡を通る商船から段別銭《たんべつせん》（通行料）を取れるメリットがあったからである。「島」ごとに生まれた警固衆《けごしゅう》が段別銭《たんべつせん》を徴収する仕組みは、やがて『見ケ〆《みかじめ》』料を取るヤクザの「シマ」に受け継がれた。

浮島衆《うかしましゅう》（浮島水軍）は、戦国時代に浮島を拠点に活動した。備後の宇賀島《うがしま》を拠点に活動していた宇賀島《うがしま》衆も毛利に追われて途中で浮島に合流している。浮島衆《うかしましゅう》は大内氏と相互支援契約をし、大内の傘下となった。さらに大内氏が家臣の陶隆房《すえたかしふさ》の下剋上《げこくじょう》の謀反《むほん》で倒されると、大内領や大内軍は殆どそのまま陶氏の手に帰したため、浮島衆《うかしましゅう》も陶氏の傘下に入ることとなった。

陶《すえ》氏と毛利氏の決戦が厳島《いつくしま》合戦（1555）である。河野水軍やその傘下の村上水軍は、親方連中の激論の末に毛利氏側に付くことに決めた。浮島衆（陶方）の大将の宇賀島十郎左衛門は厳島《いつくしま》合戦で戦死してしまった。水軍の頭取《とうどり》の戦死である。厳島《いつくしま》合戦を制した毛利氏は陶氏の領地の周防に侵攻した（防長経略）。その結果、浮島・宇賀島水軍は殲滅《せんめつ》され、浮島《うかしま》の島民は皆殺しとなり、浮島《うかしま》は無人島になった。中国地方を平定した毛利氏が広島城を築く時、資材として浮島の大木を大量に切り倒したという。

現在の浮島の住人は根絶やしを免れた島民の子孫なのか？、島民を根絶やしにした毛利氏の子孫なのか？、あるいはずっと後に他所から無人の島に移り住んだ人々なのだろうか?。浮島に行けば答えがみつかりそうな気がした。私はパスツールの役目を負って、浮島をおとずれることとした。どんなイントネーションの喋り方や方言を使う人たちが住んでいるのかにも興味があった。二〇一五年十月（日曜日）、妻を説得し一緒に浮島に出かけた。

われわれ夫婦の旅はいつも場当たりである。今回もやはりそうであった。浮島《うかしま》には、江ノ浦、楽の江《らのくえ》、樽見《たるみ》の三港がある。渡船が出る比良居《ひらい》港に着いたものの、浮島《うかしま》の三港のうちのどの港で降りればいいのか分からない。渡船埠頭《ふとう》で船長と話し込んでいる男が目に入った。彼らに尋ねるのがよさそうに思えた。

「私たちはどこに行けばいいですか?」。

「(男)・・・、どの港に行きたいのですか?」。「それをあなたに教えて欲しいんです」。「(男)目的は何ですか?」。「浮島に行くことです」。「珍しいお客さんですねえ、困りましたねえ、僅かでも目的は無いですか?」。「虐殺《ぎゃくさつ》の跡がどこかに残っていないか知りたいんです」。「(男)虐殺?聞いたことないね、虐殺なんて」。「じゃあ、江ノ浦に上陸するとして、残り二つの集落に江ノ浦から歩いて移動できますか?」。男は筆者と妻の身なりに目をやった。「無理ですね」。「じゃあ、浮島にレンタカーとか貸し自転車はありますか?」。「(男)無いね、そんなもの、だって必要が無いもの」。「じゃあ私たちはどうしたらいいのですか?」。男は突然振り掛かった災難に当惑気味であった。「(男)岩尾神社に行ったらどうかね?江ノ浦にあるよ、それに、江ノ浦には浜本商店という店が一軒あってその店が車を持っているよ、島で一台だけの車を」。「借りられますか?」。「(男)尋ねてみたらどうかね」。我々は江ノ浦で降りることにした。男のイントネーションは普通であった(虐殺の生き残りではなさそう)。運賃は一人三百三十円である。近くのコンビニで弁当を買い、連絡船に乗り込んだ。そのうち、私たちのほかに数人が乗船してきた。出港までの時間、海を眺めながら夫婦で弁当をつついていると修学旅行のようであった。妻が呟いた。「あなたにとってこの島の虐殺はそんなに重要なのですか」。

江ノ浦港に着いた。浜本商店の軽トラがたまたま埠頭《ふとう》に来ていた。七十才くらいの女の方である。連絡船から何か荷物を受け取るために来ていたようである。妻が浜本商店の方《かた》と交渉を始めた。暫くすると妻は私にVサインを送った。望外の好条件であった。軽トラを千円で貸していただけたのである(歩かなくてすむ)。質問攻めにした地元の人に事態の好転をVサインで知らせた（もう、解放してあげよう、自由にしていいよ）。男が船に乗り込むと、船は次の『楽《らく》の江《え》』港に向かって埠頭《ふとう》を離れた。

借りた軽トラは相当に古風であったが、燃料で動く仕組みに変わりはなかった。島内は『道路交通法』の適用外なので、車にナンバープレートが無かった。不要なのである。男の『無いね、必要が無いもの』の意味が分かった。馴れていないスタイルの車だし、島の道は狭いので、こわごわと始動させた。あなたに全てを委ねましたからね、と妻が捨てぜりふを吐いた。浮島には対向車が存在しないことが分かると次第に運転は大胆になった、海に落ちさえしなければいいんだ、ここでは。

車で走り始めたが、集落以外の場所には全く人家がない。まもなく『楽《らく》の江《え》』の集落に着いた。無人の小学校と数軒の人家があるだけで集落内には人影は無かった。皆殺しとは無関係な様子である。

車で走っていると直ぐに島の最北部の樽見《たるみ》集落に着いた。江ノ浦ほどではないが、楽の江《らくえ》よりも人家があった。頭島《かしらじま》への架橋が見える。樽見は、予想どおり泥濘《でいねい》地であった。殺戮《さつりく》の痕跡は無かった。集落の中に人影が動いた。よく見ると先ほどの連絡船の船長であった。この地区の住人だったのである。職住近接の典型である。

どこかに殺戮《さつりく》の名残がないものか。江ノ浦への帰りは往路とは別の山道を選んだ。起伏のある曲がりくねった細い道で、路上には木の枝や落ち葉が積もる恐怖の山道であった。木立《こだち》で見通しが利かないため、何処を走っているのかさえ分からない。殺戮《さつりく》の痕跡どころではない。隣の席では妻が恐怖の叫び声を上げ、私を罵《ののし》り続けた。そうなんだ、妻には殺戮の痕跡探しの熱意が私ほどには無かったのである。

やがて視界が開けると観音堂が現れた。小さな祠《ほこら》の周りにはズラリと石仏がならんでいた。殺された宇賀島衆の墓なんだな?あなた、何の根拠もないでしょ。冷たい声に気押しされた。そうか、そうだな。

江ノ浦集落を見下ろしながら坂道を下っていると岩尾神社に行き当たった。神社の境内の由緒書きを読んでみても、宇賀島衆や毛利氏の名は登場せず、落胆した。妻には落胆は無さそうで、江ノ浦のカタクチイワシの加工場を訪ねてイワシを貰い、嬉しそうにかじっていた。殺戮の痕跡への妻の熱意の程はイワシ以下であった。

無事に浜本商店に辿《たど》りついた。浜本商店の女将《おかみ》さんに毛利氏による虐殺を尋ねた。「虐殺?聞いたことないよ、虐殺なんて」。実は、現在の浮島の島民は江戸時代の中ごろ向かいの大島から移り住んだ農民が起源だったのである。自然発生したのではない。パスツールの言うとおりであった。話す言葉のイントネーションも大島の人のそれと変わらない。浜本商店さんには十分に御礼を伝えた。

帰りは怖い山道でしたよ。えっ?、あの道は今でも通れましたか?。

海賊の島：日振島《ひぶりじま》

筆者は青年期から離島にとても興味を持っていた。日振島《ひぶりじま》も興味を抱いた離島の一つであった。日振島は豊予海峡《ぼうよかいきょう》（豊後水道《ぶんごすいどう》）の中央付近にある小さな離島であるが「藤原純友《ふじわらすみとも》の乱」の舞台としてその名が知られる。宇和島市からは西に二十八キロのかなたにあるが宇和島《うわじま》市に属している。平安時代の中期、藤原純友《ふじわらすみとも》がなぜこの小さな島を根拠地として大反乱を起こしたのか不思議でならなかった。

藤原純友を評する言葉は一般には、『土着した貴種の後裔《こうえい》』である。藤原純友は元々が藤原摂関家《せっかんけ》に連なる平安貴族の家柄だという。朝廷から『掾《じょう》』として伊予国《いよ》（愛媛県）に派遣された役人であった。ちなみに、律令制度下の国司は四等官制で、守《かみ》・介《すけ》・掾《じょう》・目《さかん》である。従って、『掾《じょう》』は国司の三等官に当たる。純友は国司としての六年の任期が終わっても京には帰らなかった。当時、交代せずに任地に土着して権勢をふるう受領《ずりょう》（現地赴任の国司）がいたことは事実である。

　藤原純友は承平《じょうへい》六年（936）ごろから、朝廷に対して次第に反抗的な行動をとり始めた。通説は、『掾《じょう》だった純友は手兵《しゅへい》としての郎党《ろうとう》を擁し、瀬戸内海の西部で多くの海賊集団を支配下に置き、伊予《いよ》の日振島を最大の基地として、そこを中心に千余隻の船を海上に動かし、官物や私財を略奪した』と、サラリと通り過ぎている。通説は、純友を「中央から地方へ」下った受領《ずりょう》（現地赴任した役人）だとする。しかしそもそも、藤原純友は海賊の鎮圧に従事していた役人なので、乱を起こす動機は希薄と思える。

　日本の海賊は瀬戸内海から起こった。そのことは、大和朝廷が四国や九州を勢力圏に治めたことによる必然である。四国や九州から吸い上げた税（貢納）が瀬戸内海を通って都に運ばれた。獲物が目の前を通るのである。海賊の出自は瀬戸内海の沿岸の漁師、さらにいえば耕作地に乏しい沿岸の貧しい漁師たちであった。彼らは海峡や島の位置や海流や航路を知悉《ちしつ》していた。貢納を積載した官船を襲うのに自前の小舟一艘では歯が立たない。そうして徒党を組むようになった。朝廷が藤原純友を伊予掾《いよのじょう》に叙《じょ》して海賊退治を依頼したのは、彼が海賊出身者だったからだと推測できる。操船の知識も無く島の場所や海峡や航路を知らない都からの派遣役人に海賊の鎮圧ができるものではない。ましてや、頭目などになれるはずがない。

筆者は、純友は中央出身の受領《ずりょう》ではなく、「地方から中央に」上った人物だと考えている。任期を終えた受領《ずりょう》（地方へ赴任した国司）が帰任せずに現地に留まる通常のケースは、山野の開墾などで蓄財を試み優雅な生活を享受した場合である。このタイプの違反行為だと、押領使《おうりょうし》や追捕使《ついぶし》が現地に入って調査し処罰することが可能であった。ところが海ではそうはいかない。平安京は河川（桂、淀）によって摂津《せっつ》の海と繋がっている。朝廷が管理できるのはここまでであり、その先の瀬戸内海には手出しできない。瀬戸内《せとうち》は海賊が跋扈《ばっこ》する自由の海なのである。海賊は開墾に携わる農事労働者とは違い、技術者集団なのである。かつての陸兵に対する海兵や飛行士を想像すればいい。後者の技術者集団は容易に補充や交換や増員が利かない。朝廷は官物を横領する海賊を鎮圧できる兵を持っていなかった。平安期に留まらず、戦国期が終了するまで為政者は『夷を以て夷を制す』策を取り続けた。海賊で海賊を退治させようとしたのである。

「純友の父は伊予国喜多郡《きた》（現大洲《おおず》市一帯）を本拠地とした豪族の高橋友久」だとの説がある。筆者はこの説に賛成である。系譜上は藤原純友の父は藤原良範《よしのり》である。そして、藤原良範《よしのり》の叔父の藤原基経《もとつね》は伊予守《いよのかみ》を務めていた。基経は藤原北家《ほっけ》の人である。当時瀬戸内海には海賊が跳梁《ちょうりょう》しており、摂関家《せっかんけ》（藤原北家《ほっけ》）は困り果てていた。海賊の鎮撫《ちんぶ》を希う摂関家として伊予の豪族と繋《つな》がりを持つ動機は十分にあった。そこで基経《もとつね》は喜多郡の豪族の高橋友久の息子の純友を自分の甥《おい》である藤原良範《よしのり》に養子縁組させて取り込んだのではないか。純友《すみとも》にしても都への憧れがあったかも知れない。純友の父高橋友久にしても身内に藤原姓を持つ者が欲しかったのかも知れない。いずれにしても、海賊が出自の純友は「瀬戸の海」を知悉《ちしつ》し、操船技術にも慣れていた。朝廷の一員となった彼は、朝廷が海賊を取り締まる方策を持たないことも知ることとなった。こうして、承平《じょうへい》六年(936)ごろから純友は時の朝廷に対して次第に反抗的な行動をとり始めた。結局、純友は、海賊行為と公家社会の両方を知っていたから乱が起こせたのではないか、と思う。

やがて純友は国司(伊予掾《いよのじょう》)の任期六年が終わっても京には帰らなかった。承和四年(934)の年末、純友の配下の海賊集団は喜多《きた》郡(大洲市)の不動倉《ふどうそう》を襲った。『不動倉』とは緊急事態に備えた備蓄倉庫のことで、満杯になった正倉《しょうそう》を封印して中の穀産物を持ち出せないようにした設備である。この喜多郡は、純友の生家や私邸のある場所である。純友の通常の勤務場所は越智《おち》郡(今治市)の国衙《こくが》(役所)だが、喜多郡の私邸で過ごすこともあった。不動倉が破られた時には純友は私邸にいたのである。国衙から早馬が喜多郡の私邸にやって来て緊急事態を伝えた。しかし純友は見て見ぬふりをした。おそらく配下の海賊集団への配慮だったのであろう。朝廷もそれを分かっていたので激怒することもなく、この先祖返りした純友に対して高位の官位の贈呈を打診している。配下の国司に対する態度ではない。「お手柔らかに」と朝廷が折れた。強硬策を取らず宥和策《ゆうわさく》をとった理由を、通説は、「同時期(承平五年(935))に東国で平将門が起こした反乱の鎮圧に朝廷が勢力を傾注しようとした」からだとする。

朝廷には海賊団を制圧できる手段が無いことを知った藤原純友は近海の千余艘《そう》の海賊集団を統合し、自ら海賊大将軍を名乗った。配下の海賊は淀川を上って京都の町で放火を始めた。京都の町の男は屋根の上で夜を明かし、女は水を汲んで庭に待機していたという。純友の海賊団は海上での強奪に留まらず、各地の官衙《かんが》（役所）を襲い始めた。天慶《てんぎょう》三年（940）二月、純友勢は淡路《あわじ》を襲撃し、官衙の兵器を略奪した。この年の八月には讃岐（現香川）の国衙を襲ってこれを全滅させた。続いて阿波《あわ》（徳島）の国府も讃岐《さぬき》と同じ運命を辿った。倉は破られ建物は焼け落ちた。運搬船でなくて陸にある国府を襲撃するとなると、海賊行為を超えて朝廷への反乱である。国府の襲撃後、純友軍団が引き上げた先はこれまでの沿岸部ではなく日振島であった。

海賊の根拠地として日振島を採用したことは純友が内海地理に精通していたことの証左であろう。彼は日振島を根拠地として豊後水道を航行する船を襲っては官物を略奪した。襲撃を始めた理由を、通説の一つは「三等官の掾《じょう》という低い役職に不満があって朝廷に歯向かった」とするが、ただ単純に先祖返りをしただけのことである。

一時は安芸《あき》や紀伊《きい》や周防《すおう》などを襲撃するほどの勢いであった。ついに朝廷は純友討伐の方針を固めた。天慶二年（939）の暮には、政府は瀬戸内海近隣の七か国に純友の身柄の拘束を命じ追捕使《ついぶし》を派遣した。『追捕使《ついぶし》』とは平安京よりも西側（関西・中国地方）の警察兼軍隊組織である。一五〇〇隻を超えた純友勢は朝廷軍を遥かに凌《しの》ぎ、天下無敵と思われた。「海賊退治には海賊を使う」のが原則である。やはり綻《ほころ》びは身内にあった。純友の副将だった藤原恒利《ふじわらつねとし》が寝返って追討軍に投降したのである。

藤原恒利《ふじわらつねとし》は海賊の宿所や隠れ家や拠点を知っていた。突然苦境に陥った純友は大宰府《だざいふ》襲撃を最後の決戦場に選んだが敗れ去った。天慶《てんぎょう》四年(941)、純友の乱暴狼藉《らんぼうろうぜき》は追捕使《ついぶし》の小野好古《よしふる》らによってついに鎮圧されてしまった。落魄《らくはく》の純友は古巣の日振島に戻ったものの、この島で伊予国警固《けごし》使の橘遠保《たちばなとおやす》に捕えられた。同年六月二十九日に純友は死去している。死去は京への身柄護送中の出来事であり、自害ともされる。『日本紀略《にほんきりゃく》』によれば警固《けごし》使の橘遠保《たちばなとおやす》による殺害としている。橘遠保《たちばなとおやす》は捕縛の功績で朝廷より伊予国宇和郡を下賜《かし》された。しかし三年後に橘遠保《たちばなとおやす》は何者かに惨殺されている。

　現在の日振島の島民数は島全体で三百人程度である。かつては、日振島にはもっと多くの人が居住していたという。明治四十三年（1910）の記録には二三八六人とある。日振島の主要産業は一貫して水産業であり、今はタイやハマチの養殖である。島全体が山地なので切り立った崖《がけ》が多く平地は少ない。特に西側の海岸は峻険《しゅんけん》な崖が続く。南北に細長い島内には、北から能登《のと》、明海《あこ》、喜路《きろ》の三集落がある。中心的集落は島の中央の明海《あこ》で、そこは海賊に転身した藤原純友が砦《とりで》を築いた場所でもある。

　宇和島から日振島には現在一日一便の普通船と一日三便の高速船があるので、往来の不自由はない。ただ、これらの便は車を載せないので、車を購入した島民は、特別に貨物として車を運搬するらしい。島民の意外な不満は、島内には鮮魚を売っている店が無いので、自分で魚を獲らないと食べられないことだという。離島ではよく耳にする話である。

　日振島とは妙な響きの地名である。「日振《ひぶり》」の名は既に平安時代の古文書《こもんじょ》にも登場する。往古、神武天皇《じんむてんのう》が暗い夜に豊予海峡《ほうよかいきょう》（豊後《ぶんご》水道）を航行中に航路を見失った時に、島影から火が振られているのを見つけ、これを目指して無事にこの島に着いたのが「日振」の名前の由来だとされている。一般にこうした語源説は全て牽強付会《けんきょうふかい》タイプの語呂《ごろ》合わせでニセモノである。原則、地名は地形に由来する。断崖絶壁を表す崩壊地形古語の『へ（辺）』・『ふり（振）』

ではないか。語呂合わせは他の三集落の名前にも及ぶ。たとえば『喜路《きろ》』は、神功皇后《じんぐうこうごう》が三韓征伐からの帰路に暴風に遭って航路を見失いこの島に辿り着いたので喜路であるとする。朝鮮半島からの帰路に、対馬や壱岐や松浦の岩礁でなく豊予海峡に漂着するはずもない。喜路から漕ぎ出した船が隣の港に明け方に辿り着いたので『明海《あこ》』となったとする。『能登《のと》』は神功皇后がこの島から都に登る海路に立ち寄ったからだとする。古来、大和言葉には清音と濁音の区別は無い。『あこ』は『あご』などと同じで高地や台地のことで、顔の顎と同じである。『きろ』は崖地を示す古語の『きり（断《き》り、限《き》り）』の意であろう。『のと』は泥濘地《でいねいち》を示す古語の『ぬと（沼所《ぬと》、沼戸《ぬと》）』であろう。

日振を訪れる前夜は宇和島城そばのリージェンドホテルに宿をとった。ホテルの夕食は『鯛《たい》メシ』であった。ふつうは鯛の身を炊き込んだものを想像する。そう思っていたら、鯛の刺身を醤油ダレに浸けて飯の上に乗せて食べさせる形式だった。「あら、ふつうのタイの刺身じゃないの」と呟いた妻を黙らせ、私は『鯛メシ』をおいしく戴《いただ》いた。

日振島行きに、『しおかぜ』という船名の高速艇を選んだ。何よりも高速である。元来、日振《ひぶり》島《じま》航路は島民の生活航路らしい。しかし『しおかぜ』は島外の者が乗り込んだ時には、サービスとして途中の島々の紹介を含む船内放送を流すと聞いたからである。高速艇の所有は「盛運汽船株式会社」であった。この会社名だけでも少し藤原純友の気分になった。

宇和島港（新内《しんない》港）の出発は午前十一時三十分であった。何としても『しおかぜ』の座席を確保するぞ。朝六時、私はターミナルの切符売り場に一番にならんだ。残念ながら切符の販売は十一時からだった。乗船ターミナルの事務室の窓越しに、中の従業員に視線で「熱情サイン」を送り続けたが、結局十一時まで売り場は閉まったままであった。それまで市内をウロウロした。午前十一時、筆者に背中を向けて窓口のそばで事務作業をしていた男が椅子をクルリと反転させた。窓口を塞《ふさ》いでいた遮蔽物《しゃへいぶつ》を取り除けた。私の熱情がほとばしった。

切符を下さい、島民ではありません。ええ、見れば分かりますよ。観光です。ええ、拝見すれば分かりますよ。切符下さい。大丈夫乗れますから、落ち着いて下さいお客さん。どの島が目的地ですか?えっと、日振島が含まれていれば、それ以外は一切問いません。じゃ、たぶん『しおかぜ』号の一周周遊コースがご要望に合いますね。そう、それが合いますから切符下さい。大丈夫、乗れますから落ち着いて下さいお客さん。何人ですか?妻と二人です。ニヤニヤ笑いながら窓口の男は切符二枚と『ぐるりうわ海』という表題のパンフレットを筆者にくれた。もう大丈夫だ(アンタなんかに用はない)。五十年も待った。上陸はできないのだけど、でも、もう大丈夫だ。切符を手にした私は待合室に移動した。待合室には方言が溢《あふ》れていたが、会話内容は把握できなかった。待合室のほぼ全員が互いに顔見知りのようであった。

午前十一時十五分、『しおかぜ』の改札が始まった。盛運汽船の日焼けしたスタッフが笑顔を浮かべ、妻と筆者に、「一番前のあたりの席で、右に行ったり左に行ったりして、景色を眺めて下さい」と言った(言われなくてもそうするよ)。出発時刻の十一時三十分になったところで、大荷物を抱えた大太りの中年女性がヨタヨタしながら乗り込もうとしているのが見えた。女は埠頭《ふとう》で力尽きたようで、バッグ二〜三個を放り出してしまった。直ぐに盛運汽船のスタッフの一人が荷物を抱え上げて船内に運び入れた。その途端にボーッと汽笛がなり、『しおかぜ』は埠頭を離れた。押し迫った出港時刻と荷物の量と女の体型を考えれば、その慌て振りはよく理解できた。次の『しおかぜ』出発は四時間後なのである。

埠頭を離れると直ぐに船内放送が流れてきた。「・・・本日は観光の方がご乗船されましたので、島案内の船内放送を流させていただきます・・・」と聞き取れた。しかし、エンジン音がうるさく、船内放送はほとんど頼りにならないことが直ぐに分かった。船は滑るように港内をすり抜けた。港内にはビッシリと養殖イカダが浮かんでいた。しおかぜは養殖イカダの脇を抜け、九島《くしま》と本土との連絡橋の下をくぐって沖に向かった。九島《くしま》は宇和島湾内の離島だが、今では橋によって陸続きとなっている。

宇和島湾は地形の複雑なリアス式海岸であった。湾内の至る所に無人の島や岩礁が見えた。本土側の山裾《やますそ》の人家を左手に見て、無人の高島を右手に見ながら狭い海峡をすり抜けた。間もなく左手に蒋淵《こもぶち》が見えてきた。蒋淵《こもぶち》は実に複雑な半島地形であった。その蒋淵の根っこが遊子《ゆす》集落である。遊子《ゆす》は段々畑の集落である。遊子の家々は窮屈そうに海岸べりに収まっていた。遊子一帯の海岸には数多くのアコヤガイの真珠養殖イカダが浮かんでいた。埠頭《ふとう》を離れて十分も経つと、『しおかぜ』は『宇和海《うわかい》』に乗り出した。そこはもう外海であり、急流が流れる豊後水道である。右手の遠方に、地を這うように佐田岬が延びているのが見えた。

数分経つと、左手の蒋淵《こもぶち》の土手腹に細木運河《ほそぎうんが》が現れた。細木運河は距離を短縮するために開鑿《かいさく》した近道の運河である。運河を通れば蒋淵の先端を迂回《うかい》せずに済む。

『しおかぜ号』は蒋淵《こもぶち》とその西の戸島の間にある『ふぶしの瀬戸』に入った。『ふぶしの瀬戸』

の語源は思いつかなかった。ふぶしの瀬戸は名にし負う急流の瀬戸で、小舟にとっては難所とのことである。『しおかぜ』号がふぶしの瀬戸の急流をすり抜けると戸島《とじま》がすぐ眼前に迫ってきた。船内放送では、戸島はキリシタン大名の一条兼定《いちじょうかねさだ》（ドン・パウロ）の故地とあった。一条兼定は土佐国司から大名になった人で大友宗麟《そうりん》と縁戚関係を結んだ。確かに、この豊後水道（豊予海峡）の西側はキリシタン大名の大友氏の所領なので、一条兼定の『キリシタン大名』は納得できた。『しおかぜ』号は戸島と遠戸島《とおどしま》の間の瀬戸を縫うように、一路、日振島を目指して南西に進んだ。左手の遠方には蒋淵《こもぶち》の先端の由良岬が見えた。

戸島横の『ふぶしの瀬戸』と由良岬の間の瀬戸を潜《くぐ》り抜けると、次は戸島南端と遠戸島《とおどしま》の間の瀬戸になる。そうなのだ、伊予掾《いよのじょう》で海賊であった純友はこれらの急流の瀬戸を天然の要害《ようがい》として利用したのだ。この地で育った漁師でしか知りえない難所である。いよいよ前方に日振島への接近を妨げる横島《よこしま》が迫ってきた。横島には人家の痕跡は見当たらない。無人島である。横島の北岸をかすめて『しおかぜ号』が西進すると、列島状の日振島が目の前に迫ってきた。『しおかぜ号』は日振島の南端に向かった。人家が見える。喜路《きろ》の集落である。船内放送が降船の準備を呼びかけ始めた。周囲の何人かが喜路港での下船準備をし始めた。我々は下船しない（俊寛《しゅんかん》の運命になる）。喜路港の海辺の道路に車が見えた。港湾には電線も見えた。島内の発電だろうか。それに、島民は飲み水をどのように調達しているのだろう。後で尋ねよう。

日振島は大雑把には北西から南東に連なった島であった。岩礁群が砂州《さす》で連なった地形であった。日振島の真ん中の集落が明海《あこ》集落である。十世紀の反乱時、純友の根拠地もここに置かれたという。明海《あこ》は喜路からは二〜三キロほどの距離で、喜路とは砂州地形で繋《つな》がっていた。明海《あこ》の港内にも養殖イカダがビッシリ設置されていた。明海の港には漁協の建物があり、建物の軒下に「共済・貯金は漁協へ」と大書されていた。もう純友の時代ではないのだ。ここの漁港にも電柱が見えた。

明海《あこ》を離岸するために『しおかぜ』号が港内でUターンした一瞬、宇和島の街並みが見えた。宇和島は峻険《しゅんけん》な山々に囲まれ隔絶した憩いの地であることが見てとれた。『しおかぜ号』は明海港を出た。

明海《あこ》の周辺の道路にはトンネルがみえた。明海の岸壁には地層が連なって見えた。日振島は太古に堆積とその後の隆起で造られた島だったのだ。明海《あこ》港を出港した『しおかぜ』号は日振島の東岸を北方に向かった。目指すのは能登《のと》集落である。能登は日振の北端の集落である。入港してみると能登はとても小さな集落であった。『しおかぜ号』から降りようとする船客に向かって、埠頭からはちきれんばかりの笑顔で手を振っている数人の老女が目に入った。この連休に身内が町から戻ってきたのであろう。一期一会、人はどこかの地で生きどこかの地で消えてゆく。瞬間の感激であった。

能登の狭い港内で『しおかぜ』号はまたもUターンした。その一瞬、遠くに佐田岬の全景が確認できた。佐田岬は実に「岬らしい景観」であった。能登集落を出港した船は一路宇和島を目指した。船内はすっかり閑散としてしまった。みんなどこかの港で下船したのだ。『しおかぜ』号は往路と少し航路を変えた。宇和島に向かう航路の近くには岩礁が林立していた。そうした岩礁のあちこちでは、カラフルな服をまとった釣り人が岩にしがみつくような風情で釣りをしていた。迎えの釣り船が送迎の「迎」をうっかりしたらこの連中はどうするのだろう、勤め先から叱責を受けて海賊になるかな。船は戸島の北側にある嘉島《かしま》との海峡を擦り抜けて東方の宇和島に向かった。嘉島には生の営みがあった。嘉島は有人離島であり、学校風の建物と体育館が見えた。

『しおかぜ』号が宇和島港に近づくと宇和島城が見えてきた。往路の乗船客のほとんどは連休に島に戻る人たちだったのだ。彼岸だったのか。船は埠頭に停まった。ああ、五十年の旅が終わった、あああ。妻には男のロマンが解らない。

《補遺》

昭和三十九年から、日振島には海底ケーブルによる送電が行われている。

平成二年、日振島は井戸水を利用した水道から海底送水に切り替わった。

神事：百済《くだら》の里

九州山地の山間《やまあい》にある美郷《みさと》町は人口五千人ほどの集落である。宮崎県のほぼ中央にあり東臼杵《うすき》郡に属する。『みさと』の呼称は全国に数十はありそうで、「美里」だったり「美郷」だったりする。『百済《くだら》の里』があるのは東臼杵《うすき》郡美郷《みさと》町の南郷地区である。

百済《くだら》の里では毎年一月の下旬に『師走祭』という独特の神事が行われる。旧暦の十二月十九日に行われていた名残《なごり》から、この神事は今も『師走祭』とよばれる。神事の日程は現在では短縮されて三日間である。神事の主な舞台は南郷地区神門《みかど》にある神門《みかど》神社とその脇を流れる小丸《おまる》川である。

ところで、『百済《ペクチェ》』は日本では普通『くだら（くだら）』とよむ。日本列島で中等教育を受けた者にはごく当たり前の読みである。ところが、私が『百済』と書いて韓国の友人たちに音読してもらうと、例外なく『ペクチェ（ベクチェ）』に近い読みである。筆者が『くだら』とか『くたら』と発音しても彼らはポカンとしている。やはり『くだら』のよみは日本列島に固有のようである。実に不思議である。『くだら（くたら）』の読みの謎については、日本列島はもとより韓半島でも決着していない。ある韓国人の史家は『大きい池』の意味の古代韓国語の『古陁《くた》』由来を挙げるが牽強付会《けんきょうふかい》に過ぎよう。またある韓国人作家は、古代百済《くだら》の古都であった泗沘《しひ》城を流れる白馬江《ぺんまがん》の船着き場の地名の『クドゥレ』の転訛《てんか》だとする。要するに固有名詞である。しかし「国名」として残るほどの地名が韓半島に痕跡を留めないのは解《げ》せない。

筆者は金容雲《キムヨンウン》氏の『クンナラ（本国）』説に賛同する。四世紀から七世紀にかけ、馬韓《ばかん》（百済《くだら》の地）の知識人や技能集団が繰り返して日本列島を訪れた。文化的に後進地域であった日本列島の住民に文字や技術や行政機構や宗教を指導していた。列島を訪れたこれらの渡来者たちは故郷の馬韓《ばかん》を『本国（クンナラ）』とよんだものだとする。中国から取り入れた漢字の読みに関し、呉音《ごおん》だけの韓半島に対して、日本列島では遣唐使が持ち帰った漢音《かんおん》が優勢となって現代に到る。呉音の『N』音と漢音の『D』音は転訛《てんか》する。男（なん→だん）や内（ない→だい）や仁（にん→じん）や奴（ぬ→ど）といった具合である。つまり、百済《くだら》は固有名詞でなく一般名詞の『本国』の『クンナ（ダ）ラ』由来ではなかろうか。

閑話休題。美郷町の南郷が『百済《くだら》の里』とよばれるのは、かつて戦乱に追われた百済《くだら》の王族がこの地に移り住んだことに由来している。逃れてきたのは禎嘉王《ていかおう》一族とその女官たちである。古代百済《くだら》王国は唐と新羅《シラ》連合軍の突然の襲撃を受け一瞬にして滅んだ。六百六十年の夏のことである。大量の百済《くだら》人が難民となり、年来の友邦であった日本列島に逃れた。おそらく数十万人はいたであろう。彼らは天智天皇治下の大和地域に居住した。これらの流民には上層階級や技術者が多く含まれていたため、新天地の大和では指導的役割を果たした。しかし百済《くだら》難民の平和な生活は短かった。間もなく韓半島の動乱の影響を受けて日本列島内でも大動乱が勃発《ぼっぱつ》したからである。

百済《くだら》の滅亡から十年が経った時、大海人皇子《おおあまのみこ》が吉野で挙兵した、いわゆる『壬申《じんしん》の乱』である。大海人《おおあま》は百済系ではない。大海人は日本列島の東部を基盤としていた新羅《シラ》系勢力を後ろ盾に吉野で挙兵した。百済《くだら》系の天智一族を打倒した大海人《おおあま》皇子は天武天皇として即位した。百済《くだら》人の禎嘉《ていか》王たちが大和を逃れて海路で日向《ひゅうが》を目指した時期はこの『壬申の乱』の時である。禎嘉《ていか》王に従ったのは王妃と、長男の福智《ふくち》王と次男の華智《かち》王、それに女官たちである。

伝承では、禎嘉《ていか》王の一行が分乗した船は日向《ひゅうが》灘で時化《しけ》に遭い難破した。禎嘉《ていか》王は金ケ浜《かねがはま》（現、日向《ひゅうが》市）に漂着し、福智《ふくち》王は蚊口浦《かぐちうら》（現、児湯郡《こゆぐん》高鍋町）に漂着した。上陸後、卜占《ぼくせん》（占い）によって居住地を決めた。禎嘉《ていか》王は次男の華智《かち》王と南郷《なんごう》の山中で暮らすこととし、王妃は長男の福智《ふくち》王と児湯郡木城《こゆぐんきじょう》（現、児湯郡木城町《こゆぐんきじょう》）に住むことになる。南郷と木城《きじょう》とは百キロ近く隔たるが、小丸《おまる》川が両地区を縫って流れ日向《ひゅうが》灘に注いでいる。小丸《おまる》川は南郷の神門《みかど》神社とならんで師走祭の主舞台である。

師走祭は木城《きじょう》の比木《ひき》神社から始まる。比木《ひき》神社を出発した御神幸《ごしんこう》（祭礼で祭神を遷《うつ》すこと）の集団が南郷の神門《みかど》神社を目指すのである。十八名の御神幸《ごしんこう》団は金ケ浜《かねがはま》の海岸で『海中禊《みそぎ》』を行った後、南郷に向かう。

大和を脱出し南郷に居を構えた禎嘉《ていか》王は南郷の住民に様々な知識や技術の指導をした。住民は異国の王の人柄を敬慕し、この第一級の知識人の啓蒙活動に心服した。禎嘉《ていか》王に対する地区民の敬慕と感謝が師走祭の基層をなしている。

一方、木城《きじょう》集落に分かれて暮らす王妃と長男の福智《ふくち》王は、年に一度だけ、師走の日に南郷の禎嘉《ていか》王を訪ね、息災を寿《ことほ》いでいた（お祝いの言葉を交わす）。

しかし逃れてきた南郷の地でも禎嘉《ていか》王たちの平穏な日々は長く続かなかった。禎嘉《ていか》王の居所《いどころ》を突き止めた政権側（新羅系《シラ》）が南郷に向けて討伐軍を派兵したからである。新羅《シラ》系の南郷襲来を聞いた木城《きじょう》の福智《ふくち》王は急きょ救援軍を編成し、父の住む南郷に向かった。しかし道のりは長かった。

危機に直面した南郷では、地元豪族のドンタロ（益見《ますみ》太郎）が防衛軍を組織し新羅《シラ》系侵入者たちと戦った。この戦闘の中で禎嘉《ていか》王の次男の華智《かち》王は討死する。また父の禎嘉《ていか》王も矢傷を負い、矢傷がもとで間もなくして崩御《ほうぎょ》した。木城《きじょう》から遠路を駆け付けた福智《ふくち》王が新羅《シラ》兵を撃退した時には父や弟の華智王《かちおう》はこの世の人ではなかった。

禎嘉《ていか》王の遺体は神門《みかど》神社から二キロばかり下った小丸《おまる》川沿いの塚ノ原に葬られている。次男華智《かち》王の御霊《みたま》は神門《みかど》神社から十キロばかり東方の山中の伊佐賀《いさか》神社に祀《まつ》られている。伊佐賀《いさか》は追討軍との戦闘で華智《かち》王が討死した場所である。『師走祭』の神事では、木城町の比木《ひき》神社からの御神幸《ごしんこう》集団を迎えるため、神門《みかど》神社の一行は伊佐賀《いさか》神社まで出向き、ここで比木《ひき》神社からの御神幸《ごしんこう》と合流する。合流地の伊佐賀《いさか》神社では『出会いの神楽』が奏納される。合流後は神門《みかど》神社の側が比木《ひき》の御神幸団をかつて禎嘉《ていか》王を葬った『塚ノ原古墳』に導く。『塚ノ原古墳』で神門《みかど》神社側は比木《ひき》の御神幸団一行に神楽を振る舞い、食事を提供する。現在『塚ノ原古墳』には直径数メートルほどの円墳の跡がかすかに残るのみである。御神幸が通るのは現在の道でなく古道《こどう》である。

禎嘉《ていか》王と彼の次男の華智《かち》王を守ろうとした地元豪族のドンタロへの感謝は『ドンタロ神事』の中に組み込まれている。爾来《じらい》千三百年間、南郷の住民は禎嘉《ていか》王やドンタロへの思慕を絶やすことがない。百済の故地を離れて異国の山中に没した王族の憐《あわ》れを偲《しの》ぶのである。これが連綿と続く師走祭神事の骨格である。

南郷訪問はこれで二度目である。だいぶ前のこと、百済《くだら》の王族が隠れ住んだ場所が宮崎県の山中にあるとの記事に接し、半信半疑で南郷を訪れことがあった。その折、神門《みかど》神社のそばの『百済《くだら》の館』と『西の正倉院』にも足を運んだ。後者は奈良の正倉院と同一構造の建物であるため西の正倉院とよばれる。宮内庁と奈良国立文化財研究所の支援で建設され、内部には銅鏡などの宝物が納められている。

かつて南郷を訪問した時に西の正倉院でたまたま観賞した師走祭の紹介映像に私たち夫婦は圧倒された。神事の地理的なスケールはもとより、神事のプロセスの多彩さと精妙さに驚嘆した。映像は火祭りの様相を示し、村民の人情の豊かさを映し出していた。ぜひ師走祭に参加しようとチャンスを待った。師走祭神事は常に旧暦の師走十四日から始まる。現在の暦で一月末である。私たち夫婦は南郷に足を運んだ。南郷は神門《みかど》神社がある集落で、禎嘉《ていか》王と次男の華智《かち》王が暮らした場所である。大寒の一月下旬、南郷の朝の気温は零下七度であった。

私たちは南郷旅館に宿を取った。旅館は改築してはいるが江戸時代から続く建物だという。偶然に同宿したAさんは毎年師走祭を見に来ておられ、しかも毎年南郷旅館に投宿しているという。Aさんはご自身の車で私たちをビューポイントに案内し、最適の鑑賞位置や時間帯を教えて下さった。かつて十日間だった師走祭の日程は今では三日間に短縮されている。初日が『上《のぼ》りまし』、中日が『祭典・舞明《まいあ》かし』、三日目が『下《くだ》りまし』である。

私たちは小丸《おまる》川の河畔《かはん》の『衣渕《ころもぶち》』に観賞場所を取った。『衣渕《ころもぶち》』は南郷集落に入って神門《みかど》神社が臨める最初の場所である。地名の由来は禎嘉王の一行がこの場所で衣類を清めた伝承による。『上《のぼ》りまし』ではここで禊《みそぎ》神事が行われるのである。川の向側ではカメラを手にした何人かが水辺に撮影場所を確保していた。夕刻五時が過ぎて陽が山の端《は》に隠れるころ、幟《のぼり》を先頭にした比木《ひき》神社からの御神幸《ごしんこう》団十八名が小丸《おまる》川沿いの古道を近づいて来るのが見えた。集団の先頭は比木《ひき》神社の幟《のぼり》を担いだ男と左肩に御神体を担いだ男の二人である。『師走祭』では、移動するのは神輿《みこし》ではなく、『フクロガミ』とよばれる御神体である。御神体は竿《さお》に取り付けられ、必ず左肩に担《かつ》ぐ。御神幸《ごしんこう》行列は、神職、総代、氏子と続いた。

私たちのそばまで来た御神幸《ごしんこう》の一団は『衣渕《ころもぶち》』にある田原家に入った。間もなく田原家からはフンドシ姿になった裸の男たちが現れ、小丸《おまる》川の川面《かわも》に向かって川土手を下っていった。男たちが岩の上から小丸《おまる》川に一人ずつ飛び込んだ。着ぶくれした観客たちは一斉に拍手と歓声で禊《みそぎ》神事を讃《たた》えた。

次いで、私と妻はAさんのアドバイスに従って『迎え火』会場に移動した。会場となるのは小丸《おまる》川と神門《みかど》神社との間にある田圃である。田圃には高さ数メートルの櫓《やぐら》が二十基以上も林立していた。櫓《やぐら》にはスギの若葉が積み上げられており、点火の瞬間を待っていた。会場では地元の人が私たち外来者に飲食の接待をしてくれた。田圃で私たちが接待の『シシ汁』に舌鼓《したつづみ》を打っているころ、ご神幸の一団ではまだ他の神事を執《と》り行っていた。師走祭では、年に一度の往時の父子対面を模した神事が行われる。比木《ひき》神社からはるばる神門《みかど》神社を訪れた長男福智王《ふくち》の御神体が父禎嘉王《ていか》の御神体と対面する形をなぞるのである。禊を終えると、父との対面に先立って福智王《ふくち》の御神体にかぶせてある笠を取る。その儀式が行われていたのである。

やがて、『迎え火』の会場では櫓《やぐら》のスギの若葉への点火が始まった。火焔と火の粉が舞い上がって暗い天を焦がした。火の粉はパチパチと音を立てた。櫓《やぐら》の青竹の弾《はじ》ける破裂音が山々にこだました。全ての櫓《やぐら》が点火され火焔が勢いを増したころ、闇を縫って、遠方から御神幸《ごしんこう》の一団が一列になって近づいて来た。幟《のぼり》を先頭に、神官、氏子総代、氏子が続く。御神幸《ごしんこう》の列は炎に囲まれた小径を神門《みかど》神社本殿に向かって進むのである。歓声と拍手の中、『迎え火神事』は最高潮となった。読者の皆さんにもぜひお見せしたい迫力であった。

『迎え火』神事を堪能《たんのう》した私たち夫婦は南郷旅館に戻って遅い夕食をとった。夕食はさすがに山の幸ばかりで海産物は無く、刺身好きの私には少し物足りなかった。唯一の動物性タンパク質はシカの刺身であった。

二日目は『中の日』で、いくつかの神事と夜《よ》神楽《かぐら》の日である。午前中、私たちは神門《みかど》神社を離れて車で近隣を散策して過ごした。午後、神門《みかど》神社本殿に戻ってみると、ドンタロ神事が始まろうとしていた。初日の『上《のぼ》りまし』の時と打って変わって、氏子や地区住民以外には外来の見物者はわずかになっていた。皆さん、『迎え火』神事がお目当てだったのである。

禎嘉王《ていか》を守るために戦ったのが地元豪族のド

ンタロである。

ドンタロを葬《ほうむ》った『ドンタロ塚』は本殿の奥の山中にある。比木《ひき》神社の御神幸団と神門《みかど》神社団は本殿の境内に集合した。ドンタロ塚を参拝する準備が整うと、氏子の一人が背負った太鼓が叩かれた。「ドン」と太鼓の音がするたびに、後ろに続く参加者全員が「オー」と息の長い歓声を上げるのである。それを繰り返しながら山道を登った。スギ林の斜面にあるドンタロ塚には、柴垣で囲まれた祭壇ができていた。ドンタロ塚の前では竹の弓と矢を手にした青年二人が『将軍神楽』を舞った。二人が矢を放つと参列者は争ってそれを拾った。ドンタロ塚での神事が終わると、太鼓のドンと「オー」の唱和を繰り返しながらスギ林を下り、次の神事の場所に移った。『山宮さま』の神事である。そこでは家畜や農事に関する神楽が奉納された。おそらく、生存中の禎嘉《ていか》王が村人に指導した五穀豊穣《ごこくほうじょう》の事蹟《じせき》への感謝の表現なのであろう。

本殿の裏山での神事が終わると、小丸《おまる》川での『洗濯神事』となった。神門《みかど》神社本殿から小丸《おまる》川にいたる小径の両脇の枯草に点火すると枯草は勢いよく炎を上げ始めた。師走祭が火祭りの形態を取る理由は、禎嘉王が日向に逃れた時に自分たちの足跡を火で消したという伝承である。両側で枯草が燃える小径を祭礼参加者は河原に向けて歩いた。『洗濯神事』は禎嘉《ていか》王の衣類を洗った故事に因《ちな》んでいる。血に染まった禎嘉《ていか》王の衣類を洗ったのであろう。

洗濯神事が終わると、河原にいた参加者全員に白い和紙が配られた。河原の石を二個拾って和紙に包み、それを左肩に担ぐよう指示があった。何百年か続いたという『石塚神事』である。神職も氏子も、そしてわれわれ外来者も左肩に石を乗せた。御神幸《ごしんこう》の先頭者は御神体をいつも左肩に担いでいた光景を思い出した。私たちは河原の石を左肩に乗せて石塚まで運び石塚に奉納した。

夜は神門《みかど》神社の境内で夜神楽が行われた。この夜神楽は接待者（南郷側）が訪問者（比木《ひき》側）をもてなす行事である。境内には俄《にわか》造りの神楽舞台が準備されていた。舞台の周辺では火が焚かれた。焚火《たきび》は明かりを取るためと暖を取るためである。厳冬の夜神楽は寒い。夜神楽は深夜まで続きその合間《あいま》には『餅撒《もちま》き』が行われた。参加者は夢中で餅に手を伸ばした。目の前の餅を拾おうとした私は老女に押し倒された。

師走祭三日目は『下《くだ》りまし』行事である。神門神社に行くと、昨夜の神楽舞台がいつの間にか『お別れ式』の座に変わっていた。神事の関係者数十人は車座《くるまざ》になった。南郷側の神職と氏子たちが遠来の訪問者をもてなすのである。一匹まるごとの大きな鯛《たい》の塩焼きが振舞われた。神門《みかど》神社側の女性の氏子がその鯛の身を箸《はし》でほぐしては遠来の客一人一人の手のひらに運ぶのである。一人づつ盃一杯分のお神酒《みき》の回し飲みが二度繰り返された。

お別れ式が済むと、お別れの『ヘグロ塗り』神事である。『ヘグロ』とは釜の底に付いた煤《すす》のことである。私たちが幼いころにはカマドでごはんを炊いていた。薪でご飯を炊くと、釜の底には真っ黒な煤《すす》がこびり付いていた。あの煤がヘグロである。師走祭の最後に参加者全員の顔にヘグロを塗る神事である。福智王《ふくち》と禎嘉王《ていか》の年に一度の父子対面が終わり別れの時が来ると、彼らは悲しみを隠すために顔にヘグロを塗ったという伝承による。境内に居た参加者全員が顔にヘグロを塗られた。妻も塗られ、私も塗られた。ヘグロ塗りが始まると神門神社の境内は笑い声に包まれた。

いよいよ最後の『オサラバー』行事となってしまった。比木《ひき》神社の一行は幟《のぼり》を先頭に、神職以下の御神幸《ごしんこう》団が進む。その後ろを神門《みかど》神社側の幟《のぼり》と神職と氏子、それに私たち外来者が続く。全員が一列になって神門《みかど》神社の神域を後にした。『上《のぼ》りまし』の夜に『迎え火』を焚いた田圃まで行列が進んだところで私たち神門《みかど》神社側は歩みを止めた。比木《ひき》の訪問者たちは歩き続けた。次第に双方の距離が開いていった。

遠来の訪問者たちは数歩歩いては立ち止まって振り返り、神門《みかど》集団に向かって「オサラバー」と声を限りに叫ぶ。我われ神門《みかど》集団も声を限りに「オサラバー」を返す。神門《みかど》集団では氏子の女性たちが鍋やザルを振り上げながら「オサラバー」を叫ぶ。「また来年も接待をさせてもらうよ」の合図である。相手方の姿が見えなくなるまで双方は「オサラバー」を繰り返した。中には、「カゼ引くなよ」や、「サケ飲みすぎるなよ」や、「もう来るなよー」と茶々を入れて笑いを誘う者もいた。『サラバ』は、古代カラ（韓）語の『サラ』に由来し、意味は『消える』である。もうすっかり御神幸《ごしんこう》団の姿が消えた。『上《のぼ》りまし』の日に比木《ひき》神社の御神幸《ごしんこう》団が御神体の笠を外した場所で、今は御神体に笠をかぶせているころであろう。私たち夫婦も帰路につこう。

神事：雨乞《あまご》い

雨乞山《あまごいやま》という名の山は全国にある。その言葉の響きはどこか切ない。年貢《ねんぐ》の重圧に耐え、台風や日照不足や蝗害《こうがい》（イナゴ被害）などに苦しむ農民の切なさが込められた響きである。水稲《すいとう》の栽培には水管理が不可欠である。雨乞い神事という祭りは各地にある。その多くに龍神が登場する。龍神は水を司る神として農耕と結びついている。

筆者らは毎年、島根県の高津川で行われる

『雨乞神事』に足を運ぶことにしている。今年の神事は梅雨には珍しい快晴の下《もと》で行われた。私たち夫婦は高津川上流の『水源公園』に向けて車を走らせた。『雨乞い神事』は水源公園で催される。かつては水不足の年に雨ごいをする神事だったらしいが、現在は毎年六月の第三日曜に行われる。

全国の一級河川の中でただ一つ、その流路にダムが無く、新鮮な水が流れ続ける日本一の清流がこの高津川である。高津川は六日市から日原《にちはら》（津和野町）を経て、益田市で日本海に注ぐ。高津川の水源のある吉賀町《よしがちょう》田野原《たのはら》は島根県の最西南端に位置する小さな集落である。田野原は広島県と山口県の二つに接する分水嶺《ぶんすいれい》の集落である。田野原は日本の地理学でいくつかその例が知られている『河川争奪』の舞台である。『河川争奪』が起きたのは三万～一万年前の太古であり、まだこの地が人類とは無縁であった頃である。『河川争奪』について紹介しよう。農民同士の水争いのことではない。

ひごろ山地の集落をドライブしていると、『峠』が行政区の境界であることが分かる。県や市や町村域の境界は峠であり、そこは地理学でみれば河川の分水嶺である。この国の農民たちは山間《やまあい》のわずかな耕作地を開墾《かいこん》し、懸命に耕作を続けてきた。分水嶺を村域と設定したことに、水に絡《から》んだ紛争を避けてきた祖先たちの知恵を感じる。

川は常に土地を侵食し続けている。浸食は平地でも分水嶺でも起きる。ただ、河川の浸食による地形の崩壊速度は流域によって異なる。分水嶺のように、複数の河川が隣り合った流域で相互の川の侵食力に差があると、浸食力の強い方の川の山地の崩壊（解体）は速く進み、川の起点は変化の少ない方の山地に食い込んでゆく。その結果、浸食力の強い河川の側が、それまで隣の河川の水源域であった山地を自分の水源に加えることになる。つまり「分水嶺は移動する」のである。このように、分水嶺付近で一方の川が他方の川の水源であった山地を自分の水源に組み入れる地理現象が『河川争奪』である。

浸食競争に敗れて水源機能を喪失した方の河川は水量が減るため、その川の侵食力は一段と低下し、ますます優勢側の河川に太刀打ちできなくなる。こうして無能川（不適合河川）となる。年月が経つと、無能川はかつて自らの浸食で形成した広い谷の中を今や細々と流れる状態となる。高津川も争奪に敗れた河川なのである。

太古、高津川の水源は宇佐川《うさがわ》と深谷川《ふかたにがわ》であった。その高津川の水源であった宇佐川《うさがわ》と深谷川《ふかたにがわ》を奪い取ったのは錦川《にしきがわ》である。錦帯橋《きんたいきょう》で知られる錦川は山口県最大の大河である。かつての水源だった宇佐川と深谷川はやがて高津川と切り離され、山口県側の柳ケ瀬《やながせ》地区や向峠《むかたお》地区を流れる。柳ケ瀬《やながせ》地区や向峠《むかたお》地区は宇佐川と深谷川が彫り込んだ深さ百メートル以上の渓谷となっている。結局、宇佐川と深谷川を失った高津川の流路一帯は水量の減少から原生林や湿地となった。『河川争奪』に敗れる前には高津川の氾濫《はんらん》を経験したはずの現在の田野原地区の湿地帯が神事の舞台である。

全国の一級河川のうち、高津川はその水源が特定されている珍しい川である。高津川の水源は田野原の『大蛇ケ池《だいじゃけいけ》』という泉である。これより上流の県境方面には川は無い。『大蛇ケ池』の清水は島根県の名水百選に選定されている。『大蛇ケ池』の池の淵に接して杉の大木が一本そびえている。それが樹齢千年の『一本杉』で、島根県の名樹百選に指定されている。吉賀《よしか》町の新宮神社《しんぐうじんじゃ》に伝わる伝承では、出雲《いずも》で須佐之男命《すさのおのみこと》に討《う》たれたヤマタノオロチの魂がこの地に逃れて田野原の一本杉に宿り、そこから水が湧いて高津川となったという。また、干天《かんてん》の折には、藁《わら》で作った大蛇を『大蛇ケ池』に浸《つ》けて『雨乞《あまごい》』をすれば雨が降るとの伝承が残る。

伝承を離れて、古老《ころう》の話をもとにいま少し史実を追ってみよう。寛治元年（1087）、田野原を開墾しようと井谷郷三郎《いたにごうさぶろう》という人が田野原にやって来た。原生林や湿地となった田野原地区の中世の出来事で、『吉賀記』という書物にある話である。井谷郷三郎は高津川の水源を辿るうちに田野原の湿原に辿り着いた。彼は田野原の湿地や沼を埋め、水を抜き、原生林を伐《き》り拓《ひら》いた。原生林を伐採するとき郷三郎は一本だけを残しておいた。それが『大蛇ケ池』の淵に今も残る樹齢千年の『一本杉』である。樹高二十メートル、根元まわり五メートルである。郷三郎による開墾で高津川の水源が思いがけず特定されることになった。豊富に清水が湧き出る大蛇ケ池が水源であった。

さて、我われ夫婦は『水源公園』に着いた。『水源公園』というよび名はこの池が河川争奪に敗れた高津川の現在の水源であることに由来する。神事の舞台は大蛇ケ池と一本杉を含んだ面積およそ三千六百坪（一・二ヘクタール）の敷地の水源公園の湿地である。公園は国道一八七号線のすぐ脇にある。国道一八七号はかつて津和野《つわの》藩主の参勤交代に使われた道で、藩主はここを通って安芸《あき》（現、広島）の廿日市《はつかいち》に出たのである。水源公園に近い国道脇の石碑には、『従是西津和野藩領』と彫り込まれている。ここが河川争奪に勝利した周防《すおう》（錦川）と河川争奪に敗れた石見（高津川）との境である。石碑の築造は享保十四年（1729）八月二十日であり、岩国藩（現、山口）と津和野藩（現、島根）の間の国境紛争を避けるために設置したものであろう。

国道脇には神事の主催者と若干の外来者の車がすでに縦列に駐車していた。公園敷地に足を踏み入れると巨大な木造建築がある。六日市《むいかいち》水源会館で、高津川が辿った数万年の歴史を展示している資料館である。水源会館の中では世界中のドラゴン神話の展示があった。悪魔の化身としての西洋のドラゴンをはじめ、皇帝の象徴である中国の龍やコブラの化身であるインドのドラゴンなどである。日本が展示した龍は神楽《かぐら》のオロチとここ六日市の大蛇伝説であった。

雨乞い神事が定例化されたのは平成四年(1992)からで、田野原水源保存会の尽力である。神事の舞台は良く刈り込まれた雑草の広場であった。広場にある人工物は東屋《あずまや》が一つと祠《ほこら》が一つで、周囲は山と叢林である。広場の雑草の上を歩いてみるとまるでスポンジの上を歩くようにフワフワして靴がめり込んだ。雑草に覆《おお》われる広場が今も湿地であることが分かる。

広場の国道寄りに大蛇ケ池と一本杉がある。一本杉の根本には白い幣《ぬさ》を垂らした「しめ縄」が巻かれており、この一本杉が神事の対象であることが分かる。一本杉の傍らで一人の男が前座の大太鼓を打っていた。そばの大蛇ケ池では二カ所から清水がコンコンと湧いていた。むかしこの池は大蛇の遊び場だったのだという。実際にここに大蛇がいたらしい。天文十八年(1549)、水源近くの九郎谷《くろうだに》と立河内山《たちごうちやま》で猟をしていた永嶺周防守《すわのかみ》ら三人は山中で十四~十五メートルの大蛇を捕らえた。九郎原の三宮神社(島根県鹿足郡吉賀町九郎原512番)に納められた頭骨は三宮神社の社宝の龍神として今に残る。ぜひ見て見たいが一般公開は五十年に一度らしい。また田野原の中山城主の大庭《おおば》石見守が悪さをする大蛇を弓で仕留めて退治した伝承も残る。やがて、池から常に水が湧き出るのは池の主の大蛇のおかげだと考えるようになった。

この地が日照りに襲われた夏には、大蛇ケ池と一本杉の二つは雨乞いの『依り代《よりしろ》』となった。雨乞い神事のため、藁で大蛇を作り、池に入れて水浴びをさせ、水浴びの後に一本杉に登らせるのが神事の骨格となっている。池のそばには十メートルばかりのワラの大蛇（龍神）が置かれていた。

広場一帯では『祭』と染め込まれたハッピを来た主催者や地元の中高生が神事の開始を待っていた。フワフワする草の上で幼児たちが走り回っていた。外来の見物者は少ない。見物者の中に欧米人の母子を見つけた。その若い母親の腕のタットゥーが私の目を引いた。金髪の幼児は広場内を走り回っては時々母親のそばに戻っていた。広場の一隅では四張りのテントの中でバザー風に飲食物を提供していた。地元の中学生の娘が私たちにかき氷を振る舞ってくれた。

笛の音と太鼓の連打と共に神事は始まった。

何となく神楽の演目の雰囲気であった。神官の祝詞《のりと》の奏上《そうじょう》は延々続いた。奏上の聴き取りはさほど困難ではない。幾分か現代語に近いものだったからである。祝詞《のりと》の奏上《そうじょう》が終わると、神官は大蛇ケ池と一本杉に拝礼した。主催者一同もそれに倣《なら》って順次礼拝した。拝礼が終わると、雨乞神事はそれまでのそこはかとない形而上学的雰囲気から見物的な催しへと移った。

篝《かがり》火《び》の三脚台が二つあり、そのスギの葉に篝《かがり》火《び》が点火された。スギの葉がパチパチと音を立てながら燃え立つと、二本の白煙が広場に立ち上った。空から落ちてくるスギの燃えカスの灰の下を白サラシの中高生に担がれたワラの大蛇が巡り始めた。大蛇は精巧な造りであった。大蛇を見て怖がって泣き叫ぶ幼児や逃げ回る幼児たちとその光景を眺める見物者たちの笑いが広場に溢れた。

大蛇に自分の頭を噛んでもらうと幸運が注入

されるらしい。あちこちで頭を噛んでもらう光景があった。妻は二年前に頭を噛んでもらったた。しかし、その後物覚えが悪くなったそうなので、前回吸い取られた知性を今回は吐き戻してもらうと意気込んでいた。残念ながら今回は頭を噛まれる機会に恵まれなかったので、物忘れはまだ当分続くのであろう。噛まれる機会が訪れなかったら？いや、考えまい、そういう事態は。

広場内で大蛇の巡行が一段落すると、大蛇を担《かつ》いでいた若者たちと大蛇が共に池に飛び込んだ。大蛇は池の中で騒ぎまくった。水浴びを楽しんでいるという表現であろう。担《かつ》ぎ手の男連中に混じって娘が一人いた。大蛇の動きよりも娘の立ち居振る舞《たちいふるま》いに見物者から感嘆の声が上がった。水浴びを終えた大蛇は龍神となった。

池から出た龍神は一本杉に向かって進んでいった。広場に拍手が起こり、拍手は周囲の山にこだました。木登りの得意そうな若者が先頭となって一本杉に登って行った。それに導かれる形で龍神を担ぐお供の者たちも一本杉に取り付いた。先頭の若者が龍神を樹に引きずり上げ、固定したところで神事は終了した。

気になるのは永嶺周防守らが仕留めたという大蛇である。太古の伝承ではなく、わずか五百年前のことで、文書にも残された出来事である。それすらも龍神伝説のように虚構なのであろうか。それほどの大蛇が日本にいたのか、やはり気になる。捕獲されてはいないが、四国に大蛇の目撃談はある。昭和四十八年、穴吹町《あなぶきちょう》（現、美馬市《みま》）で農家の四名が作業中に草むらで数メートルの蛇を見ている。昭和六十二年、高知市久礼野《くれの》の養鶏センターで、七メートルの蛇がニワトリを呑み込んだとかもある。あまりに最近の目撃談過ぎる。ペットとして飼っていて手に負えなくなった外来種の蛇を放棄した気もしてくる。

　散会となり、私たちは駐車場に向かった。駐車場の車の大半は地元の人たちの車で、他県の車は僅かであった。神事はこうでなくてはいけない。神事は博多ドンタクや阿波踊りのような見世物ではないのである。地域に生きる人たちの生活の中から染《し》み出た切なる願いを昇華させたものがその地域に伝わる神事なのである。

神事：四年を待つ

　祝島《いわいしま》の『神舞《かんまい》』神事は本当に美しい。「ホーオ　ホーホー　エーイヤー、ホーラン　エーェヨヤーサーノサー」。『ホーランエンヤ』の舟歌にあわせて地元の男たちが櫂伝馬《かいでんま》船を漕《こ》ぐ。この海上神事は四年に一度行われる。神舞神事に触れるたび筆者は『滅びの美』を感じる。現代の喧騒《けんそう》の中で失われてゆく「美しい古代」が、ひと夏の数日間だけ蜃気楼《しんきろう》のように現れて、通り過ぎてゆくからである。私と家族が触れた神《かん》舞《まい》をお伝えしよう。

　神舞の沿革《えんかく》はこうである。祝島《いわいしま》西岸の三浦湾から西の周防灘《すおうなだ》を眺めると、国東《くにさき》半島（大分県）がよく見える。国東半島の手前に見える島は姫島《ひめしま》である。三浦湾から姫島までは海上距離で四十九キロある。古代の主要な瀬戸内《せとうち》航路は姫島と祝島を結ぶルートであった。姫島の対岸の国東半島の港が伊美《いみ》港である。『神舞《かんまい》』は伊美と祝島を結ぶ海上神事である。

　この神事の起こりには伝承がある。仁和《にんな》二年（886）、豊後《ぶんご》の国東郡《くにさきぐん》伊美郷に八幡宮の別宮を創建することになり、京都の石清水八幡宮《いわしみずはちまんぐう》から分霊してもらった。石清水八幡宮《いわしみずはちまんぐう》は伊勢神宮とならぶ二大宗廟《そうびょう》であるし、『八幡宮』の格とすれば宇佐や筥崎宮、鶴岡とならぶ。分霊を奉じた一行が海路で伊美郷に帰る途中、周防灘《すおうなだ》で嵐に遭《あ》った。一行は祝島の三浦湾に避難し島民に命を助けられたという。

その当時の祝島は産業も無いためわずかに三家族だけが漁業で生きる極貧の島であった。食べ物が少ない祝島では子供が育たなかった。伊美の神官たちは食べ物も乏しい中で自分たちを助けてくれたお礼にと、それまで農耕を知らなかった祝島の三家族に麦など五穀の栽培法を伝授した。さらに祝島に神霊を奉祀《ほうし》し（大歳神社）、神祭の方法を伝えた。農耕を教わって以後、祝島では少しずつ島民の数が増えていった。贈られた五穀の種を元に、祝島で農業が始まり、やがて島は多くの人々が暮らせる場所へと変貌した。祝島の島民は伊美郷の厚情に報いるべく、四年に一度、伊美から神職たちを招いて感謝の宴《うたげ》を催すようになった。祝島の民は毎年欠かさず伊美郷のお宮に参拝するようになった。

一方、伊美郷からも神様が海を渡ってくるようになった。それが無形民俗文化財の『神舞』である。仁和《にんな》年間といえば菅原道真が活躍した時代であるから、千百年以上も昔の出来事である。これが連綿と絶えることなく、古式のままに今日まで続くのである。

四年に一度、伊美別宮社（国東市国見町）の御神体と神職を乗せた御座船《ござぶね》が祝島を目指す。祝島からは櫂伝馬《かいでんま》の奉迎船《ほうげいせん》が漕《こ》ぎ出し、沖で伊美（別宮社）からの『御座船』を出迎える。櫂伝馬では二十人の男が櫂《かい》を漕ぐ。櫂《かい》は三メートル近い。櫂伝馬船は『御座船』を囲んで島の西側の三浦湾に招き入れる。三浦湾の神舞場では『小屋固めの神事』を行う。続いて、櫂伝馬船に囲まれた『御座船』は三浦湾を出発して島の東の祝島港に案内される。祝島港に入港する場面が『入船《いりふね》神事』のクライマックスである。冒頭の『ホーランエンヤ』舟歌は櫂伝馬《かいでんま》を漕ぐ祝島の男たちの入港時の歌声である。祝島港の埠頭《ふとう》に立つと、沖から大漁旗で飾られた数十隻の祝島の奉迎船団が近づいてくる。やがて奉迎船群の中央あたりに『御座船』とそれを囲む櫂伝馬船が見えてくる。そうして、櫂伝馬を漕ぐ男たちの『ホーランエンヤ』の声が耳に届くようになる。櫂伝馬船の最前部では、白い化粧をした若者が舟歌に合わせて采幣《サイヘイ》の『紙飾り』を振りながら逆さに立てた樽の上で舞っている。最後尾では、これまた白い化粧を施されて往時の衣装を纏《まと》った若い男が剣櫂《ケンガイ》を手に持ち、これまた逆さに立てた樽の上で舟歌に合わせて舞う。「ホーォ　ホーホー　エーイヤー、ホーラン　エーエ　ヨヤーサーノサー」。埠頭は拍手に包まれる。見物者の中には古式に触れた感動から涙ぐむ者もいる。

埠頭《ふとう》に着いた『御座船』からは十名以上の伊美の神官や供の者たちが島に降り立つ。上陸の瞬間である。神官らが上陸すると紅白の巫女《みこ》衣装《いしょう》を纏った島の少女たちが出迎える。続いて『シャギリ（砂切）』とよばれる女性だけの一団が三味線と太鼓の囃子《はやし》で練り歩きながら、遠来の神官たちを神舞場《かんまい》に案内する。砂切《シャギリ》の女たちは日よけの菅笠《すげがさ》をかぶっている。「入船」の日から、古式の通りに、夜神楽《よかぐら》など三十三種類の神楽《かぐら》が奉納される。最後の日は宮戸八幡宮に合祀《ごうし》されている大歳社の大祭である。全ての神事が終わりに近づくと『出船神事』となり、『御座船』は海のかなたに消えてゆく。

報道に登場する神舞は「絢爛《けんらん》」とか「勇壮《ゆうそう》」と伝えられるが、この神事で筆者が感じるのは「もの悲しさ」であり、『滅びの美』である。

筆者が上関町《かみのせき》の祝島を知ることになったきっかけは釣りであった。自宅近くの海岸で釣りに興じていた頃のことである。海岸からは周防灘が一望できた。真正面に見えるのは宇佐市《うさ》や国東《くにさき》半島である。国東半島の北の周防灘に浮かぶ姫島もよく見える。野島《のしま》（防府市）や大津島《おおつしま》（周南市）、笠戸島《かさどじま》（下松市）など、島影を頼りに周防灘の島の一つ一つを確認していた。やがて、さらに東方の水平線上に、うんと空気が澄んだ日にだけ姿を現す島に気付いた。それは万葉集に登場する伊波比島（祝島）であった。

筆者が祝島を訪れるきっかけとなったのはある人との出会いだった。筆者が郵政省に奉職していたころ、工藤さんとおっしゃるご夫婦が青森県の郵便局から祝島郵便局に赴任なさった。工藤さんの奥さんが祝島の出身だったのである。ある日工藤さんから、「先生、祝島に来て下さいよ」と誘われた。それが縁で妻と祝島の工藤家を訪れた。祝島の情景は日本海の漁村で育った筆者にはごく普通で、幼いころから慣れ親しんだ漁村の風景だった。私が祝島に出向いていることが祝島郵便局長の重村定夫さんの耳に入ると、重村さんがやって来た。私たちは重村さん宅にお邪魔した。重村さんは古い民芸品をたくさん収集しており、私たちを楽しませてくれた。

その折、重村さんは祝島の徐福伝説《じょふくでんせつ》について語ってくれた。徐福伝説とは、紀元前三世紀の秦《しん》の時代に、不老不死の妙薬を手に入れるよう始皇帝《しこうてい》から命令された徐福《じょふく》という人が東方海上の蓬莱《ほうらい》（おそらく、日本）に向けて船出をするという、司馬遷の『史紀』に登場する例の話である。徐福の到来地で有名なのは和歌山県新宮《しんぐう》市や佐賀県金龍《きんりゅう》町などである。まさか祝島もそうした候補地の一つだとはそれまで筆者は知らなかった。重村定夫さんは、「これが長寿の果物ですよ」と、『コッコー』という植物を見せてくれた。どことなくキウイに似ていたが全く別物だそうである。重村定夫さんによれば、『コッコー』の語源は不明で、漢字表記も無いとのことだった。重村さんによれば、コッコーこそが始皇帝が持ち帰れと命じた長寿の果物なのだそうである。私ら夫婦が重村家を辞去する時に重村さんは「私の創案なのだがね」と言いながら、自家製のコッコー酒をプレゼントして下さった。こうして祝島との繫《つな》がりができた。

神舞神事に足を運ぶことになったきっかけは祝島出身の橋部好明《はしべよしあき》さんとの出会いである。橋部さんを診察していたある日、彼から素晴らしい写真集を頂いた。それは神舞の風景を切り取って綴《つづ》った写真集であった。ほどなく橋部さんは現役から退き、筆者の手元には写真集だけが残った。橋部さんのご祖先が、前述した「仁和《にんな》年間」の遭難事故で伊美郷の民を介抱《かいほう》した祝島の三家の一つだったことや、橋部さんが神舞神事では主役の一人であることをその後人づてに聞いた。

二〇〇四年、アテネでは五輪が開催されていた。写真集をいただいてから二年ほど経っていた。神舞《かんまい》を観るために妻と祝島をやっと訪れた。『くにひろ』という島の民宿に泊まった。神事が始まる前の日、『くにひろ』で借りた自転車で島内をあちこち走り回った。既に祝島は神舞神事一色で、準備もすっかり整い、翌日からの神事日程を待つだけだった。港の脇の仮神殿には『大歳社』の神社名を掲げた鳥居が建てられていた。大歳神《おおとしのかみ》は、農業神つまり穀物の実りの神なのである。

いよいよ神舞当日となった。焼け付くようなお盆の日差しの下で、『入船神事』となった。私たち夫婦は朝から島の東部の祝島港と西部の三浦湾との間を自転車で何度も往復しては神舞の開始を待った。祝島港と三浦湾との距離は海岸沿いで四キロくらいである。三浦湾には祭殿がしつらえてあり、祭殿には新鮮な鯛《たい》が供えられていた。刺身好きの私はジリジリと照りつける夏の陽で鯛が傷《いた》まないか気懸《きが》かりだった。

三浦湾から西の方角に目を凝らすと姫島が見えた。姫島の向こう側が伊美である。あの辺りから伊美の船が出発するはずであるが遠くて確認できない。姫島の方角を睨みながら、近付いて来る船がないものか長い時間、目を凝らし続けた。漸く沖にそれらしい船の接近が見えたのはもう昼近くになってからだった。すると、待機していた奉迎船が三浦湾を出港した。双方の船同士が沖合《おきあい》で何か儀式をやっているようであったが遠過ぎて三浦湾からはよく分からない。いくらかの時間が過ぎると、大船団に護《まも》られた遠来の御座船がゆっくりと三浦湾に入ってきた。

三浦湾の祭殿（荒神）での歓迎神事が終わると、祝島の奉迎船団が総出で遠来の賓客《ひんきゃく》の御座船《ござぶね》を囲み、島の東部の祝島港に向かった。私たちは自転車で祝島港に先回りした。昼過ぎの祝島港の埠頭は島の住民や本土からやって来た見物者でごった返していた。埠頭の人々は御座船《ござぶね》や櫂伝馬《かいでんま》の登場を今や遅しと待っていた。

島の北を回り込んだ船団が次々と祝島港の沖合に姿を現すと、祝島港の埠頭に異様な興奮が漂《ただよ》い始めた。遠来の御座船を先導するたくさんの奉迎船は祝島港の前の海に到着すると一列縦隊の隊形となり、港の前の海を三度ほど回った。『入船神事』のクライマックスである。祝島の若者たちがかけ声に合わせて漕ぐ二艘の櫂伝馬《かいでんま》が美しい。「ホーォ　ホーホー　エーイヤー、ホーラン　エーェ　ヨヤーサーノサー」。私を強く捉えたのは、櫂伝馬を漕ぐ男たちの『ホーランエー』のかけ声とそれに合わせて櫂伝馬の船首と船尾で舞う若者の姿だった。櫂を模した神器なのであろう。陽を受けたケンガイがキラキラと輝いた。この間、陸上では島の女たちのシャギリ隊が太鼓と三味線を奏で続けている。単調だがしかし懐かしい旋律である。　こうして私たち夫婦の神舞が過ぎて行った。

ある年のこと、私たち夫婦は伊美港（現、国東《くにさき》市）に出向いた。国東側から祝島を眺めてみたかったのである。まず伊美神社（伊美別宮社）を訪れた。さらに伊美の沖合の姫島にも渡って、姫島の東端から数十キロ遠方に祝島を臨んだ。祝島は小さな島だった。

五輪の夏が近付くと神舞を思い出す。『ホーランエー』のかけ声が醸し出す『滅びの美』が私の神舞である。ある夏（2016）、今度は妻と息子と三人で祝島を訪れた。祝島を改めて訪ねたのは、神舞が醸《かも》す『もののあわれ』に触れてみたかったことと、デフォルメされていない郷土文化が放つ最後の光芒《こうぼう》を息子にも見せておきたかったからである。すでに工藤さんご夫婦は島を去り、コッコーの重村さんは他界していた。

四年に一度の神舞の期間中には、五百人弱のこの島の人口が五倍に膨れ上がるそうである。久しぶりの祝島では、かつての防波堤を取り囲むような形でさらにその外側に新しい防波堤が完成していた。四年前に竣工したのだそうである。私は港の防波堤に腰を下ろして『ホーランエー』を眺めていた。

島から帰る連絡船の中で徐福伝説のことを考えていた。『隋書《ずいしょ》』は中国の正史《せいし》である。北部九州の東岸部には三世紀には既に秦族《しんぞく》の集団が生活していたとの記載がある。地理的には行橋市《ゆくはし》から宇佐市《うさ》あたりなのであろう。隋書《ずいしょ》の『倭《わ》国伝《こくでん》』には、古代に、日本の一部に『秦王国』が存在した旨が記載されている。『倭国伝』には推古天皇の御世《みよ》に隋からの使者の裴世清《はいせいせい》が倭に派遣された旨が記載されているが、『日本書紀』にも同内容の記載があるので、隋書《ずいしょ》の倭国伝の記載は荒唐無稽《こうとうむけい》とはいえない。『倭国伝』では、百済《ペクチェ(くだら)》を発った裴世清《はいせいせい》の一行は、済州《ちぇじゅ》島から対馬（都斯麻《つしま》）を通過した後、一支国《いきこく》（壱岐）や竹斯国《ちくしこく》（筑紫）を経て、さらに東に進んで『秦王国』に着いたと述べている。北部九州の東岸の秦王国に関して、『倭国伝』は、「華夏（中国）と同じ人種」と記している。豊前《ぶぜん》地域（九州北部～東岸部）はもとから秦氏《はたし》系の渡来者が多い場所である。豊前一帯は周防灘《すおうなだ》に面しており周防灘の直ぐ眼前には姫島が、そして、その向こうには祝島が臨める。祝島に残る徐福伝説を考えると、始皇帝の圧政から脱出した人々の居住地が周防灘の沿岸部一帯に誕生していたのかも知れない。

　連絡船の中ではまた『神舞』のことも考えた。滅びゆくものを無理に残そうとして観光化をするのは愚かである。文化には寿命がある。「始まり」があって「終わり」がある。私たちの周囲から消え去った人も、また消え去った文化も、残された者のイメージの中にのみ存在する。それで良いのではないか。

逃亡：澤《さわ》 宣嘉《のぶよし》

まれではあるが、朝廷の中にも行動的な人がいる。天皇の中では、事績のはっきりしない古代天皇を別にすれば、後白河《ごしらかわ》と後醍醐《ごだいご》がそうである。公家《くげ》では、幕末に限れば、中山忠光《なかやまただみつ》や本稿の澤宣嘉《さわのぶよし》、それに岩倉具視《いわくらともみ》らがそうである。

　朝廷や天皇に仕える者を公家《くげ》とよび、公家の中でも官位の高い者が公卿《くぎょう》である。具体的には三位《さんみ》以上の位階の者や参議に就《つ》いた者は公卿である。同じ位階だと『従《じゅう》』より『正《せい》』が上位である。公卿になると、太政大臣《だじょうだいじん》や左大臣《さだいじん》や右《う》大臣《だいじん》、大納言《だいなごん》や中納言《ちゅうなごん》や参議《さんぎ》といった肩書がつく。

文久《ぶんきゅう》三年（1863）夏の三条実美《さんじょうさねとみ》らの京都退去

は、『八月十八日の政変』とか俗に『七卿《しちきょう》落《お》ち』とよばれる。この政変の時に『公卿』の地位にあったのは三条西季知《さんじょうにしすえとも》と三条実美《さんじょうさねとみ》の二人だけである。その他の五人の公家は、四条隆謌《しじょうたかうた》（36歳）、東久世通禧《ひがしくぜみちとみ》（31歳）、壬生基修《みぶもとおさ》（29歳）、錦小路頼徳《にしきこうじよりのり》（27歳）、澤宣嘉《さわのぶよし》（28歳）であるが、合わせて七卿落ちとよんでいる。本稿の末尾に各公家の誕生（旧暦）・他界の日付と満年齢を示した。

尊皇《そんのう》だ、佐幕《さばく》だ、公武合体《こうぶがったい》だ、攘夷《じょうい》だと騒然としていた時期である。長州藩《ちょうしゅうはん》は村田清風《むらたせいふう》の登用で他藩に先駆けていち早く財政改革に成功し、また軍制改革の実を上げていた。朝廷に頼られる雄藩《ゆうはん》となった長州藩は御所《ごしょ》の警護役に抜擢《ばってき》された。しかし水面下で長州藩にとって代わろうと薩摩藩《さつまはん》がその機会を狙《ねら》っていた。藩論で言えば、当時の長州はほぼ「尊王攘夷《そんのうじょうい》」であり、薩摩の公論は「公武合体《こうぶがったい》」が優勢であった。

文久《ぶんきゅう》三年（1863）八月十八日、薩摩藩は会津藩《あいづはん》と図って朝議を逆転させ、長州藩の御所警備を解任させた。代わって、薩摩と会津が御所警備の担当となった。これが世にいう『八月十八日の政変』である。朝廷内にいた急進派（親長州派）の公家は直ちに長州に向かって都落ちをした。これが世にいう『七卿落ち』である。

『七卿落ち』の動きは『八月十八日の政変』の当夜から始まった。三条実美ら尊皇攘夷派の公家七人は一旦、鷹司《たかつかさ》邸に集ったあと妙法院《みょうほういん》に移動し、そこで今後の生き方を長州藩士たちと協議した。協議の結果、「ここはひとまず長州に逃れて態勢を整えよう」という結論になった。当夜の妙法院の参席者は七卿のほか、長州藩側では吉川経幹《よしかわつねまさ》（岩国領主で毛利敬親《たかちか》の名代）、益田親施《ますだちかのぶ》（益田右衛門）、山田顕義《やまだあきよし》、来島《きじま》又兵衛《またべえ》、久坂玄瑞《くさかげんずい》で、他藩からは久留米藩士の真木保臣《まきやすおみ》が居た。真木保臣は二十歳の時に神官として、従五位下・和泉守《いずみのかみ》という官位を与えられたので、真木和泉守保臣と称されることもある。その翌日からの七卿と長州藩士らの動きは以下のようであった。

政変の夜が過ぎた。翌、八月十九日は雨であった。その未明に七卿落は、益田親施《ますだちかのぶ》が指揮する長州藩兵二千人の警護する中で蓑笠《みのかさ》に草鞋《わらじ》履きという姿で妙法院《みょうほういん》をあとにした。七卿一行は伏見方面へと進んだ。前日来の雨の中を歩き続けた七卿一行は八月二十日に西宮に到着すると、同地の本陣に宿泊した。翌八月二十一日の早朝一行は宿を出て兵庫津《ひょうごづ》（現、神戸港）に到着し、楠正成《くすのきまさしげ》の墓に参詣《さんけい》した。

兵庫津からは海路で長州藩の三田尻港《みたじりこう》（現・防府市）を目指した。一番船には三条実美とその側近の尾崎三良《おざきさぶろう》が乗船し、二番船に三条西と壬生と四条と錦小路が乗船し、三番船には東久世と澤宣嘉が乗船した。深夜に乗船したが風が強かったので出航を見合わせ、まる一日風待ちをした。次の日（八月二十二日）の夕方にはようやく風も収まり、一行は兵庫津を出航した。二十艘、総勢四百人の大船団であった。

ところでこの当時、長州藩内には飛船《とびふね》という交通システムが出来ており、志士たちはこの飛船《とびふね》をタクシー代わりに使って遠方を行き来していた。飛船《とびふね》は帆に風を受けて走り、風のない時には前と後ろに船頭がいて櫓《ろ》を漕ぐ形態である。井上聞多《ぶんた》や伊藤博文が英国留学を切りあげて長州に急遽《きゅうきょ》戻った時も、まず外国船で国東《くにさき》の姫島まで送ってもらい、姫島からは飛船で富海《とのみ》港に着いている。大阪から長州まで飛船だと数日以内で到着できた。

長州藩士の近藤登一郎《とういちろう》はこの飛船《とびふね》を利用したものか、七卿集団よりも早く京都から山口藩庁に到着し（二十三日）、『八月十八日の政変』の第一報を藩庁に伝えている。当時、長州藩庁は萩から山口に移動していた。『八月十八日の政変』を聞いた藩庁は、大阪で七卿と合流して七卿と一緒に朝廷を訪れて復職願いを出すことにし、急使として家老・根来上総《ねごろかずさ》と井原主計《いばらかずえ》を三田尻から出発させた。彼らもおそらく飛船《とびふね》を使ったであろう。しかし既に事態は進み過ぎていた。根来上総《ねごろかずさ》と井原主計《いばらかずえ》が三田尻を発ったこの日（二十三日）には、七卿一行はもう牛窓《うしまど》（瀬戸内市）に寄港していた。大坂を目指した二人の急使と三田尻を目指した七卿一行とは行き違いとなった。

孝明天皇は謹慎を命じた七人の公家が自分に無断でこっそり京から逃亡したことに激怒し、八月二十四日に七卿の官位を停止した。その二十四日には七卿を乗せた船団は、鞆の浦《ともうら》（福山市）に順次入港していた。鞆の浦《ともうら》の夜は蔵元だった中村家の主屋や朝宗亭（現在は太田家住宅）に宿泊している。

八月二十五日、鞆の浦を出港した。西に向かっているうちに次第に風が強くなってきたため、その日の夕刻は大崎下島《おおさきしもじま》に退避した。大崎下島の御手洗《みたらい》港には五人の公卿が立ち寄った屋敷が残されているが、『御手洗七卿落遺跡』とあった。翌朝に御手洗《みたらい》港を出港したものの前日来の風雨は依然強く、七卿が分乗した船は互いにはぐれてしまった。その結果、二十六日の夕方に三田尻に到着できたのは東久世《ひがしくぜ》と澤宣嘉《さわのぶよし》が乗船した三番船だけであった。一番船と二番船の二隻は笠戸島《かさどじま》（現、下松）に避難し、そこで一泊している。翌日（八月二十七日）笠戸を出港した二隻は徳山藩の東浜崎（現、徳山港）に上陸した。商家で休息したり髪を結《ゆ》ったり入浴したのち、徳山藩主の毛利元蕃《もうりもとみつ》の屋敷で昼食を取った。ここから一行五人は駕籠《かご》に替えて三田尻を目指した。福川（周南市）で夕食を取った後、夜遅く三田尻の御茶屋《おちゃや》（現、英雲荘）の招賢閣《しょうけんかく》に到着し東久世と澤宣嘉に合流した。英雲荘はいまでも観覧でき（月曜日以外）、古色蒼然《こしょくそうぜん》として風格がある。招賢閣《しょうけんかく》というのは御茶屋（英雲荘）にあった一室で会議室兼用であった。招賢閣は翌年の禁門の変の後に廃止した。

兵庫津《ひょうごづ》を発《た》ったのが八月二十二日なので二十六～七日の三田尻到着は意外な速さである。七卿を受け入れた長州藩の首脳《しゅのう》の心境はどうだったのだろうか。一言でいえば「厄介《やっかい》」で「迷惑」であったと筆者は思う。孝明天皇が激怒するようなことでは、まるで『尊皇』にはならない。それでも藩はこの後暫く公家たちを歓待し続けた。

当時三田尻御茶屋の招賢閣には各地の志士連中が自由に来訪していた。筑前藩士平野國臣《ひらのくにおみ》らもそうした遠来の一人で、全国にその名が聞こえた尊皇派志士である。平野國臣は天領《てんりょう》である生野銀山（現、朝来市《あさご》）の幕府代官所の襲撃を密かに計画しており、長州に協力を仰ぐために招賢閣を訪れたのである。九月一日、平野國臣は生野代官所の襲撃計画への参加を招賢閣の七卿に呼び掛けた。平野はすでに挙兵日までも「十月十日」と決めて招賢閣を訪れた。

七卿の中で、東久世と澤宣嘉は熱弁をふるう平野國臣らの襲撃計画に同調しつつあった。平野國臣は澤宣嘉《さわのぶよし》を口説き落として彼を襲撃陣の首領に就任させることに成功した。しかし、そのことは仲間の公卿六人には内密であった。こうして澤は生野代官所の襲撃に加担することとなった。世にいう『生野の変』である。

高杉晋作の竹馬《ちくば》の友《とも》に河上弥市《かわかみやいち》という志士がいた。高杉は奇兵隊を創設し、初代総督に就任していたものの、七卿が招賢閣に来たころは、赤間関で起きた奇兵隊がらみの教法寺《きょうほうじ》事件で謹慎中であり、代わってこの河上弥市が第二代奇兵隊総督に就任していた。招賢閣の生野代官所の襲撃会議の場には河上弥市もいたのである。平野國臣の熱情的な口説《くど》きによって河上弥市ら奇兵隊士三十人も生野襲撃軍の同志に加わる約束をしてしまった。三田尻招賢閣の平野國臣は七卿に対してだけでなく藩主世子の毛利定広《もうりさだひろ》（の ち、毛利元徳《もとのり》）との会合も持っている。毛利定広《もうりさだひろ》は次期藩主予定者である。平野國臣らは更に長州藩が藩として挙兵するよう同調を求めたが、さすがに藩の首脳部は消極的だった。澤宣嘉は生野襲撃軍の主将に決まった。総帥《そうすい》の沢宣嘉は生野代官所の襲撃を目指し、平野國臣や河上弥市ら長州の尊皇攘夷派三十六人を伴って十月二日に仲間の公卿六人に知らせずに密《ひそ》かに三田尻港を出港した。澤宣嘉も河上弥市も脱走に近かった。

代官所襲撃軍の一行は十月八日に播磨《はりま》姫路に到着した。姫路に上陸した彼らは休む間も無く生野へ向かった。澤軍団の一行が生野の手前の延応寺に本陣を置いたのは十月十一日で、生野に入ったのは十二日の未明であった。当然ながら、生野代官所の方も反乱軍の動きを察知していた。ただその時、生野代官所の代官（川上猪太郎《いたろう》）が出張中だったので、平野國臣ら反乱軍に抵抗せずに代官所を明け渡した。天領《てんりょう》の代官所は広域を管理する仕組みだったので、一部地域に限れば軍備が手薄だったのである。

話は脱線するが、生野銀山では戦国時代から四百年以上にわたり銀鉱の採掘がおこなわれていた。織田、豊臣、徳川それぞれの幕府直轄の鉱山として栄え、閉山は昭和になってからである。最近、日本遺産に登録され、当時の模様を再現した観光施設として公開されている。しかし鉱山の場所でかつての代官所を探しても見つからない。ややこしいことに、観光施設の「銀山」の入場口には「幕府代官所」と表示された屋敷があるがこれは模造物であり、場所も違う。

旧代官所は銀山から三～四キロほど町側に下った所の生野小学校の場所に置かれていた。今も校庭の隅に『旧代官所跡』の碑と『生野義挙の地』の巨大な碑が立っている。

澤宣嘉《さわのぶよし》は決起を呼びかける檄文《げきぶん》を天領一帯に発し兵を募《つの》ると、その日の正午には二千人の農民が檄《げき》に応じて生野に参集してきた。ところが幕府側の対応は素早かった。近隣の豊岡《とよおか》藩、出石《いずし》藩、姫路《ひめじ》藩が大兵を出動させると、反乱軍は弱さを露呈した。浪士たちの心は揺れ、組織解散に傾き始めた。反乱軍の内部が解散か否かで不安定となった最中、総帥の沢宣嘉《さわのぶよし》は解散を宣言して逃亡してしまった。わずか襲撃開始の二日目、十一月十三日の夜のことである。澤は軍資金を持って生野から逃亡してしまった。殺し合いに馴れていない公家の澤宣嘉は怯《おび》えたのである。昭和初期から平成にかけての戦前・戦後にも、公家出身やその血筋を引いた為政者らが国政に登場した。彼らには粘りがなかった。少しでも思い通りにならなかったり、事態が紛糾すると、簡単に政務を放擲《ほうてき》してしまった。公家は組織の実質的な指導者には向かない。

総帥の突然の脱走で、募兵に応じて集まっていた農民たちは動揺し、激昂《げきこう》した。澤宣嘉の逃亡後、農民兵は現場に留《とど》まっていた味方志士らを襲撃し始めた。結局、志士らは幕府藩兵と近在の農民双方から攻撃を受けて殺害された。反乱組織はあっけなく瓦解し、騒乱は二日で終わった。これが『生野の変』の顛末《てんまつ》である。脱走した沢宣嘉《さわのぶよし》は伊予西条（小松藩）に逃れた。襲撃計画の立案者であった平野國臣（37）は戦場を脱出できた。彼は翌年の蛤御門《はまぐりごもん》の変に参戦して捕縛され、翌日に斬首された。

澤宣嘉は生野の変の翌年（1864）六月十日、潜伏先の伊予西条《いよさいじょう》（小松藩）から赤間関《あかまがせき》（下関）に戻っている。生野の戦場を離脱した十月十三日から翌年の六月十日までの八か月間、澤はどこでどう過ごしたのか。澤を匿《かくま》った当時の小松藩の様子を知るために小松を訪ねたことがある。現在、西条市の小松町ではいくつかの幹線道路が交差している。今治《いまばり》から南下してくる「旧今治街道」は現在の国道196号線の走行と重なる。また東西に走る「旧讃岐街道《さぬきかいどう》」は今の国道11号線にほぼ重なる。両街道は小松の『新屋敷』で交差している。新屋敷には旧道(『小松街道』)も通っている。生野《いくの》の戦場から逃亡した澤宣嘉が最初に腰を下ろした場所はおそらくこの『新屋敷』であろう。

新屋敷の通りの所々には、今も古い門構えの家屋があり、城下町の風情を感じさせる。新屋敷の中には『旧藩《きゅうはん》』という地名の地区がある。かつての『小松藩邸』や『養正館《ようせいかん》』がこの『旧藩』地区にある(後述)。残念ながら小松藩邸の界隈《かいわい》では宅地化が進んだ。かつて藩邸のあった場所も、自然石に彫り込まれた藩邸碑とその説明板の他には往時を偲《しの》ぶモノは無い。新屋敷をウロついていると『安知生』という大字《おおあざ》に出会った。『安知生』はひょっとして澤の最後の隠れ家となった萩市大井の『阿宇雄《あじお》』に繋がるのではないかとハッとした。残念ながら「あんじゅう」とよむらしい。当然だが、新屋敷一帯を闇雲《やみくも》に歩いてみても澤宣嘉《さわのぶよし》の足取りは杳《よう》として知れなかった。郷土資料室学芸員の友澤明《ともざわあきら》氏の力をお借りすることとなった。以下は概略である。

小松藩は一万石の小藩であった。一万石は藩認定の最低基準である。全国の小藩はどこも財政規模が小さく、その藩政は困難を極めていた。小松藩が勤皇藩として頭角を現し、さらに長州藩と連携するに至った背景は「人材」であった。

十九世紀の初め、小松藩に英君が登場した。七代藩主の一柳頼親《ひとつやなぎよりちか》である。頼親《よりちか》公は消え入りそうな小藩の命運を藩士の教育に賭けた。藩邸の直ぐそばに『培達校《ばいたつこう》』という名の藩校を設立した（1802）。頼親《よりちか》公はさらに近藤篤山《こんどうとくざん》という朱子学者を教育係に抜擢《ばってき》し、彼に教育の全権を委《ゆだ》ねた。抜擢《ばってき》を受けた近藤篤山は広く子弟を求め、朱子学を基礎とした英才教育を施し、藩主の期待に応えた。やがて藩校名は『培達校』から『養正館《ようせいかん》』に変わったが、養正館は他藩の藩校とは異なり、藩士の子弟だけに限らず農家や商家の者に対しても入校を許した。当時としてこれは画期的な方針であった。近藤篤山《こんどうとくざん》の教育の下、『養正館』からは勤皇思想に目覚めた門下生がきら星のごとく巣立っていった。近藤篤山の息子の近藤南海《なんかい》が父の後を継いで養正館教授になると、近藤南海の門下からは、やがて澤宣嘉を助けることになる槍術師範《そうじゅつしはん》の田岡俊三郎《たおかしゅんさぶろう》や彼の従兄の三木左三《みきすけぞう》、森源蔵《げんぞう》らが巣立っていった。

東予地方の宇摩郡《うまぐん》に土居《どい》という村がある（現在は四国中央市の一部）。前述の田岡俊三郎や三木左三は土居村の豪農の子であり士分《しぶん》では無かったが、藩士の子弟と等しく『養正館』で鍛えられた人たちである。田岡俊三郎は『八月十八日の政変』の夜、都落ちをする七卿を護衛して長州まで同行した筋金入りの勤皇志士であった。

小身《しょうしん》の小松藩は江戸に藩邸を持つことを許されなかった。そのため大坂に藩邸を持ちながら、藩士の一部を京に常駐させていた。そうした境遇は小松藩が幕末の動向に触れる機会を増やすとともに、尊攘藩《そんじょうはん》との結びつきを強める契機となった。すなわち長州藩との連携である。小松藩が幕末の動乱期を迎えたのは八代藩主の一柳頼紹《いちやなぎらいしょう》の時であった。頼紹公は尊皇思想を奉じ、尊攘派公家の三条実美《さんじょうさねとみ》や澤宣嘉《さわのぶよし》と親交があった。従って小松藩の風土は『親長州』であり、幕府には何らの恩義も感じなかった。幕末動乱期に、英主頼紹公《らいしょうこう》は迷うことなく自藩の方針を『勤皇』に統一した。

　生野の変の反乱軍の主体は長州藩士であった。尊王攘夷で結ばれた田岡俊三郎らの小松藩士も、但馬の高橋甲太郎ら出石藩《いずしはん》（兵庫県豊岡）の藩士も、水戸藩士らと一緒に生野の変の長州藩に合流して戦った。田岡俊三郎は脱藩をして生野攻撃軍に参加している。生野の変が挫折すると澤宣嘉《さわのぶよし》は出石藩の高橋甲太郎や水戸藩士の関口泰次郎らに護衛されながら、田岡俊三郎や三木左三《すけぞう》らの地元である小松藩に逃げ込んだ。

　澤宣嘉は田岡俊三郎の自宅の床下に特設した小部屋で地下生活を始めた。しかし、身動きができない床下環境のために澤は膝の激痛に悩まされ始めた。筋力も落ち、足腰が立たなくなった。田岡俊三郎宅の地下を出た澤宣嘉はこの後もいくつかの隠れ家を転居した後、田岡の従兄の三木左三《すけぞう》宅に三か月潜伏した。

　元治元年六月（1864）、澤宣嘉《さわのぶよし》あてに長州に帰還するよう七卿の筆頭の三条実美《さんじょうさねとみ》からの命令が届いた。澤は盟友の田岡俊三郎や三木一族（宇摩郡《うまぐん》の土居には三木一族が多い）、そして但馬出石《いずし》藩士の高橋甲太郎たちに護衛されて長州に戻った。長州への渡航費用等は小松藩士の池原利三郎が工面をした。六月十日（1864）、澤宣嘉は赤間関《あかまがせき》（下関）の白石正一郎宅に到着した。伊予小松藩で八か月間を過ごしたことになる。

　澤宣嘉《さわのぶよし》が長州に帰還した時点では、長州は澤にとってまだ比較的安全な場所だった。澤を自宅の床下に匿ってくれた田岡俊三郎は澤宣嘉《さわのぶよし》を送り届けると赤間関を去った。これが、田岡俊三郎と澤宣嘉との最後となった。田岡はこの一か月後に京都で起きた蛤御門《はまぐりごもん》の変に長州側で参陣し討死してしまったのである。道義を貫いた田岡の墓は京都にある。田岡の家系は絶えたが彼の親族が寺を興した。澤宣嘉の長州帰還に同行した但馬藩士の高橋甲太郎はその後もさらに長州藩内での澤の隠棲に同道した。以上、学芸員の友澤明氏のご厚意を参考に、澤の動きを再現させてみた。

澤が小松から長州に戻った時（六月十日）、長州にいたのは五卿である。七卿の一人であった錦小路頼徳はこの年の春に（四月二十七日）、白石邸で死去していた。三条実美はすでに三田尻御茶屋の招賢閣から山口湯田の井上邸に転居していた。井上馨《かおる》の生家である。澤宣嘉は山口湯田の井上邸で五卿リーダーの三条実美に対面した。

筆者は、長州に舞い戻った澤宣嘉《さわのぶよし》がその後なぜ三条実美ら五卿と行動を共にせず、一人で阿武郡《あぶぐん》内を逃亡し続けたのか疑問を感じた時期があった。他の五卿たちとは肌が合わなかったのか、それとも生野の変の際の軽率な振る舞いが申し訳なくて別居し続けたのか。そうではない。澤宣嘉は他の六名の公家とは違い、反乱（生野の変）の首謀者なのである。澤は長州藩の内外の保守派（非尊攘派）の刺客《しかく》から命を狙われたので逃亡し続けただけである。例えば、青年公家の中山忠光《なかやまただみつ》は『八月政変』の前日に尊攘派の浪士たちと大和五條《やまとごじょう》で挙兵している（『天誅組の変』）。乱が不発に終わると彼は長州藩内に逃げ込んだ。澤の場合と同じである。中山忠光は刺客を用心して長州藩内を転々としていたが、ついに隠棲先の田耕《たすき》で長府藩の刺客に殺害されてしまった。澤は潜伏場所を転々と変えながら明治維新まで逃げ続けたのである。

澤宣嘉《さわのぶよし》は三田尻の招賢閣《しょうけんかく》から脱走したことを三条実美ら五卿に深くわびた。併せて澤は、今後五卿らと一緒に暮らしたいと三条実美に訴えた。しかし長州藩は公家連中の滞在そのものにすっかり迷惑していた。特に澤宣嘉《さわのぶよし》は総大将として生野に挙兵した人物である。その彼を他の五卿と接触させるのは幕府に対してまずいだけでなく、朝廷に対しても憚《はばか》られる。長州藩は澤宣嘉を「生野脱走後、行方不明」として処理することを決めた。

五卿たちと袂《たもと》を分かった澤宣嘉は阿武郡《あぶぐん》の生雲市《いくもいち》の大谷家に潜伏することとなった。元治元年（1864）七月のことである。余談だが、久坂《くさか》玄瑞《げんずい》の母は生雲市《いくもいち》の出身だったので、玄瑞は幼少期には生雲をよく訪れていた。当時の生雲市《いち》は山代街道《やましろかいどう》に面した繁華な集落であった。山代街道は安芸《あき》（広島）境の山代地方（現、岩国市）の秋掛《あきがけ》と萩とを結ぶ経済街道である。

大谷家は生雲市《いくもいち》の素封家《そほうか》の庄屋である。生雲《いくも》には大谷家の住まいが二つあった。山代街道に面した、生雲八幡宮の正面の大谷家（現在、中市屋という商店の隣）は当時は大谷家の別邸であった。大谷家の本邸は生雲八幡宮の正面の山代街道を二百メートルばかり南に進み、常盤橋で県道310号にぶつかって左（北）五十メートルばかりのところにあった。本邸の建物は現在すっかり取り壊されており、往時をしのぶのは県道（310号）脇に残る邸宅の石垣だけである（本邸から西の山手に数百メートルの木立の中に大谷家墓所がある）。澤宣嘉は本邸の方に潜伏したらしい（大谷家の血縁者からの筆者の聞き取り）。

大谷家に潜伏中は澤宣嘉の周りには数人のお供が付いた。『生野の変』以来行動を共にしてきた高橋甲太郎（出石《いずし》藩士）も一緒に住んだ。また長州の地理に詳しい平川要《かなめ》もそばに仕えた。平川要は宗頭《むねとう》（現、長門市三隅）の士分の庄屋（山本家）の倅《せがれ》である。後日澤が潜伏先を宗頭《むねとう》に変えると平川要も澤に従った。大谷家に潜伏中の澤宣嘉は外出を控えていた。村人の目につい たからである。この時期（元治元年の夏）は、長州藩の内部はまだ『尊皇攘夷』の空気が支配的であったので、藩としては澤宣嘉に人的支援や経済的支援を与えつつ、目ただない場所に隠棲させる方針を採った。澤の生活費は萩藩が負担し、藩は家臣の佐藤寛作を世話人に付けた。もっとも、萩藩からの生活費だけでは足らないので、大谷家が工面をした。澤宣嘉が大谷家に潜伏し始めて間もなく、七月十九日に大事件が発生した。

七月十九日、長州軍が京都で争乱を起こしたのである（『蛤御門の変《はまぐりごもんのへん》』）。蛤御門の変《はまぐりごもんのへん》を経て、長州藩は朝廷と幕府の共通の敵として討伐される立場に転落し、絶体絶命の淵に立たされた。蛤御門《はまぐりごもん》の変《へん》からいくばくもなく、生雲の澤宣嘉の元にも長州藩が朝敵となった旨の情報が届いた。八月十日、彼はそばの生雲八幡宮に詣《もう》でて、国難の打開や長州藩の難局の打開、自分たち七卿の復権を内容とする願文《がんもん》を祝詞《のりと》にして奉納した（澤が奉納した願文《がんもん》は山口市文化財）。『蛤御門の変』をきっかけにして、長州藩の政権中枢内では尊攘派の勢力が一気に失われ、代わって保守派（幕府宥和《ゆうわ》派）が台頭して来た。澤が生雲に潜伏していることは萩藩の内部ではこれまで周知のことであった。保守派の台頭で澤は身の危険を感じたはずである。

八月の下旬（日付ははっきりしない）、澤宣嘉は人目につかないよう生雲《いくも》の大谷家を抜け出し、三隅上村《みすみかみ》宗頭《むねとう》（大津郡）の山本家に入った。この転居は藩内に残っている澤シンパの指示であった。生雲市《いくもいち》でボディーガード兼下僕《げぼく》役であった平川要の実家が三隅上村宗頭の山本家である。平川要は山本家から生雲市の平川家の養子になっていた。澤が宗頭の山本家に移ると平川要も澤に従った。孤立を深める澤宣嘉《さわのぶよし》にとっては、平川要がもはや唯一の頼りである。澤が平川要に贈った感謝の和歌が残っている。

話はそれるが、三隅上村宗頭《むねとう》の山本家は庄屋職を勤め、一代名字を許された家である。困窮民の救恤《きゅうじゅつ》や災害復旧に度々私財を投じた。一七六三年には永代名字を許され、一七八〇年に永代「大庄屋格」に任じられた。山本家は藩政末期には藩命で薩摩との交易にも携わり、『薩長連合』に先鞭《せんべん》をつける役回りを果たした。また長州征伐の際には三田尻の貞永家と諮《はか》って軍艦四隻を寄贈するなど、長州での功績は枚挙に遑《いとま》がない。昭和の戦後農地改革で七十七ヘクタールの農地が解放されて、偉容を誇っていた宏大な建物は昭和三十年代の後半までに全て解体された。宗頭の出水川砂防公園の一帯一ヘクタール余が山本家の屋敷跡である。現在は屋敷の周辺に石垣が残るだけで、広大な敷地はすべて杉林になっている。屋敷は旧赤間関街道（北道筋）沿いにあり、宗頭郵便局から歩いて二～三分の場所である。山本家の敷地から五十メートル奥には出水川《でみずがわ》砂防公園がある。

澤宣嘉が山本家にどのくらいの期間潜伏したのかは資料が残されていないので分からない。敷地の東端にあった本家に澤宣嘉は匿《かくま》われていた。山本家での滞在は萩本藩が保守派に牛耳《ぎゅうじ》られ始めた時期である。澤自身の身の危険は藩外から潜伏した刺客のみでなく藩内にも満ちていた。澤の潜伏期間中に中山忠光《なかやまただみつ》卿が長府藩の保守派の刺客に殺害される事件があった（十一月十五日）。中山は長府藩領の山中の農家に潜んでいたのである。

その後の澤の動静は隠密《おんみつ》を極めたため、日付が不明確となっていく。続いて澤は萩大島《はぎおおしま》に身を隠すことになった。萩の沖の離島である。萩大島港の船着き場を出て直ぐの所に『澤宣嘉退避地』の碑が立っている。澤宣嘉は刺客の影に怯《おび》えながら離島のこのみすぼらしい家に潜んでいたのかと思うと感慨が湧く。どのくらいの期間留まったのかは不明である。萩藩の藩政はすっかり保守派に握られており、かつての尊攘派の志士は命を狙われ続けた。澤宣嘉は藩の支援が期待できないどころか、藩に居所を知られたら終わりであった。澤宣嘉はこっそり島を抜け出し大井（萩市）本郷の弘誓寺《ぐぜいじ》に潜伏した。澤宣嘉は維新前夜までの一年以上、弘誓寺に留《とど》まったらしい。逆算すると、大島を出た澤が大井本郷の弘誓寺に逃げ込んで来たのは慶応二年(1866)のどこかの時点だと思う。

余談になるが、現在、弘誓寺は存在しない。弘誓寺があった阿字雄《あじお》の地には、現在、阿字雄《あじお》という方のお宅が立っている。そばには、「阿字《あじ》雄《お》の瀧」がある。外来者が弘誓寺跡を探し当てるのはあまり容易でない。車で国道の大井交差点を曲がって大井川に沿って南に上っていく。目標物の無い、のっぺらぼうな田園地帯が続く。阿字雄《あじお》の瀧に関する案内標識はない。本郷という集落が「阿字雄の瀧」のある集落であり、澤宣嘉が潜んだ弘誓寺のあった場所でもある。道は極端に狭い。阿字雄の瀧からの水が流れる場所に辿り着けば、瀧はもう直ぐそばである。残念ながら一帯に車を止める場所も無い隘路《あいろ》である。土地勘の無い長州でこんな場所に潜伏できたのは、命を賭けて手引きした志士がいたからであろう。

時の孝明天皇は長州藩主の毛利敬親《もうりたかちか》と世子《せいし》（世継ぎ）の毛利定広《もうりさだひろ》の官位を剥奪し、国許《くにもと》での謹慎を指示した。当初から七卿を迎えるのに消極的だった長州藩の首脳は、前年の夏に七卿を先導した自藩の藩士らを呪ったことであろう。長州藩の内部では五卿を筑紫《ちくし》（福岡）へ移す計画が持ち上がった。やがて藩は三条実美ら五卿を長州から太宰府天満宮の延寿王院《えんじゅおういん》に移すことを決定した。十一月十五日、それまで湯田の井上邸に滞在していた三条実美ら五卿は、太宰府に下るため長府の功山寺《こうざんじ》に移ると（十一月十七日）、功山寺《こうざんじ》を暫時の宿舎とした。奇兵隊は功山寺の五卿を守るため、そばの覚苑寺《かくおんじ》で駐屯を開始した。一触即発の慌ただしい雰囲気となってきた。功山寺《こうざんじ》に移った三条実美《さんじょうさねとみ》は、高杉晋作が萩本藩に対して反乱を起こす計画であることを耳にした。三条実美はもう『乱』はこりごりであった。十二月十三日、三条実美は高杉晋作を功山寺に呼び出した。三条実美は随分と高杉を諫《いさ》めたらしい。しかし、高杉は三条の忠告を聞かず挙兵した（十二月十五日）。長州藩の内乱の勃発である。

延寿王院《えんじゅおういん》に移るために五卿たちが功山寺を発ったのは高杉が起こした長州内戦の真只中の一月十四日であった。一月十八日、五卿一行は唐津街道の筑前赤間宿（現、宗像市）に到着し、同宿にその後、二十五日間滞在した。二月十三日、太宰府天満宮の延寿王院《えんじゅおういん》に到着した。延寿王院は天満宮の参道を上り切った真正面の、『心字池《しんじいけ》』の横にある。延寿王院前の石灯籠《いしどうろう》には『宿坊延寿王院』と彫り込まれている。延寿王院の邸内には『五卿遺蹟』の巨大な碑が立つ。一般人は邸内には入れない。延寿王院は別当《べっとう》（社寺の統括者）の邸宅だからである。大宰府別当は歴代独身であるため、菅家《かんけ》（菅原道真《みちざね》の一族）から養子を迎えて相続している。現在の別当《べっとう》は『西高辻家《にしたかつじけ》』の西高辻信良《のぶよし》氏である。延寿王院の門には『西高辻《にしたかつじ》』の表札が架かっている。つまり私邸であり、非公開である。大宰府別当の邸宅を『延寿王院』と称したのは宝暦四年（1754）からで、桃園《ももぞの》天皇の宣下《せんげ》によるものである。五卿たちは慶応三年（1867）十二月九日の『王政復古《おうせいふっこ》』までの三年弱をこの場所で過ごした。生活を始めて間もなく、長州の高杉が内戦に勝利したことや、保守派は萩城より逃亡した情報が五卿たちのもとに飛び込んで来た。

慶応三年（1867）十二月七日、朝議《ちょうぎ》で七卿は赦免され、官位や諱《いみな》が復された。『王政復古の大号令』の前夜であった。王政復古により罪を許された澤宣嘉は参与（朝政に関与できる三職の一つ）として復帰した。やがて澤は明治政府では外務卿となった。逃げ続け隠れ続けた澤宣嘉の勝利であろうか。そして三条実美らも延寿王院での生活から解放され、来るべき明治政府の要職に就いたのである。

《補遺》位階の隣の年齢は『八月十八日の政変』時の年齢である。

三条西季知《さんじょうにしすえとも》（正二位行権中納言、52歳）：1816.2.26～1880.8.24（69）

三条実美《さんじょうさねとみ》（従三位権中納言、26歳）：1837.2.7～1891.2.18（53）

東久世通禧《ひがしくぜみちとみ》（正四位下行左近衛権少将、31歳）：1834.1.1～1912.1.4（78）

四条隆謌《しじょうたかうた》（従四位上行侍従、34歳）：1828.9.9～1898.11.24（70）

壬生基修《みぶもとおき》（従四位上行修理権大夫、29歳）：1835.3.7～1909.3.5（71）

錦小路頼徳《にしきこうじよりのり》（従四位上行右馬頭、27歳）：1835.4.24～1864.4.27（29）

澤宣嘉《さわのぶよし》（正五位下行主水正、28歳）：1835.12.23～1873.9.27（37）

逃亡：江藤新平《えとうしんぺい》

江藤新平《えとうしんぺい》が捕縛されたという甲浦《かんのうら》に夫婦で出かけたことがある。甲浦《かんのうら》は徳島と高知の県境から、僅か一キロほど国道五十五号線沿いに南に入った高知県安芸《あき》郡東洋町《とうようちょう》にある漁師町である。江藤新平が捕縛された季節と同じ三月下旬に出かけてみた。

甲浦の路地をウロウロしてみたが目的の場所が見つからない。誰かに尋ねようと小学校に車を乗り入れた。教員室で二人の教師が執務をしていたので、外から窓をトントンと叩くと教師の一人が窓から顔を出した。捕縛地を尋ねると、教師は不思議そうな顔をして「そこですよ」と指さした。直線距離で十メートルほどの場所であった。全く目立たない場所なので見落としていた。『江藤新平君遭厄地』の石碑が立っており、碑のそばには『江藤新平遭厄の地』のタイトルの説明板が置かれ、見慣れた江藤の顔写真が添えられていた。

江藤は一か月半の逃避行の後、甲浦での逮捕となった。以前、彼が佐賀から脱出した港を見たくなって有明海に面した一帯を探し回ったことがある。干拓・造成が進んだ今では、彼が脱出した船乗り場は全くの内陸部となっていた。そこは西与賀町丸目地区の本庄江川《ほんじょうえ》という小さな川に架かる本庄江橋の東詰で、橋の下である。藪に囲まれた川土手から本庄江川《ほんじょうえ》の小舟に乗り移ったのである。本庄江の川淵には桜の木が二本あるだけで、他に目印となる物はない。人通りも無い。ここで、江藤の脱出行を眺めてみよう。

まずは江藤新平が活動した当時の時代背景に触れてみよう。全国の士族は明治政府が行った集権化と近代化のあおりをまともに受け、彼らが持っていた社会的な特権や経済的な特権は次々に奪われていた。そうしたことから、士族は維新政府に対する不平や不満を強めていた。特に、版籍奉還《はんせきほうかん》とそれに続く廃藩置県《はいはんちけん》によって『藩』という拠り所を失った士族は、思い思いに士族結社を組織することで『士族』としてのアイデンティティを保とうと図った。

中にはその綱領《こうりょう》に『征韓』を謳うなど、対外的武力行使に武士復権への期待をつなぐ結社も現れた。後述する『明治六年の政変』に敗れた西郷隆盛《さいごうたかもり》や板垣退助《いたがきたいすけ》らが政府を離れると、彼らを慕っていた薩摩系《さつまけい》や土佐系《とさけい》の官吏《かんり》や軍人の多数が辞職して政府を離れ、帰郷した。彼らを核として士族による反政府的な動きがその後目立ってきた。土佐藩士のある者は皇居から退出してきた岩倉具視《いわくらともみ》（右大臣）を襲撃した。堀に転落した岩倉は負傷したものの殺害を免れ、夜陰に乗じて逃れた。旧佐賀藩の士族もそうした不平士族の流れの中にあった。政府当局は不満士族の暴発に極度に神経過敏となっていた。

話が前後するが、江藤新平が反乱の佐賀の地から脱出したのは二月二十三日で、甲浦で捕縛されたのが三月二十九日である。佐賀を脱出した江藤は鹿児島へ向かい、さらに宮崎から四国に渡り、宇和島、高知と逃走した。甲浦のような片田舎で官憲はどのようにしてこれほど素早く彼を捕縛できたのか不思議な気もする。実は手配写真が出回っていたのだ。写真を用いた手配制度は政府で司法卿を務めた江藤自身が二年前に確立したものであった。江藤本人がその最初の被適用者となった。今でこそ甲浦は「片田舎」の風情だが、阿波国に近い甲浦は、かつては参勤交代をはじめ大坂へ赴く重要な港であった。

捕縛された彼は佐賀へ送還され、四月十三日に佐賀の地で斬首された。斬り落とされた彼の首は梟首《きょうしゅ》された。この常軌を逸した残酷な措置は江藤新平の仕事上のライバルであり犬猿の仲でもあった大久保利通の意思である。大久保は江藤を蛇蝎《だかつ》のごとく嫌っていた。大久保利通も江藤新平も、双方ともが自信家であった。二人とも明治政府は自分が支えていると考えていた。特に江藤には傍若無人《ぼうじゃくぶじん》な言動が多かった。加えて、肥前（佐賀）出身の江藤の胸の中には「薩長閥を潰《つぶ》したい」との気持ちが強かった。これらが、後述する『明治六年の政変』に収斂《しゅうれん》してゆくのである。江藤新平の処刑を理解するカギは「薩長閥対佐賀閥」の暗闘である。双方は土佐閥の取り込みを策した。江藤新平は全く妥協の無い人であった。彼が司法卿《しほうきょう》に就任した時も、彼のそうした人格を懸念する声が多かった。江藤は「薩長閥は百害あって一利なし」の信念から、同じように薩長を嫉視《しっし》していた旧土佐藩の士族多数を司法省仲間に引き入れた。

　そんな長州つぶしの江藤新平の前に絶好の標的が現れた。幕末から維新にかけて、長州出身の山城屋和助《やましろやわすけ》という人物がいた。彼は玖珂郡《くがぐん》本郷村（現岩国市本郷）の出である。奇兵隊小隊司令をやった和助は明治になると陸軍省の御用《ごよう》商人《しょうにん》となった。奇兵隊士時代には山縣有朋《やまがたありとも》の配下であちこちを転戦した。明治新政府で軍政にたずさわるようになった山縣有朋の縁故で、山城屋和助は兵部省《ひょうぶしょう》の御用商人となった。兵部省が改組されて陸軍省と海軍省が誕生した。山縣有朋ら長州系の官僚は陸軍省の公金を山城屋和助に与え、生糸相場《きいとそうば》に手を出させる一方で、彼らは山城屋からは多額の献金を受けていた。山城屋和助の事業は五百人以上の店員を置く繁盛《はんじょう》ぶりであった。その後も公金を流用し続けた山城屋和助《やましろやわすけ》がパリなどで豪遊するうちに、長州閥と政商が絡むこの疑獄を江藤が嗅《か》ぎつけることとなった。江藤新平にとって、山縣有朋以下の長州閥を一掃できる好機が到来したのである。山縣有朋自身、帳簿の改竄《かいざん》などが明るみに出てしまい絶体絶命となっていた。江藤新平は部下たちに徹底調査を指示した。ところが、山縣有朋が和助に善処してくれと懇願したところ、和助は山城屋商会の一切の帳簿や書類を灰にし、陸軍省の一室で割腹自殺をしてしまった。『山城屋事件』である。長州閥のもう一人の大物の井上馨《いのうえかおる》は国営の尾去沢銅山の私物化で追及されていた。こんな出来事もあって、江藤新平は狷介《けんかい》な潔癖《けっぺき》屋として、政府部内で警戒される存在になっていた。

『明治六年の政変』の背景にはもう一つ、『岩倉《いわくら》使節団』の海外派遣が横たわっている。岩倉使節団とは明治四年（1871）旧暦十一月十二日（新暦、十二月二十三日）～明治六年（1873）九月十三日までのおよそ二年弱の期間、アメリカ合衆国やヨーロッパ諸国に派遣された総勢百七人の政府首脳と留学生の訪問団である。その使節団のリーダーが岩倉《いわくら》具視だったことから『岩倉使節団』とよばれる。外遊した政府メンバーは、岩倉具視《いわくらともみ》（46）以下、木戸孝允《きどたかよし》（38）、大久保《おおくぼ》利通《としみち》（41）、伊藤博文《いとうひろふみ》（30）、山口尚芳《やまぐちなおよし》（32）である。滞在は合衆国が最も長く（八カ月）、続いて英国（四カ月）や仏（二カ月）での滞在も長かった。当初は『不平等条約』の改正のための予備交渉を目当てとした使節団派遣であったが、いざ欧米に出かけてみるとまるで相手にされなかった。結局、物見遊山《ものみゆさん》になってしまった。国費を浪費した大失敗である。失敗の矢面に立たされたのは大久保利通であった。こうして木戸孝允と大久保利通は不仲となった。

使節団の外遊中に国内に留《とど》まって内政に当たった『留守政府』のメンバーは、太政大臣の三条実美《さんじょうさねとみ》（34）を筆頭に、西郷隆盛《さいごうたかもり》（43）、井上《いのうえ》馨《かおる》（35）、後藤象二郎《ごとうしょうじろう》（35）、板垣退助《いたがきたいすけ》（44）、江藤新平《えとうしんぺい》（37）、大隈重信《おおくましげのぶ》（33）、大木喬任《おおきたかとう》（39）、副島種臣《そえじまたねおみ》（45）らであった。後者四人は肥前（佐賀）閥である。後藤象二郎と板垣退助は土佐閥である。長州閥の山縣有朋は『山城屋事件』で、井上馨は尾去沢銅山疑獄で失脚状態だし伊藤博文は外遊中なので、薩長の勢力が貧弱であったことが判る。

岩倉らの外遊メンバーは日本を出発する前に、留守メンバーに対し「留守中に大規模な改革を行わないこと」を約束させる一方で、「廃藩《はいはん》置県の後始末については速やかに行うこと」を指示した。廃藩置県の後処理は士族の大量失業を招く案件なので、誰が手掛けても難事であった。つまり、外遊メンバーは最も困難な作業を留守政府に押し付けて日本を旅立ったといえる。留守政府は派遣団の連中との約束をかなり着実に履行《りこう》したと思う。留守政府に託されたもう一つの重要課題が司法制度の確立であった。これを担当したのが江藤新平である。当時の政治レベルでみて、辣腕《らつわん》の江藤はほぼ完璧に司法制度を整えた。

留守政府にとって、唯一の予想外の案件は西郷隆盛が高唱《こうしょう》した「朝鮮出兵を巡る征韓論《せいかんろん》」であった。現在でも、西郷隆盛は失業してゆく士族の働き口の確保のために「征韓」を持ち出したと論ずる人がいるが荒唐無稽《こうとうむけい》である。西郷には「明治維新実現の最大功労者は自分だ」との自負があった。しかし、議論を旨《むね》とする新政府の中にあっては「数の力」の原理が働き、西郷の威光は通じ難くなっていたと思う。西郷は佐賀閥の数に対抗するため、土佐閥（板垣退助と後藤象二郎）の支援を必要とした。板垣退助こそ強硬な征韓論者であった（西郷は征韓論に反対）。廃藩置県で対馬藩（厳原藩）が消滅したために朝鮮との通商が混乱し、両国間で紛争が起きていた時期である。西郷は板垣に迎合して児戯的な論理を持ち出した。自分を交渉役として朝鮮に派遣してくれ、そうすればオレは朝鮮で殺害されるであろうから、それを契機に戦争に持ち込めばいいではないかと提案したのである。儒教が沁《し》みとおっている朝鮮で外交官が殺害されることはあり得ない。そもそも対外折衝《たいがいせっしょう》は外務省の専権事項であった。外務卿は佐賀閥の副島種臣である。ところが八月十七日閣議で『征韓論』が留守政府の公論となり、西郷隆盛を使節として朝鮮に派遣することが決まってしまった。岩倉使節団の帰国後、『明治六年政変』の政策面での素地となったのがこの『征韓論』であった。

外遊失敗で権威失墜《けんいしっつい》し意気消沈の大久保利通であったが、彼は『征韓論』という、自分たち外遊メンバーと西郷隆盛や江藤新平らの留守政府との僅かの意見相違を最大限に利用し、亀裂を拡大させた。岩倉使節団の面々は『征韓論』をやり玉にあげ、「征韓より内治」だと反駁《はんばく》した。『明治六年政変』とは「内治か征韓か」の政策論争では無く、本態は維新の立役者連中間の「好悪感情を交えた」権力闘争なのである。数年後、内治を主張したはずの連中の中から征韓議論が沸《わ》き起こっているレベルのことであった。大久保らも朝鮮屈服という方向性では征韓派と根本的な違いは無かったのである。

こうして政府内が二分され、権力闘争は始まったのである。大久保は実体を欠いた西郷隆盛らの『征韓』を捉え、西郷らの留守政府の一団を下野《げや》させ、政府から追い出した。これが明治六年の政変である。

西郷と行動を共にして一緒に下野したのが、留守政府の面々（江藤新平や副島種臣《そえじまたねおみ》や板垣退助、後藤象二郎ら）であった。政変を利用しつつ、大久保の当面のゴールは「江藤新平の下野」であったろう。有能な江藤を個人的に憎悪していたからである。江藤に対して、板垣や後藤や大隈は「下野しちゃいかんぞ江藤、これは大久保の罠だから」と翻意《ほんい》を促した。しかし江藤はこれら同志の忠告に耳を貸さなかった。明治六年（1873）十月二十四日、江藤は辞表を提出した。といっても、江藤が東京を去ったのはだいぶ後のことで、翌年（1874）一月十三日である。大久保利通は下野した江藤の離京を待っていた。

当時の世間は、『明治六年政変』を政策上の対立と捉えた。世間は、西郷ら辞表提出組を征韓論者（外征派）とみなし、大久保らを内治優先派とみなした。その上で、『明治六年政変』は征韓論が内治優先論に敗れたものだと総括し、単なる仲間割れだとは見抜けなかった。薩長両閥と政商との関係を糾弾して政府の仲間を血祭に上げるような江藤の存在は薩長にとって邪魔でしようがなかった。初代司法卿の江藤は薩長閥の恨みを買っていた（早く江藤を始末しろ）。

一方、当時の士族は「征韓論が却下された」と考えて不穏な状況になっていた。故郷佐賀の士族たちからの帰還要請を受けた江藤新平は士族連中の暴発を抑える心づもりで佐賀に戻ることとした。九州に向かうために江藤が東京を船で発ったのは翌年（1874）一月十三日のことである。江藤が東京を去った「一月十三日」の日、大久保利通は直ちに宮中に参内し、「佐賀討伐」願いを上申《じょうしん》した。大久保は準備万端で、佐賀の暴発を待てばよかった。挑発しさえすれば佐賀士族は暴発するはずなので、その機に大久保は佐賀士族と江藤新平を軍事力で圧殺する腹づもりであった。

実際に当時の佐賀は騒然としていた。考えを異にするグループが混在していたのである。江藤新平に帰還を求めた団体は『佐賀征韓党』とよばれ、その勢力は二千人であった。佐賀には『憂国党』も結成され、佐賀城下の宝琳院《ほうりんいん》という寺院に集結していた。宝琳院《ほうりんいん》は佐賀城の南堀の南約三百メートルの狭い路地を進んだ中に今もある古刹である。『憂国党』は、ダイレクトに江戸時代への回帰を希う守旧派《しゅきゅうは》の士族結社で、その勢力は千人である。武道興隆を党是とし、旧薩摩藩主の島津久光《しまづひさみつ》を盟主と仰いでいた。

そして『佐賀征韓党』が主張するような征韓は時期尚早だと非難していた。この他にも、勢力は少ないが中立党もあった。『佐賀の乱』の前年のことだが、騒然とした佐賀情勢について、佐賀県令（今の県知事）の旧土佐藩士の岩村通俊《いわむらみちとし》（弟の高俊《たかとし》ではない）は大隈重信あての書簡で、宝琳院《ほうりんいん》に集結している『憂国党』という士族結社への対策に頭をいためている旨を伝えている。佐賀県庁ではもはやこれらの士族集団を統制できなかった。この時点で、大久保利通はすでに佐賀への出兵の手続きを完了させていた。あと必要なのは着火である。

佐賀の乱の勃発の二週間前、争乱状態を願う大久保利通は佐賀県令を岩村通俊《いわむらみちとし》から岩村高俊《たかとし》（通俊《みちとし》の弟）にわざわざ代えた。弟の岩村高俊《たかとし》は傲岸不遜《ごうがんふそん》な男で、必ずや佐賀藩士を侮辱する言動を取ってくれるはずであった。木戸孝允は「騒動が起きるので、それはやめておけ」と大久保利通に自重を迫ったが、大久保の意図は木戸と違い、騒動こそが必要なのであった。折しも、北部九州の一帯は米が不作で、米価高騰に見舞われた福岡では農民暴動が発生していた。農民暴動の余波は隣の佐賀に波及しており、反乱前夜の様相を呈してきた。

佐賀の乱の前年（明治六年）の十二月、征韓党の二人の党員（中島鼎蔵《ていぞう》と山田平蔵《へいぞう》）が上京し、江藤新平に面会した。江藤の提出した辞表は十月末に受理されていたので、江藤はすでに政府を離れてはいたが、まだ東京に居た時である。上京した二人は、江藤新平と副島種臣《そえじまたねおみ》に対し、帰郷して『征韓党』の指導に当たってほしいと懇請したのである。実は、副島種臣や江藤新平らの佐賀士族に対しては、板垣や大隈らは政府からの下野を思い留まるよう以前から慰留《いりゅう》していた。副島種臣の方は彼らの忠告に従って佐賀への帰還を自重したが、江藤新平は板垣や大隈らの忠告を振り切った。江藤の心づもりは「征韓党を説得して暴発を繫《つな》ぎとめる」ことであったらしい。明治七年一月十三日、江藤は東京を去った。大隈は「ミイラ取りがミイラになるなあ」と漏らした。

江藤は一月十三日に横浜から汽船に乗った。船内で飫肥《おび》藩士の小倉処平《おぐらしょへい》（27）と出会い言葉を交わした。二ヶ月後のことだが、逃亡中の江藤新平はこの青年と飫肥城下で再度運命的な出会いをするのである。

東京を後にした江藤だが直ぐには佐賀に入らなかった。いま佐賀に帰れば困難だけが待ち受けていると考えたのかも知れない。江藤は一旦伊万里《いまり》に上陸し、近くの嬉野《うれしの》温泉に留《とど》まって、そこから佐賀の状況を観察していた。江藤が漸く佐賀に入ったのは二月十一日である。しかし佐賀の混乱した政情はとても江藤の手に負えるものではなかった。再び江藤新平は佐賀の町を離れ、妻の実家がある長崎の南西郊外にある深堀《ふかぼり》に滞在した。天領（幕府の直轄の地）だった長崎は城下町を持たなかったが、例外的に深堀地区にだけは武家屋敷があった。江藤は深堀地区にある義弟（江口村吉）の屋敷に籠《こも》った。つまり、江藤新平は騒乱地から逃れたわけで、佐賀県庁や政府に対して弓を引くつもりは希薄であったと思われる。

守旧派の士族が集まった『憂国党』も指導者の物色に動いた。東京に向けて使者をたて、島義勇《しまよしたけ》に接触した。憂国党の首領になって欲しいと島に依頼したが、島義勇（51）は断った。しかし佐賀県士族を掃討するための出兵命令が既に出ていることを聞き、また、三条実美（太政大臣）から佐賀藩士族を鎮撫して欲しいとの頼みも受けた島義勇は憂国党を慰撫しなければと佐賀行きを決心した。島義勇は自分の故郷で反政府暴動を起こさせまいと、『憂国党』の興奮を鎮めるつもりで船に乗り込んだのであった。

事実は小説よりも奇なり。全くの偶然から、佐賀に向かう島義勇は、佐賀に向かう新県令の岩村高俊と一緒の船に乗り合わせたのである。島義勇は同道した新任の佐賀県令の岩村高俊と船内で対話しているうち、佐賀士族を見下したような岩村高俊の傲岸不遜《ごうがんふそん》な態度に憤りを感じ始めた。「オレはもう下関で、熊本鎮台兵の出動を決めてきたよ」の岩村の発言に島は激怒した。文官が兵を率いて任地に着任するとは何事だ！島義勇は憂国党を慰撫しようと考えていた方針を変えた。時代が大きく転換する時には、「線香花火」的な人物の登場も必要である。岩村高俊は熊本鎮台に向かい、島義勇《しまよしたけ》は長崎に上陸した。しかし、その長崎に江藤新平がいたのである。

二月十一日、島義勇《しまよしたけ》（51）は江藤新平（39）と会談をもった。島義勇《よしたけ》は佐賀士族ではあるが、これまで江藤新平との接点は特に無かった。島義勇の話を聞いた江藤新平も持論を棄てた。二人は協力して郷土の防衛に当たることで合意した。江藤新平が率いる『佐賀征韓党』と島義勇が率いる『憂国党』の双方はこれまでは対立してきたが、合同軍を結成することでも合意した。

二月十三日、維新政府に対抗するため『佐賀征韓党』と『憂国党』で共同戦線の合意がなったが、俄作《にわかづく》りで呉越同舟《ごえつどうしゅう》の合同軍であったため、指揮系統の調整は置き去りにされた。合同軍の檄文《げきぶん》は、幕末の長州藩が防衛のために対幕戦争に立ちあがった前例を引用することにした。佐賀の防衛戦争という名目で、江藤新平は島義勇と共に『佐賀の乱』の責任者となってしまったのである。大久保利通の思惑通りであった。

二月十五日、新県令の岩村高俊《いわむらたかとし》は下関から熊本鎮台に向かった。熊本鎮台司令長官の谷干城《たにたてき》も岩村高俊も土佐閥で旧知の間柄である。岩村高俊は谷干城に出兵を要請したところ、谷司令長官は「佐賀では騒動は起きていない」と逡巡《しゅんじゅん》した。岩村高俊《いわむらたかとし》は「佐賀を潰すことは決まってるんだ」と突っぱね、熊本鎮台兵六五〇人を引き連れて佐賀城がある佐賀県庁に着任した。とても文官の赴任のスタイルではなく、歴然とした挑発である。軍隊が入り込んで来たため、『征韓党』と『憂国党』の両党は止《や》む無く、直ちにこれに反応した。

二月十六日、合同佐賀軍は岩村高俊が籠る佐賀県庁への攻撃を開始した。

二月十八日、反乱軍は佐賀城を攻め落とした。県庁に籠る熊本鎮台兵は反乱軍を防ぎきれず、多数の死傷者を出しながら十八日には反乱軍の包囲網を強行突破して逃走した。岩村高俊は筑後（福岡）に退避した。反乱勃発の情報は直ちに東京の維新政府に向けて電報発信された。佐賀郷土軍の反発は大久保利通にとって待ち望んでいた報せであった。この二年前に京都・大阪間に電信網が開通したのを皮切りに、前年には東京・長崎間の有線電信の敷設が完了していた。この佐賀の乱では、電信の情報力と汽船の大量かつ迅速な輸送力が政府の素早い対応を可能した。余談だが、白虎隊《びゃっこたい》の唯一の生存者であった飯沼貞吉《いいぬまさだきち》（18）はこの二年前に電信技師として下関に着任している。

二月十九日、大久保利通司令官の率いる政府軍が博多に到着した。佐賀城陥落の翌日のことで、何と素早いことである。実は大久保は佐賀に向けて二月十四日に東京を発っていたのである。大久保の東京出発は岩村高俊の県庁着任よりも前のことなのである。明治七年二月一日、憂国党の士族が官金を管理する小野組という業者の元におしかけ、店員らが逃亡するという事件が起きたという。事実無根のでっち上げで、大久保の謀略であった。小野組を襲った者も分からず、小野組の被害も不明で、発信場所は福岡なのである。大久保は襲撃電報を内務省が受け取ったことにして出兵を下達した。二月四日、政府は熊本鎮台《ちんだい》司令長官の谷干城《たにたてき》に佐賀士族の鎮圧を命令した。当時、九州一円の治安は熊本鎮台が統括していた。博多に着いた大久保はその日のうちに『佐賀暴徒征討令』を布告して博多に本営を置いた。

二月二十二日、征韓・憂国の合同軍は佐賀・福岡の県境の朝日山（鳥栖市村田町）で政府軍と激突した。何の変哲も無さそうな朝日山がなぜ決戦地に選ばれたのか、朝日山を訪れてみれば分かる。交通の要衝であり、そばを長崎街道が通っている。古代に大宰府防衛の拠点として置かれた山城の基肄城《きいじょう》とも指呼《しこ》の間《かん》の場所で、朝日山の頂上にも烽火台《のろしだい》が置かれていたのである。百三十メートルの頂上からは鳥栖市や小郡市、久留米市が臨める。室町時代には少弐氏《しょうにし》一族の朝日氏の居城であった。政府軍が長崎街道を突破して佐賀に突入するにはどうしても落とさねばならない最大拠点なのである。しかし、朝日山に布陣した合同軍の防衛線は直ぐに突破された。政府は佐賀士族が反乱を起こすことを予測し、準備を整えていたのである。俄《にわか》作りの佐賀軍では武器や弾薬は自弁であった。火器の優劣で戦況が決まってしまった。

翌日（二月二十三日）、江藤新平は『征韓党』の解散を宣言した。江藤の解散宣言に島義勇は仰天《ぎょうてん》した。「まだ戦えるではないか、しっかりしろ江藤、われわれ憂国党は城を枕に討ち死にするまで戦うんじゃ」。江藤は犠牲者や罪人が増えることを懸念していた。つまり江藤という人は命を顧《かえり》みずに戦ういわゆる武士タイプの人ではなく、あくまでも官僚・法律家として発想し、行動をする人であった。解散宣言に激怒した部下が刀を抜いて江藤に詰め寄ると、江藤は「分かった、川上に立て籠《こも》って戦う」と返答した。しかし江藤は川上には向かわず、本庄江《ほんじょうえ》の河口の丸目港からこっそり船を出した。逃避行の始まりである。江藤には佐賀に伝わる『葉隠《はがくれ》』に殉じる気持ちは無かった。江藤新平は『征韓党』の解散を宣言したその夜に漁船で鹿児島に向けて脱出した。船には八人が乗船していた。八人の中には江藤新平の妻（千代子）もいた。旧暦の二十三日といえば、夜半過ぎに下弦の半月が現れる時期である。朝日山から丸目港まで直線距離でも三十キロの夜道をどのように移動したのであろうか。

江藤新平という主《あるじ》を失った『征韓党』は合同軍から脱落した。残った『憂国党』はなおも五日間、抗戦を続けたが、二十八日には完全に鎮圧された。単独で戦っていた『憂国党』が政府軍に休戦を申し入れたが却下された。天皇の軍隊に背《そむ》いたのだから休戦はあり得ない、謝罪降伏書を差し出せと言われてしまった。憂国党の幹部（島義勇《しまよしたけ》と弟の副島義高）はその日の夜に住ノ江港から脱出した。彼らもやはり鹿児島を目指した。住ノ江港は六角川《ろっかくがわ》の河口だが、港のどこにも島兄弟の脱出を語る遺物は見当たらない。三月一日、大久保利通は佐賀城に入った。『征韓党』の解散を宣言し、丸目村から船に乗り込んだ江藤新平の一行は有明海に出た。江藤は揺れる船の中で、「西郷を動かそう、是が非でも西郷を動かさねばいかん」と、そればかりを口走っていた。二十五日、舟は無事に薩摩の米之津港に着岸した（米之津は八代海に面した現在の出水市米ノ津町である）。江藤新平一行は米ノ津からは陸路を取り、二十七日に鹿児島城下に入った。しかしお目当ての西郷隆盛は鹿児島城下に居なかった。

翌二十八日、西郷隆盛の屋敷がある武村《たけ》（現、鹿児島市武《たけ》）を訪ねたが、やはり西郷は不在であった。家人は西郷の行き先を容易に言わなかった。江藤新平が重ねて尋ねると、山川郷の宇奈木《うなぎ》温泉に居ると告げた。宇奈木は、現在大隅半島行きのフェリーが発着する辺りで、開聞岳や池田湖に近い。『明治六年政変』の後、鹿児島へ戻った西郷隆盛からはもはや政治への情熱は消えていた。大久保に追い落とされた彼はすっかり政治に愛想が尽きており、自分の居場所を鹿児島の士族にさえ伝えないまま、前年の暮れ（十二月二十七日）から、山川郷の一軒家に隠棲《いんせい》していた。

三月一日、江藤新平は二人の従者（家僕の船田次郎と義弟の江口村吉）を伴って、船で宇奈木温泉に向かった。宇奈木に着いたのはその日の夕方だった。四か月ぶりの西郷であった。宇奈木温泉には泊る部屋が無かったので、翌朝再び出向くことにし、江藤ら三人は近くの福村庄左衛門の家に一泊した。翌朝（三月二日）の宇奈木温泉での二人の対話の中身は知られていない。ただ、一度だけ西郷が大声で江藤新平に対して『私が言うようになさらんと当てが違いますぞ』と怒鳴った声を宿の者が聞いたという。史家は「三月一日の夜、西郷はおそらく一晩まんじりともせず、江藤らの救済策を考えたはず」だという。

筆者はこう考える。西郷から見て、江藤はかつて薩長を排除しようとした張本人である。西郷には大久保が江藤新平を必ず処刑するはずだと想像できた。西郷は誰よりも大久保の苛酷《かこく》な性格を知っていた。もし江藤の助命を図るとすれば、西郷は大久保に頭を下げなければならない。西郷隆盛と大久保利通の二人は、幕府を倒すまでは共同歩調であった。しかし倒幕が実現すると双方の同床異夢《どうしょういむ》が目立ち始め、ソリが合わなくなっていた。西郷には「明治維新を実現させた最大の功労者は自分だ」との自負が強かった。はねつけられるに決まっている江藤の助命のために、同僚で格下の大久保に頭を下げることは自身のプライドにかけてできない。旧藩主格の島津久光を動かすか？西郷と久光との関係は本来しっくりいっておらず、佐賀の救済を島津久光に頼んでも相手にされないだろう。江藤新平が命を長らえる唯一で最善の策は、江藤が上京を果たして三条実美らに弁解することだろう。もはや自分の役割は無い。結論を出すのに一晩を要した、と。

翌日、西郷は江藤に同行して山川の港に向かった。その夜（三月二日）、二人は山川集落の区長（高橋庄兵衛）の家に泊った。二人は高橋庄兵衛の屋敷で夜通し語り明かしたらしい。翌朝（三月三日）、西郷は高崎庄兵衛に、江藤らを漁船で鹿児島に送り届けるように頼んだ。山川港が西郷隆盛と江藤新平との永遠の別れの地となった。江藤新平は鹿児島に戻ると桐野利秋《きりのとしあき》に面会した。桐野は責任をもってお世話をするからと領内での潜伏を江藤に勧めたが江藤は固辞した。江藤は桐野に、鹿児島まで同行してきた従者のうちの石井竹之助と徳久幸次郎の二人を自分の代わりに世話してやって欲しいと頼んだ。余談だが、石井竹之助と徳久幸次郎の二人は明治十年まで鹿児島に隠れ住んだ。二人は明治十年の西南戦争に参戦している。徳久は戦死し、重傷となった石井は官軍に捕われて斬刑となった。

そのころには大久保が指揮する捜査網は鹿児島一帯にも広がり、大久保の繰り出した捜索隊が鹿児島の町を捜索し始めていた。もはや一刻の猶予もならない状況であった。江藤新平は今後少人数に分かれて逃避することとし、自分は江口村吉と船田次郎を伴って土佐に向かうことにした。何としても上京を果たそうと、今はその思いが江藤新平の頭を占領していた。土佐には林有造《はやしゆうぞう》がいる。林有造なら江藤の上京に力を貸してくれると信じていたので何としても土佐に辿り着きたかった。

三月三日、三人は小船で鹿児島湾に乗り出した。しかし風雨が激しく、その夜は桜島の港に避難した。翌日（四日）、大隅半島の垂水《たるみず》港に上陸した。垂水からは陸路をとって大隅半島を東に横断し、五日後にようやく飫肥《おび》城下（現、日南市）まで辿り着いた。江藤は旧飫肥藩士の小倉処平《おぐらしょへい》を訪ねた。小倉処平は飫肥藩きっての俊才で、外国留学を果たしていた。一月十三日に辞職した江藤新平が横浜から長崎に向かった時にたまたま同船した青年が小倉処平であった。小倉は義侠心に富んでもいた。三年後の西南戦争の際、西郷軍に加わりそうな飫肥隊を鎮撫せよとの政府の指示を受けて東京から飫肥に戻ったものの、飫肥隊に参加して西郷軍の一員としてそれ以後九州を転戦したのである。小倉処平は政府側の投降勧告を拒否し、最後まで西郷軍と運命を共にした。最後は力尽きて切腹した。船中で一度出会った程度なのに、小倉は義弟に頼んで江藤新平らを匿《かくま》ってくれた。飫肥の地が危なくなってくると、小倉は四国渡海のお膳立てをしてくれた。戸浦《とのうら》で船待ちをしていると、鹿児島で別れた同志たち（山中一郎ら）が戸浦《とのうら》にやって来て江藤らに合流した。現在、外浦《とのうら》は国道448号が通過する日南市の漁港である。

三月十日、小倉処平が用意してくれた鰹船《かつおぶね》に乗り込んだ一行は宇和島をめざして外浦港を出港した。しかし船が日向灘に乗り出した途端に再び嵐に遭遇した。嵐を避けるため、日向灘の孤島で三日ほど避難して風雨をやり過ごした。さらに、宇和島を目指したものの、風に流され八幡浜《やわたはま》に着いてしまった。結局、八幡浜から宇和島に着いたのは三月十五日の夕方となった。嵐に遭遇したことや八幡浜に流されたために無用に失われたこの四日間が彼らにとって致命的となった。この四日の間に江藤らの捕縛命令が愛媛県庁に届き、また旅宿にも人相書きが配布されていたのである。そうと知らない一行は島屋と吉田屋の二つの宿に分宿した。三月十六日の朝になったが、旅館は一行の出発を許可しなかった。危険を感じた江藤らは荷物を部屋に残して宿の者を安心させ、高知で落ち合う先だけを確認すると夜を待ってバラバラに逃亡した。

宇和島からは陸路を取った。四万十川中流の中村にある津野川《つのがわ》集落を目指した（現、四万十市）。途中の山道で雪が激しく降ってきた。津野川集落までは八里の距離なので一日の行程ではあるが、地理に不案内なため津野川に辿り着くのに三日三晩かかってしまった。津野川から小舟で四万十川を下って河口の下田港に辿り着いた時には三月二十日になっていた。一行は疲れ果てており一刻も早く休みたかったが、下田にある全ての宿から宿泊を断られた。江藤は祖野《その》浦《うら》の漁師に大金をはずんで拝み倒し、漸く土間に莚《むしろ》を敷いて寝させて貰った。下田港から海路をとって土佐湾を東に横切り高知の桂浜《かつらはま》に着いた時は三月二十四日の昼を過ぎていた。

三月二十四日の夜、江藤一行は暗くなるのを待って片岡健吉《かたおかけんきち》の屋敷を訪ねた。間もなく片岡健吉邸に林有造《はやしゆうぞう》もやって来た。もうそのころには江藤の人相書きや犯罪の触れ書きが出回っていた。江藤新平は林有造に武装蜂起を説いたが、容れられるはずもなかった。そもそも、林有造は佐賀県令を務めていた岩村通俊の弟であり岩村高俊の兄である。林有造は江藤新平に自首を勧めた。今度は江藤が提案を容れなかった。この席で、林有造の口から宇和島で別れた仲間の消息の一部が伝えられた。山中一郎（26）は数日前に津野川（現、四万十市）で捕縛されていた。江藤らが祖野浦の漁師宅の土間で寝ていたころ、山中一郎は津野川にいたのだ。もう一人の仲間の香月経五郎《かつきけいごろう》（26）は昨夜、林有造宅に来て支援を頼んだが、林有造は断って香月《かつき》に自首を勧めたという。すごすご旅館に戻ったところを香月経五郎は逮捕されたという。江藤は林が密告したのだと分かった。もう林に何を頼んでもダメだと江藤は直感した。江藤は岩倉具視《いわくらともみ》へ直接意見陳述をすることに決め上京することを考えた。片岡健吉邸を退去した一行は人目に付く街道筋を避けて、野根山《のねやま》山系越えで阿波《あわ》（徳島）を目指すことにした。江藤らが辞去すると直ぐに林有造は江藤新平が高知に来ていることを土佐藩士出身の高知県令（岩崎長武《いわさきながたけ》）に密告した。

三月二十八日、江藤一行は山中から海岸部に出るため野根村《のねむら》を通った。野根村は現在安芸郡東洋町野根で、室戸市域を北方に越えて直ぐの、国道55号線沿いの集落である。地元民に姿を見られてしまったが、なぜかその夜は庄屋の家に泊められ大御馳走がふるまわれた。庄屋から「一行、野根滞在」が県庁に通報されていた。

三月二十九日、江藤新平と八人の部下は土佐と阿波の国境にある甲浦《かんのうら》の集落で、高知県官吏の細川是非之助《ぜひのすけ》により捕縛された。細川是非之助は長曾我部の家臣であり、硬骨漢で、かつ人格者であった。江藤新平を犯罪者としてではなく、あくまでも前司法卿として遇したのである。疲れている江藤らの体を慮《おもんばか》り、三日で到着できる高知までの旅程を倍の日数をかけてゆっくり移動した。高知県庁に到着すると細川是非之助を待っていたのは上司からの叱責《しっせき》であった。上司の激しい詰問にも、是非之助は「それがどうした」を繰り返したということである。彼は官僚ではなく、武士の情けを知る士族であった。

江藤は佐賀の丸目《まるめ》の船着き場を発ってからのこの一月あまりを反芻《はんすう》しながら高知に向けて歩

いた。反乱の佐賀を逃れたのは二月二十三日のことなので、あれから未だ一か月ちょっとしか経っていない。しかし長い長い逃避行だった。高知県庁に連行される江藤新平の偽らざる感慨であった。

四月三日、高知に着いた江藤一行は護送軍艦「猶龍《ゆうりゅう》」に乗せられた。猶龍の艦内には先に捕まっていた山中一郎や香月経五郎も乗せられていた。司法卿だった江藤新平は司法手続きを知悉《ちしつ》していた。自分は政治犯なのだから東京に護送されるはずだと考えていた。東京にさえ辿り着ければ何とかなる。しかし船の行き先は佐賀であった。江藤新平は東京での裁判を申し入れたが、聞き入れられなかった。四月八日、護送軍艦は佐賀に着いた。その佐賀の町にはまだ大久保利通が留まっていたのだ。大久保は早く東京に帰還せよとの政府からの命令を無視して佐賀に留まっていたのである。

憂国党党首の島義勇《しまよしたけ》のその後の経緯にも少し触れてみよう。島津久光に助命嘆願書を渡すため、島義勇が佐賀を発ったのは三月一日であった。憂国党は島津久光を盟主と仰いでいたからである。旧薩摩藩主格の島津久光は十日ほど前に東京から鹿児島に戻ったばかりであった。帰国した島津久光はかつての家臣の旧薩摩藩士が佐賀士族の反乱に呼応することのないように睨みをきかせていた。佐賀憂国党の幹部は島津久光に、鎮台兵による佐賀の蹂躙《じゅうりん》によって佐賀士族の誇りが傷つけられたことを訴え、併せて、乱を起こしたことを謝罪した。島津久光は憂国党の訴えに理解を示し、佐賀に滞在している大久保利通に使者をたてたが大久保はかつての主人に一切取り合わなかった。三月七日、島義勇《しまよしたけ》は鹿児島で逮捕された。

三月八日の大久保日誌の内容は赤裸々《せきらら》である。「裁判は形式的であること」、「弁論の機会は与えないこと」、「上訴も認めない暗黒裁判であること」、「判決内容は事前に決めてあること」が記載されている。当時の裁判所の設置基準では、佐賀裁判所単独では死刑判決を出すことはできず、本省に伺いを立てることとなっていた。江藤新平らの裁判は実に、大久保利通の私刑であった。

捕縛後の江藤は、かつて司法卿として自らが立案した司法手続きを受ける機会もなく、佐賀城二の丸で斬首されてしまった。憂国党党首の島義勇《しまよしたけ》も江藤新平と同じ日に同じ場所で斬首された。二人の首級《しゅきゅう》は嘉瀬川《かせがわ》の畔に梟首《きょうしゅ》された。嘉瀬川《かせがわ》は佐賀城から四キロほど西で現在の県立森林公園のそばを流れる。森林公園にあるかつての梟首《きょうしゅ》場所には千人塚が立っている。江藤新平は佐賀市内の西田代の日蓮宗本行寺《ほんぎょうじ》に葬られている（蓮成寺の埋葬遺体を改葬）。本行寺は龍造寺家の墓所であり、山門を入ると本堂までの両側には石灯篭が並び、巨大な寺である。島義勇《しまよしたけ》は背振山《せふりさん》系の南麓の田園地帯（金立《きんりゅう》）にある來迎寺《らいげいじ》に葬られている。ここも広大な敷地の寺で、本堂の左手数メートルが島家の墓所である。彼らの名誉が回復されたのは大正十五年（1916）である。

佐賀征韓党と憂国党の党首二人のほか、乱の遂行に責任のあった十一名（山中一郎ら）も斬刑に処された。処刑されたのはいずれも佐賀脱出後に江藤に同行した男たちである。江藤新平の妻（千代子）は大正六年五月二十七日に死去した。八十五歳であった。

統治機構が末期に差し掛かると多くの矛盾が露呈し、不満が鬱積《うっせき》してくる。改革と称する打倒行動が起きる。打倒という大きな目標を掲げれば、参加し協力する者は多い。細部を詰めない大目標には賛同しやすいものである。糾合《きゅうごう》した勢力により前権力は打倒される。問題はその後である。新たな統治機構を整えようとした時、糾合勢力は四分五裂する。新たな統治に準備されている座席の数が少ないからである。かつての同志たちは内部闘争を開始する。互いの疑心暗鬼を強め粛正を始める。太古から近代まで常にこのパターンを辿る。秦王朝を倒した項羽と劉邦ら、フランス革命の同志たち、ロシア革命や、中国革命後の粛正や暗殺が連鎖する。

我が国を眺めてもそうであった。武家政権を確立した後では北条氏は源氏を抹殺した。鎌倉の北条幕府を倒した後醍醐方はその同志であった足利家に圧殺され、足利政権が樹立された後には足利の兄弟たちが殺し合う。江戸幕府が倒壊した時もこのパターンである。途中で病死したリーダーたちを除けば、功績者の中のある者は自刃を余儀なくされ、あるいは逮捕・処刑されたのである。勝ち残った一握りの者たちが新たな権力の座に就き、パイを分け合う。

西郷は自刃した。木戸孝允が癌死し、大久保は暗殺された。そして、明治六年の政変の混乱のおかげで『山城屋事件』の責任追及を免れた山縣有朋《やまがたありとも》や伊藤博文の上にボタ餅が落ちてきた。

逃亡：高杉晋作《たかすぎしんさく》

山口市徳地《とくぢ》町の小古祖《おごそ》地区に正慶院《しょうけいいん》という古刹《こさつ》がある。元治元年（1864）十月十九日、奇《き》兵隊《へいたい》と膺懲隊《ようちょうたい》は三田尻から徳地に移動してきてこの寺を本陣とした。山縣狂介《やまがたきょうすけ》（有朋《ありとも》）はこの寺で隊員に新式武器の使用法や戦闘隊形の取り方を指導した。正慶院の庭は美しい。庭の一角には句碑がある。『ともし火の影細く見る今宵かな』。高杉晋作の句で、句碑の脇にはその説明がある。『元治元年（1864）十月二十七日、高杉晋作は山口で井上聞太《ぶんた》を見舞った後、ここ正慶院《しょうけいいん》の奇兵隊本陣に来たり。山縣有朋に相見し、将来の方策を議し、この一句を行灯《あんどん》に書き残し、富海《とのみ》より海路にて馬関《ばかん》の白石邸に向かった』とあった。筆者の注意を引いたのは、『十月二十七日』という日付と、『馬関の白石邸に向かった』という二か所であった。この元治元年の年末は高杉にとって激動の時節の始まりとなった。

高杉晋作は気分が激しく揺れ動く若者である。現代の精神医学の分類では、『注意欠如／多動性障害』に近い青年だと筆者は考えている。『注意欠如』は特に目立たないので、『多動優勢型』のようである。このタイプの人は激発《げきはつ》する。じっとしているのが難しく衝動的に行動する傾向がある。思ったことを直ぐに口に出してしまう性癖がある。熟慮せず場当たりである。もっとも、熟慮すれば物事の背後の複雑な絡みが分かって来て逡巡《しゅんじゅん》し決断が鈍る。

文久三年（1863）三月十一日、孝明天皇《こうめいてんのう》は攘夷祈願のため、京の加茂神社に行幸《ぎょうこう》している。天皇のお供は第十四代将軍の徳川家茂《いえもち》である。行幸《ぎょうこう》の見物人の中に高杉晋作が居た。高杉は「イヨッ、征夷大将軍《せいいたいしょうぐん》」と大声で叫んだらしい。呼び捨てである。よく斬刑にならなかったものである。高杉は、「将軍が天皇の御供《おとも》をして攘夷《じょうい》の祈願をしたのは感心なことだが、早く実行していないから『様』を省いて呼び捨てにした」とうそぶいたらしい。芝居見物に近い光景である。

高杉晋作が創設に関わった奇兵隊の登場で長州藩の軍隊は二本立てとなった。士族の子弟で構成された先鋒隊《せんぽうたい》（正規軍）と非士族の子弟（庶民）で構成された奇兵隊《きへいたい》などの諸隊である。双方はライバル関係にあった。その二本立ての軍隊内部で、『教法寺事件《きょうほうじじけん》』が起きた。先鋒隊は教法寺に駐屯していた。教法寺は現在も市内中心部の唐戸にある。

宮城彦輔《みやぎひこすけ》という男は先鋒隊と奇兵隊二つの軍隊組織の間の使い走りをしていた。ある時、宮城彦輔《みやぎひこすけ》は先鋒隊の隊士から恫喝《どうかつ》されたらしい。先鋒隊から受けた恫喝を宮城が奇兵隊総督の高杉に伝えた。暫くして三十名の奇兵隊士が先鋒隊の教法寺に乱入する騒ぎとなった。騒乱の中で、先鋒隊の隊士の蔵田幾之進《くらたいくのしん》が死亡してしまった。蔵田幾之進は上級士族の出だった。騒動の火付け役は高杉晋作である。騒乱の事後処理で、「使い番」に過ぎない宮城彦輔は切腹させられた。一方、騒乱で死亡した蔵田幾之進の遺児はそれ以後、親の仇として高杉の命を狙うこととなる。蔵田家から藩あてに仇討ち嘆願書が提出されたが、藩は「蔵田幾之進の死亡は災難だと諦めるように」との論理で仇討を許可しなかった。この事件を機に、高杉は奇兵隊総督を解任された。自ら創設に関与した奇兵隊だが、高杉が留まったのは結局三カ月であった。

その事件のあと、高杉はいきなり脱藩《だっぱん》をしてしまう。脱藩は重罪である。思慮を欠いた脱藩だったのでやがては帰藩せざるを得ない。結局自宅謹慎の処分となった。思慮分別に欠ける高杉には入牢や自宅謹慎が実に多い。例えば馬関海峡での長州藩の攘夷戦（英米仏蘭に対する四国戦争）は合計六度に及んだが、高杉は脱藩や謹慎が連なり、六度の四国戦争の場の全てに不在であった。大事な時に現場を離れており、それがゆえに彼は生き永らえた。生き永らえて、元治元年からの二年半、激しく動き、他界した。

高杉の解任後、高杉の友人の河上弥市《かわかみやいち》(20)が奇兵隊の第二代総督となった。河上弥市《かわかみやいち》はこの年十月の生野の変（1863）で戦死したため、在任は短かった。実質、奇兵隊を守ったのは第三代総督の赤禰武人《あかねたけと》である。赤禰武人《あかねたけと》は離島柱島《はしらじま》（現、岩国市）の医師の子である。赤禰は高杉とは同い年（天保九年（1838）の生まれ）

であるし、僅かだったが松下村塾での在籍も重なっており互いに知己であった。当初、二人は余暇に碁を打ったり、英国公使館の焼き討ちを一緒にやった同朋であった。しかし、何といっても赤禰は常識人であり、穏健な人である。後年、高杉が藩の首脳部に対する反乱を決意した際、高杉を諫めようとした赤禰武人を、高杉は「赤禰ごとき大島のどん百姓に何が分かるか」と罵《ののし》っている。封建の時代を考慮したとしても暴言である。高杉ら革新派の連中の目には、萩藩内の保守派との宥和《ゆうわ》に腐心《ふしん》をしたり幕府方との調停に奔走する赤禰の態度は裏切り行為に映った。結局、赤禰武人は山口鰐石《わにし》の椹野川《ふしのがわ》河川敷で仲間から処刑されている(1866)。その翌年だが、肺結核で死の床に就《つ》いていた晋作は、今際《いまわ》に、「幕府との全面戦争を回避させようとした赤禰の心情を慮《おもんばか》ることができず、命を全うさせてやれなかった、残念であった」と漏らした。高杉は熟慮とは無縁の青年であった。

京都の『八月十八日の政変(122ページ参照)』を耳にした高杉は、毛利家の世子《せいし》(後継藩主)(毛利敬親)の上京とを主張した。藩内に高杉の案への同調者はなく家老級の人物の派遣案に落ち着いた。しかし、家老級人物が上京して提出した「自藩の正当性に関わる長州藩の弁明書」は途中の段階で握りつぶされ、朝廷上層部に伝達されることはなかった。

長州藩内では憎き薩摩や会津に対する怒りが沸騰《ふっとう》した。長州藩内では、久坂玄瑞《くさかげんずい》ら急進派の若者だけでなく、来島又兵衛《きじままたべえ》らの長老も京への即時出兵を主張した。来島又兵衛は長州藩きっての武芸者で、高杉の奇兵隊と並び立つ遊撃隊《ゆうげきたい》の創設者かつ総督であった。『八月十八日の政変』のあった文久《ぶんきゅう》三年の年内は長州藩は何とか自重できた。

年が明けて元治《げんじ》元年（1864）は長州藩の暴発の年となった。一月、京都進撃を目指す好戦派が三田尻《みたじり》（現、防府）に集結していた。三田尻は遊撃隊の本営地である。しかし藩主（毛利敬《もうりたか》親《ちか》）は冷静であった。いま京都に武装兵を派遣したら長州の立場は益々悪くなると考えたのである。藩主敬親《たかちか》は隠忍自重《いんにんじちょう》を決め、その旨を三田尻の宮市《みやいち》にあった遊撃隊屯所の来島又兵衛らに伝えるために高杉晋作を伝達役に立てた。高杉の口から来島又兵衛らに隠忍自重《いんにんじちょう》を伝達させようとしたのである（一月二十七日）。しかし伝達役の人選がまずかった。来島又兵衛（47）からみれば晋作（24）はガキである。来島又兵衛《きじままたべえ》は「晋作、お前、えらく臆病《おくびょう》になったじゃないか、最近、禄《ろく》が上がったことがそんなに嬉しいのかい」の言葉を晋作に投げかけた。又兵衛のこの言葉に晋作が爆発してしまった。「増禄なんか屁《へ》でもない、証拠を見せてやる」。晋作はそう言い残すと、藩主から仰せつかった用務も忘れて宮市《みやいち》の遊撃隊の屯所《とんしょ》を出て京に向かった（一月二十八日）。今回も藩主の許諾のない脱藩で、これが二度目の脱藩であった。脱藩は重罪であり、高杉家の家禄も当然没収である。

いきなり脱藩して京に上ってみたが、高杉一人でどうになるものでもなかった。利害得失を考えない軽率さである。高杉晋作は、脱藩して入京した二月の初旬に京に潜伏中の桂小五郎《かつらこごろう》（のちの木戸孝允《きどたかよし》）に会っている。桂小五郎や久坂玄瑞は尊攘派や長州藩の地位復活の活動を水面下でやっている最中だったので、喧嘩腰《けんかごし》の高杉の存在は邪魔でしかない。桂小五郎（30）が晋作に「国に帰れ」と諭《さと》すと、晋作は直ぐに翻意《ほんい》して従った。晋作には上京の目的など無かったからである。翻意の様子が、「子供のように率直に帰国に応じた」と伝わる。

三月二十五日、高杉は長州に帰国した。しかし帰国するや否や（三月二十九日）、高杉は脱藩罪で野山獄《のやまごく》に収監《しゅうかん》され家禄は没収されてしまった。この日からの三カ月を野山獄で過ごすことになる。一方の来島又兵衛は藩主の意を受けて隠忍自重していた。来島又兵衛《きじままたべえ》はこの年の夏まで自分を抑制し続けた。

晋作の獄中日記には、斬罪《ざんざい》に怯《おび》える気持ちが綴られている。六月末、晋作への処置が「入牢」から「座敷牢（自宅謹慎）」に減刑となった。釘付けになった奥座敷で過ごしたという。従って、入牢中の元治元年（1864）六月五日に京で起きた『池田屋事件』を晋作は知らない。六月五日の夜、京都の池田屋で会合中の諸藩の尊王志士ら約四十人が襲われた事件である。池田屋に参集していたのは各藩の尊王攘夷派の俊英たちであり、その中には長州藩士（萩藩と長府藩）も含まれ、長州藩に限っても数人が殺された。桂小五郎は僅かの差で池田屋での難を逃れた。襲撃したのは新選組である。新選組を管轄していたのは会津藩であり、京都守護職の松平容保である。

前年の『八月十八日の政変』に続く『池田屋事件』で再び会津藩に煮え湯を飲まされた長州藩の我慢は限界に達し、ついに京都への挙藩出兵を決定するに至る。分散した軍が六月十五日から、順次長州を発進し始めた。挙兵上洛した長州隊は七月十九日に禁門（蛤御門《はまぐりごもん》）の変を起こしたのである。固有名詞として「禁門」と言う門は存在しない。天皇の住まいである御所は、侵してはいけないと言うことで『禁裏《きんり》』とも呼ばれる。御所にある全ての門は普通名詞の「禁門」である。

元治元年（1864）七月十九日、京都御所付近で武力衝突となった。京都での復権を目指す長州藩が、会津藩などの排除を狙って起こした戦闘であり、禁門の変の中で最大の激戦地になったのが蛤御門《はまぐりごもん》であったことから、『蛤御門の変』とも言う。来島又兵衛《きじままたべえ》らの軍は蛤御門で会津・薩摩・桑名の軍に敗れ去った。久坂玄瑞らの隊は堺町で桑名・彦根・越前の軍に敗れ去った。来島又兵衛も久坂玄瑞も討死した。

形式上、長州藩は朝廷に対して武力騒乱を起こした訳で、長州藩は「朝敵」とされ、この年末の長州征伐に繋がってゆく。高杉晋作は入牢により生きながらえた。彼は蛤御門の変にも、またそのあとの四国艦隊攻撃にも参加していない。

長州の危機は『蛤御門の変』だけに留まらなかった。外国艦隊（四国艦隊）との六次にわたる戦闘で馬関《ばかん》（下関）は欧米軍に破壊され占領された。八月五日から四日間、馬関《ばかん》（下関）の町は欧米軍の激しい砲撃に曝《さら》された。外国軍と長州軍との実力が違いすぎるので『攘夷』は成り立たず、もはや講和するしか無かった。高杉が罪を許され士分に復帰したのは八月三日のことであった。

この頃、四国艦隊との講和に尽力していたのは井上聞多《いのうえぶんた》（井上馨《かおる》）である。井上は伊藤俊輔《いとうしゅんすけ》（伊藤博文）とロンドンに留学していたが、ロンドンで連合国の長州占領計画を耳にし急遽《きゅうきょ》帰国したところであった。井上は外国に占領された馬関（下関）の状況を藩主に報告するために馬関から山口に向かった。当時、長州藩主の毛利《もうり》敬親《たかちか》は萩ではなく山口に居を構えていた。同じ日、山口からは高杉と伊藤俊輔《いとうしゅんすけ》（伊藤博文）が藩主の指示で、外国軍が占領している馬関に向かっていた。高杉と伊藤はその途中の宿場町の船木《ふなき》（現、宇部市船木）で馬関（下関）から上ってくる井上聞多と偶然に出くわした。三名は、「藩内の主戦派に講和を持ち掛けて彼らの士気を下げるより、外国と戦わせて軍事力の違いを納得させるのが上策だ」と結論した。「そうだ、そうだ」と納得した高杉は、藩主の君命《くんめい》を放りだして馬関に向かうことを止め、山口に引き返した。

　山口に到着した三人が藩主に「もし外国軍が山口の町まで押し寄せたら、切腹の覚悟を固めてください」と意見具申すると藩主はすっかり怯《おび》え、「直ぐに和平交渉をしてくれ」と三人に懇請《こんせい》したという。藩主毛利敬親は講和の交渉役になんと高杉晋作を抜擢した。井上聞多《ぶんた》が高杉を推薦したらしい。八月八日、高杉は英国軍艦ユーリアラス号で講和交渉に入った。和平交渉を機に長州藩内では攘夷から開国へ持論を転換する者が現れ始めた。攘夷に固執するグループは和平交渉を進める高杉晋作や伊藤俊輔の命を狙い始めた。和平交渉は難航したが八月十八日に妥結した。

　長州藩内では長らく保守（幕府恭順・謝罪）派と革新（勤皇）派が対立していたが、蛤御門での敗戦を経て、藩の要職はすでに全て保守派で固められてしまった。前年の『教法寺事件』に関わった先鋒隊《せんぽうたい》は保守（幕府恭順・謝罪）派の後ろ盾となった。後者（旧、勤皇志士）の藩士は保守派に命を狙われるか、あるいは自決することとなった。井上聞太《ぶんた》が襲われたのもこの頃（九月二十五日）である。革新派（この時期は尊皇攘夷派）の最高幹部であった周布政之助《すふまさのすけ》が自決したのはその翌日のことである。周布政之助は湯田（当時は矢原、現在周布町）の友人の吉富簡一《よしとみかんいち》邸の畑で切腹、自刃した。前夜、吉富邸の直ぐ近くで井上門多（馨）が保守派の刺客にズタズタに斬られ大騒ぎとなり、吉富簡一が虫の息の井上の元に駆け付けていた隙に周布政之助は自決したのである。藩主は『純一恭順』を藩是とし、幕府側に首《こうべ》を垂れた。

　余談だが、流布している書物の中には周布政之助の墓は自決した場所近くに在ると書いたモノがあるが間違いである。彼の墓は湯田には無く、日本海側の三隅下（現長門市）の浅田地区にある。国道一九一号が浅田を通過する三差路の北側百メートルに、「墓地入り口」の標識が新設され分かりやすくなった。標高差五十メートルの丘を登るとその頂上に彼の墓がある。周布一族の墓は数百メートル離れた東の山中にある。彼の旧宅もその付近にあり、浅田小学校から、校庭横の路地を浅田川にそって南に四百メートルほど行ったところが旧宅である。周布政之助の旧宅は村田清風の旧宅から一キロ弱の場所で、二人して藩政改革派の泰斗《たいと》であった。

本題に戻る。長州藩が保守派で全て固められたのは十月上旬である。保守派政府は革新派の者たちに自宅謹慎を命じ始めた。自宅謹慎はそのまま処刑に繋がることを高杉は直感し、長州から逃れることにした。行先は九州（福岡、佐賀）と決めた。九州で同志を募って長州の保守派を倒す計画だったそうだが、実体の無い夢想家の高杉であった。十月二十日、高杉は三度目の脱藩をした。

十月二十三日、高杉晋作は同志だった楢崎弥《ならさきや》八郎《はちろう》（大和国之助《やまとくにのすけ》）の自宅を訪れた。楢崎弥八郎《ならさきやはちろう》は保守派の指示に従って自宅謹慎中であった。高杉は楢崎に対し、自分と一緒に逃げるよう説得した。しかし楢崎は「オレは正しい道を突き進む」と言って晋作の申し出を拒否した。結局楢崎はこの後（十二月十九日）に野山獄で保守派に斬首された。

十月二十五日未明、高杉は萩の自宅をこっそり抜け出た。彼は山口に向けて萩往還道を走り、十月二十六日に山口に着いた。山口で高杉は保守派の襲撃で瀕死の重傷を負った井上聞多《ぶんた》を見舞った。十月二十七日に高杉は三田尻（防府）に着いた。しかし彼は三田尻に留《とど》まることなく、二十キロメートル北方の徳地《とくじ》に向かった。

徳地の山間《やまあい》の正慶院《しょうけいいん》という寺を本陣として奇兵隊と膺懲隊が駐留していたからである。両隊の軍監は高杉と同い年の山縣狂介《やまがたきょうすけ》（有朋《ありとも》）であった。二十七日深夜、高杉は徳地小古曽《おごそ》の正慶院に山縣狂介を訪ねた。前述の一句を行灯《あんどん》に書き残した夜のことである。正慶院《しょうけいいん》で山縣と野村靖之助に九州渡海計画を打ち明けた。しかし両名とも、九州地域は「佐幕《さばく》」なので晋作の計画は机上の空論だと反対した（事実、福岡藩は佐幕であった）。さらに山縣は、奇兵隊や膺懲隊《ようちょうたい》があなたの身を守るからここに留まるのが最も安全だと高杉を説得した。しかし高杉晋作には山縣の提案を容《い》れる冷静さは無かった。奇兵隊日誌の十月二十七日欄には短く、『よる、高杉晋作が来りて談す。夜半、富海《とのみ》へ罷《まか》り越す』とだけある。また、山縣有朋の自叙伝には『二十七日、高杉は徳地の本営に来たり、予に介して将来の方策を議し（略）』と。要するに、この夜の徳地で双方が将来のことを語ったことは確かである。

午前三時ごろ（未明）に高杉が正慶院を発ったことが記録に残っている。ここでの『夜半、富海《とのみ》へ・・・』の夜半とは十月二十八日のことになろう。そんな深夜にどのようにして富海《とのみ》まで向かったものか。旧暦の二十七日といえば、日の出前にようやく細い「二十七日の月」が上《のぼ》るだけでほとんど闇夜である。旧暦の二十八日は完全な闇夜である。提灯《ちょうちん》の明かりで行動したものか？しかも、十月二十九日には高杉が馬関《ばかん》（下関）に現れた記録がある。馬関の白石正一郎の日記には、『二十九日の昼、萩から高杉東行《とうぎょう》君ひそかに来訪』という形で登場するからである。『二十八日』は筆者には空白の一日として疑問のまま過ぎてきた。

小古祖《おごそ》の正慶院《しょうけいいん》から富海に到る直接の道は無い。車社会の現在なら、佐波川《さばがわ》に沿って小古祖から一旦三田尻《みたじり》に下り、三田尻から山陽道（西海道）で浮野峠《うけのだお》を越えて富海に向かうルートが普通である。小古祖から東の島地に抜けて山越えをするルートも幕末期にはあったかも知れない。筆者は地元に残る「高杉晋作は島地《しまじ》に泊った」という伝承を頼りに、島地に出向いた。

余談だが、島地は寺の多い集落である。『幕末の三傑僧』の一人、島地黙雷《もくらい》の故郷も島地である。黙雷は高杉晋作を凌《しの》ぐほどの多動の人であった。若い黙雷は妙誓寺《みょうせいじ》の住職であったが、彼が妙誓寺で過ごした期間は短い。いつも全国、いや世界を飛び回っていた男だ。島地を通る国道三七六号線の道路わきに雨田公園《うでんこうえん》という小さな敷地がある。そこに東屋《あずまや》風の『雨田草堂《うでんそうどう》』が今も残っている。黙雷《もくらい》が晩年に過ごした僧堂らしい。雨田とは『雷』の字を崩したものであろう。

二十八日の未明に晋作はこの『雨田草堂《うでんそうどう》』に辿り着いたか？　一八三九年生まれの高杉と一八三八年生まれの島地黙雷《しまじもくらい》はほぼ同い年ではある。しかし文献的にも地元の伝承でも、ここに高杉晋作が留まった痕跡は無い。島地～三田尻～富海の一帯の地図を見返すうち、『藤木《ふじき》』という集落に目が止まった。島地と富海の間にある山間《やまあい》の孤立集落である。藤木に行ってみることした。島地の住民たちに藤木に到る道路事情を聴いてみると、「藤木までは行けるがその先は分からん、そんな道を通らんでも、いい道があるよ」が多数意見であった。「藤木を通って富海に抜けられますか？」。何人目かの老人に尋ねた時であった。老人は筆者を品定めするように凝視し、暫くして口を開いた。「その道は高杉晋作が通った道ですよ」。その人は郷土史家であった。「晋作が通ったのはいつの事ですか？」。「二十八日の朝から昼にかけてですよ。その前の晩に高杉は小古祖《おごそ》の正慶院《しょうけいいん》を訪ねています。そこで山縣と対話したのですが、対話は高杉の意に沿わない結論になったのでしょう。高杉は夜中に正慶院を出ます」。「晋作はそれからどこに行ったのですか？」。「ここ島地の観念寺《かんねんじ》に泊ったと言われています」。「観念寺はどこにあるのですか？」。「直ぐそこの・・・妙誓寺《みょうせいじ》の隣です。妙誓寺は黙雷《もくらい》さんが住職だった寺です。当時、観念寺《かんねんじ》には奇兵隊の仮本陣《かりほんじん》があって、その仮本陣も山縣有朋が監督をしていました。当時、徳地の人は志士の人たちに心を寄せていたので、それでいろいろ便宜を図って上げています。高杉の宿泊地に関しては他の伝聞もあります。当時、島地から藤木に向かう道の辻《つじ》には薬屋がありました。高杉は薬屋に投宿したとの伝承もあります。夜中に正慶院を出て薬屋で少し仮眠を取ったあと、朝が来て明るくなると島地を発《た》ち、藤木から山越えをして富海に逃走したはずです。富海には二十八日の夕方ごろに着いたのではないですかね。富海の「飛船問屋《とびふねどんや》」の大和屋政助《やまとやまさすけ》の船を調達したのだと思います。飛《とび》船《ふね》は速いですからね、二十九日に下関に着いています」。

「じゃあ、富海から筑前《ちくぜん》に渡ったりはしていないですね？」。「ええ高杉が長州を脱出したのは馬関《ばかん》からです。当時の志士たちは飛船《とびふね》を今のタクシー代わりに使っていたのですよ。ほら、井上聞多《ぶんた》や伊藤俊輔《しゅんすけ》が英国留学を切りあげて長州に戻ってきた時も、外国船で国東《くにさき》（大分県）の姫島《ひめしま》まで送ってもらい、姫島からは「飛び船」で富海に着いていますよね。この一帯は萩本藩の直轄地《ちょっかつち》でしたから、萩本藩に所属していた志士たちは徳地《とくじ》や三田尻《みたじり》や富海《とのみ》の地理をよく心得ていたと思いますよ」。空白の一日である「二十八日」の謎が解けた気がした。

筆者は高杉が通ったという道に車を乗り入れた。藤木の集落まではどうにか車が通るがその先の峠越えは全くの隘路《あいろ》であった。枝道もあるので、迷わずに富海に着くにはこの一帯の地理に精通していなければ困難だったろう。島地から富海までは十九キロであった。大和屋政助は暴風雨の中、「飛び船」で晋作を馬関まで送ったという。船問屋は志士たちに好意的だったのである。文久《ぶんきゅう》三年（1863）、明治天皇の叔父にあたる中山忠光《なかやまただみつ》卿が幕府から追われる身となって大阪から飛船《とびふね》で富海に落ち延び、大和屋政助《やまとやまさすけ》の土蔵の二階にしばらく潜伏していた（現在も大和屋政助の住居や土蔵の跡は富海港そばJR山陽本線近くに残る）。

大和屋政助の飛船で馬関に着いた高杉は転げ込むように白石邸に入り、そこに二泊した。白石邸には福岡藩の尊攘派志士の中村円太《えんた》がいた。中村円太は福岡藩の獄に繋がれていたが脱獄して長州に逃れてきていた。九州の地理に不案内な晋作は藁《わら》をも掴む思いで中村円太に九州脱出の手引きを頼んだ。中村円太と大庭伝七《おおばでんしち》（白石正一郎の弟）の三人で海を渡って博多に入った。高杉が対馬商人と称して石蔵屋卯平《いしくらやうひら》の家に投宿《とうしゅく》したのは十一月二日のことである。本章冒頭の正慶院訪問はその僅か五日前のことであった。

旧暦では、月《つき》の日数は大《だい》（三十日）か小《しょう》（二十九日）で、それも年によって異なる。すなわち十月三十日が存在しない年もあった。元治元年（1864）の十月は小の月だったので、十月二十九日の次は十一月一日であった。従って晋作は十月二十九日と十一月一日の二日間を白石邸に泊り、十一月二日に筑前に入ったわけである。この日程は福岡に残る資料とも合致する。

高杉晋作は分析や思索のできる青年ではない。正慶院の山縣有朋らが述べたように、筑前や肥前は佐幕派の金城湯池《きんじょうとうち》であった。晋作はそうした筑前や肥前の保守的風土にたちまち絶望し、九州での協力者探しを直《す》ぐに諦めた。次に高杉が投宿したのは画工の村田東圃《むらたとうほ》宅であった。村田宅は目立ちやすい場所なので高杉は身の危険を感じ、月形洗蔵《つきがたせんぞう》の導きで十一月十日に平尾山荘に入った。月形洗蔵は勤皇派の福岡藩士で、『薩長同盟』の文案を起草した人物である。平尾山荘には女流歌人で幕末の勤皇派女傑の野村望東尼がいた。平尾山荘にかくまわれた高杉は、十一月二十一日までの十日間、そこに潜伏した。

平尾山荘で野村望東尼と過ごした十日間が高杉晋作を変えた。野村望東尼の章で記した二人の言葉をもう一度ここに記してみよう。高杉は野村望東尼をこう表現した。『あなたは、さながら静かな空に浮かぶ雲と野に遊ぶ鶴のように、心清らかで悠々自適としており、かつ超然としている。何と素晴らしいことであろうか』。望東尼は高杉に、「花は時が来れば咲きます。焦らずその時を待ちなさい」と言葉を返した。疲労困憊して転がり込んだ高杉の中に精気が蘇《よみがえ》り、これが幕府倒壊を導くマグマとなった。

高杉は九州の地でも身の危険を感じ始めた。町人姿に変装して馬関に戻った。十二月十五日、馬関に戻った高杉は萩本藩に対して反乱を起こしたのである。前述した赤禰武人《あかねたけと》への暴言はこの時のことであった。萩の保守派政権は投獄中の革新派の重鎮たちを生かしておいては厄介だと思ったのであろう。十二月十九日、野山獄で七人の政務員を処刑した。山田亦介《やまだまたすけ》(55)や前田孫右衛門《まえだまごえもん》(46)、毛利登人《もうりのぼる》(44)松島剛三《まつしまごうぞう》(39)、楢崎弥八郎《ならざきやはちろう》(28)、渡辺内蔵太《わたなべくらた》(28)そして大和国之助《やまとくにのすけ》(30)である。余談になるが、前田孫右衛門は筆者の母方四代前の人物である。また、松島剛三《まつしまごうぞう》は楫取元彦《かとりもとひこ》の兄である。改革派の政務員七人が一気に処刑された原因はその四日前の高杉の挙兵だったのだから皮肉である。

翌元治二年(1865)の年初に始まった長州内

乱を高杉晋作は勝ち抜いた。二月には藩政を保守派から自分たち革新派の手に取り戻すことに成功した。クーデターを成功させ、藩論を『武備恭順』に導いた最大の立役者は高杉晋作であった。

仲間との会合の場で高杉は引退の意向を突然仲間に伝えた。高杉はヨーロッパ旅行をするのだと言う。幕府の第二次長州征伐が予想される中での無茶な言い分で、無責任である。高杉は、海外の情勢を勉強して来るなどという。言い出したら聞かない男なので、井上らが旅費の千両を工面した。ヨーロッパ旅行を目指した高杉は千両を手にして長崎にグラバーを訪ねた。グラバーは高杉の欧州旅行に猛反対した。グラバーは英国と交易して武器を整え、その武器で幕府と戦えと説得した。武器商人らしい。高杉は直ぐに翻意しグラバーのアイデアに従って大量の銃を購入することにしたのである。

武器を購入するため下関を開港することにした。馬関《ばかん》の地は長府藩（下関北部）の所領なので萩本藩の高杉にとっては何かと不便であった。高杉が馬関を萩本藩の所領にしようと画策をしたところ、長府藩士らから「売国奴」として命を狙われることになった。またも高杉は逃亡した。変名を使って大阪経由で讃岐《さぬき》の多度津《たどつ》に逃げた。しかも愛人の「おうの」を連れての逃亡である。「おうの」と二か月を多度津で過ごした。桂小五郎（木戸孝允）が長府藩の首脳と談判したおかげで身の危機が去ると、晋作は「おうの」を伴って戻ってきた。

幕府は諸藩に長州再征の命令を下していた。そうした中、慶応二年（1866）一月二十一日、京都の小松帯刀《こまつたてわき》邸で秘密裏に『薩長同盟』が締結された。幕府との戦争が不可避になった長州藩は近隣藩との境界の防備を固めていった。ところが、晋作はまたぞろ外国に行くと言い出した。今度は欧州ではなく上海（二度目）に行くと言う。長州藩の危急存亡の時に高杉の気まぐれにもほどがある。意外にも藩は高杉晋作の要求を認めたのである。「ただし」と、藩は、前年に欧州旅行するとお前がゴネた時に千両渡したのだから今回は金を出さないと突き放した。あの時の千両は晋作が長崎で豪遊して散財してしまっていた。グラバーは晋作の上海行を耳にした途端、晋作をこっぴどく叱りつけた。グラバーから怒られた途端に晋作は翻意した。よし幕府との戦争の準備をする。晋作は藩主に無断で軍艦一隻（オテント丸）を購入し、それに乗って長崎から下関に戻ってきたのである。晋作は上海旅行の費用をそちらに回しただけだとうそぶいた。オテント丸は丙寅丸《へいいんまる》と改称された。場当たりで晋作が購入した丙寅丸であったが、幕府戦争でこの軍艦が大活躍をすることになるのだから運命はわからない。

高杉晋作は僅か四千人の長州兵で十五万人の幕府の軍勢を相手にした第二次幕長戦争の指導をした。戦争中に高杉は不治の病魔に襲われた。最後の作戦会議は高杉の枕元で開かれた。晋作（26）は最後の力を振り絞って小倉口（現北九州市）の戦闘の指揮を執《と》った。二万人の兵力の小倉藩兵側に対し、千人の長州藩は高杉の指揮のもと、七か月の激戦を耐え抜き、勝ち抜いた。激戦の様子は戦跡地で辿ることができる。小倉北区に赤坂という場所がある。そこの鳥越峠《とりごえとうげ》が天王山であった。戦死者を弔う碑や墓石や説明板が赤坂東公園や手向山公園、延命寺に残る。第二次幕長戦争は終結した。奇跡的な勝利であった。

もはや逃げる必要はなかった。逃げる体力も無かった。それでも晋作（27）の多動は健在であった。最期が迫ると晋作は馴染みの料亭に行くと駄々をこねた。頼んだ駕籠《かご》に乗り込もうとしたが、もはや体の自由が利かなかった。高杉は料亭行きを諦めて死の床に戻り、そうして息を引き取った。

地下の貢ぎ物：豊稼《とよか》

ご高齢Kさんは筆者の外来の患者である。会話の折にKさんは米子《よなご》の予科連《よかれん》で終戦を迎えたという話になった。ある時、Kさんに、生まれ故郷はどちらですかと尋ねたところ、豊稼《とよか》ですと返答された。豊稼という地名は耳にしたことが無い。何県ですか？島根県です。島根県のどのあたりですか？津和野町で、笹ヶ谷銅山《ささがたにどうざん》があった所なのです。ああ、笹ヶ谷銅山ですか。

筆者は津和野《つわの》町の日原《にちはら》鉱山を訪れたことはあった。江戸時代、日原鉱山は公領《こうりょう》（幕府直轄領）であった。最近、日原鉱山は石見《いわみ》銀山（大森銀山）とひとまとめになって『世界遺産』に登録されている。Kさんによれば、日原銀山に近い津和野町笹ケ谷《ささがたに》にも公領《こうりょう》の鉱山があり、銅のほか銀などを産出していたという。

Kさんは銅山のあった豊稼の村で過ごした幼い日の思い出を語り始めた。私が生まれ育ったのは豊稼《とよか》という村です。笹ヶ谷鉱山があったのは豊稼の石ケ谷《いしがたに》という場所です。随分とひどい山奥でした。まあ道も狭いですし、今では棲む人もいないでしょうねえ。豊稼《とよか》は山の中でしたが、それでも鉱山の操業期には豊稼には結構な人家がありましてね。明治時代には近隣では最も早く電灯や水道が引かれた先進地でしたよ。それは活発な銅山所でしたよ。豊稼を出てもう七十年になりますが、今でも人は住んでいるのかなあ。興味を引かれた筆者は豊稼を訪ねた。

筆者は豊稼の地名だけを頼りに津和野町を訪れた。国道九号線から津和野町の盆地に向かって坂道を下りた。津和野の入り口で城下町とは逆方向の『商人《あきんど》』地区を目指した。ウネウネした山道を二十分ばかり上り下りしていると車は少し開けた三叉路に出た。そこは『田二穂《たにほ》』という場所で、県道十七号との交差点であった。近隣の山々は朝靄《あさもや》の中にかすみ、道端には曼珠沙華《まんじゅしゃげ》が咲き乱れていた。

　県道十七号を北に進むと『部栄《ぶさか》』という集落となり、続いて『邑輝《むらき》』という集落が現れた。邑輝《むらき》地区には国の名勝に指定されている堀庭園がある。Kさんによれば、堀家は中世の豪族の家柄で、江戸時代には幕府代官（大森代官）の下《もと》で代々《だいだい》笹ケ谷銅山の管理を担当した。堀家はその一帯の山持ちで、銅山で富を得たということであった。庭園の前で犬の散歩をさせていた主婦を見つけ、車を止めて豊稼への道を確認した。

　県道十七号を更に北に進むと、『長福《ながふく》』地区となり、そこの『木部《きべ》』の集落に入った。木部はおそらく律令国家の当時に製材を生業とした職能集団の地区であろう。木部の旧道に入って間もなくついに『豊稼』と書かれた標識に出会った。『豊稼↓、三歩市《さんぶいち》↑』とある。漢字表記は異なるが、筆者の知人にも三分一さんが何人かおられる。『三分一』とは、地味《じみ》に乏しい田地への租税賦課の減免に関連した概念で、耕作に不利な土地の名残《なごり》としてあちこちに残っている。この一帯の農民たちの耕作の苦労が偲《しの》ばれる。

　標識に従って右の道を採ると人家はすぐに途切れ、狭い山道になった。路上には栗が散乱していた。車一台がギリギリの山道を上り下りしていると真っ暗なトンネルにぶつかった。トンネルを抜けると道はさらに狭く、路上に散乱する落ち葉や小枝のため路肩《ろかた》がはっきりしない。史跡巡りが趣味の筆者は悪路には馴れっこだが、この道にはさすがに緊張した。やがて山間《やまあい》に小集落が現れた。道路脇には廃《すた》れた人家がそのままの姿で散在していた。その小集落が目指す豊稼であった。キョロキョロしながら渓流に沿って下ると、一軒の農家の庭先で斧を手に薪割《まきわり》をしている七十歳代半ば風の男を見つけた。車を止めて男の方に向かうと、男も薪割《まきわり》の手を休めた。

ここは豊稼ですか？ああそうだよ。人家はどれくらいですか？今は四軒だけだよ、もうおしまいだね。昔はもっと賑やかだったんですか？賑やかというほどではないが、笹ケ谷が操業をしていたころには千人はいたね。豊稼に電気や水道は？両方とも今もあるよ。この地区は明治になって最も早く電気が通ったんだよ、鉱山が大事だったんだろうね。今の世に、ここで暮らすとなると買い物は不便でしょうね？そのとおり、豊稼でワシがいちばん若いんだものね、もうおしまいだね。人影は本当にまばらですね？ああ、イノシシならたくさんおるし、クマだっておるよ。

笹ケ谷の鉱山はどのようにしたらたどり着けますか？あんた、行ったってしようがないよ、何もないから、本当に何もないんだよ。行くことは行けるんですか？ああ、あんたどっちからきたね？長福《ながふく》から上ってきたんですが。じゃあ、トンネルがあっただろう？ありましたねえ、トンネルというか洞穴というか。あのトンネルの手前を左に進んだら鉱山なのじゃが、行ったって本当に何もないよ。それに坑道の中に入ることは禁止だよ。

鉱山の探訪は次の機会に譲ることに決め、御礼を述べて男と別れた。日原に向かって渓流沿いに東に下ると、渓村《たにむら》地区にバスの停留所があった。停留所があるだけでも、だいぶ文明に近付いた気がした。バス停の名は『宿の谷』であった。往時、銅山に出稼ぎに来た季節労働者が宿泊したのであろうか、などと想像した。付近には人家が数軒見えた。これだとバス路線は大赤字であろう。

笹ヶ谷鉱山の歴史は古く、鎌倉時代から栄えた鉱山である。江戸時代には天領《てんりょう》となって石見銀山の代官所の管理下に置かれている。笹ヶ谷鉱山では主に銅を採掘していたが、他に少量の銀や亜鉛、それに副産物として砒素《ひそ》を採取した。江戸時代の最盛期には、笹ヶ谷の銅の産出量は石見銀山代官所の管理下の近隣銅山の合計産出量の三～四倍はあった。しかし坑道が深くなるにつれて採掘が困難になり、採銅量は減っていった。一方でこの頃から亜砒酸《あひさん》の採取量が増えた。取り出された亜砒酸《あひさん》は、銀山代官所を通して殺鼠剤《さっそざい》として売り出された。

石見銀山《いわみぎんざん》と言えば毒薬の生産地としても知られている。江戸時代に『石見銀山ねずみ捕り』とか『石見銀山ねこいらず』の名で売られていた殺鼠剤《さっそざい》のせいである。都市ではネズミが媒介《ばいかい》するペストが流行しており、「石見銀山ねずみ捕り」は全国に知られる商品となった。しかし、大田市の石見銀山は江戸当時のねずみ捕りとは関係が無く、「石見銀山ねずみ捕り」は実は石見銀山代官所の管理下に置かれた笹ヶ谷鉱山が産出したものである。江戸時代の毒薬といえば、「東海道四谷怪談」でお岩さんが夫の伊右衛門《いえもん》にのまされたのは砒素でなく附子《ぶす》だった。附子とはトリカブトだが、これはあくまでも物語である。

明治期に入ると豊稼は再び銅山として操業が再開された。その折の鉱山は公営の直接操業ではなく、地元の請負山師《うけおいやまし》制だった。堀家は江戸時代初期より銅山の経営を手掛け、「中国の銅山王」とも呼ばれた。砥石《といし》山の頂上には大煙突が立ち、山元に製錬所が設置された。近隣には鉱山町が形成され、約二千人が暮らしたという。

豊稼はそうした町だったのである。第一次世界大戦後に銅の価格は暴落し、そのため鉱山が衰退した。昭和二十四年（1949）に採銅の主体操業主であった日本鉱業が撤退した。その後、個人や企業が鉱業権を得たものの本格操業には至らぬままに昭和四十六年（1971）五月、笹ヶ谷鉱山は完全閉山となった。

砒素の利用に関しては、大正時代の初めにアメリカの綿農場で害虫駆除に亜砒酸が用いられたために需要が激増した。しかし、「昭和三十〜四十年代」とは公害が表面化する時代でもあった。昭和四十年代に砒素《ひそ》中毒による鉱害が問題となった。昭和四十五年に島根県が農地の鉱毒汚染を公害認定した。住民の健康被害も明らかになった。昭和四十八年から、県の事業として十年余の年月をかけて汚染土砂の除去や耕地の客土《きゃくど》などの鉱害対策事業が行なわれた。客土とは他の場所からの健全な土の搬入による土壌改良である。砒素の流出を防ぐため、鉱山関連施設跡のかなりの部分はコンクリートで被覆されている。

鉱毒を知らずに生活していた住民は気の毒としか言いようがない。公衆衛生とか公害とか、現在の保健基準で歴史を考えても詮無《せんな》いことである。それにしても、そこからの実入《みい》りで権勢を誇った一握りの人もいたのである。

地下の貢ぎ物：長登《ながのぼり》

ほとんどの日本人は一度は「奈良の大仏」に足を運んだのではなかろうか。大仏は正確には、東大寺盧舎那仏《るしゃなぶつ》像である。聖武《しょうむ》天皇の発願《ほつがん》で着手され、建造には七年の歳月を要した。使われた銅は数百トンと見積もられている。東大寺の寺誌（東大寺要録）によれば、建立《こんりゅう》に使われた銅は『西海から集めた』ことになっている。銅の成分分析から、銅は長登銅山《ながのぼりどうざん》（美祢市）の銅だと判明した。この分析結果は現地（長登）の歴史や伝承ともよく符合し、東大寺が長門国の国司に対して送付した『正倉院文書』とも合致しているので確実であろう。長登《ながのぼり》は景勝地秋吉《あきよし》台《だい》の一角にある。長登の地表近くは石灰岩に覆われ、湧水《ゆうすい》も多かったはずである。この長門《ながと》国の銅を平城京まで運んだのである。船で運んだのだが、銅山のある美祢市は山口県のど真中《まんなか》の山中なので海からは遠い。運搬風景のすごさが目に浮かぶ。

秋吉台一帯では長登の他にも採銅の跡が多数見つかっている。中村遺跡や国秀遺跡《こくしゅういせき》などである。この一帯での銅の採掘と精錬が開始されたのは七世紀である。国秀遺跡からは新羅《シラ(しらぎ)》製の土器が出土した。銅山の開発には渡来系の技術が必要だったのである。さらには、秋吉台を取り囲むように、秋吉台北方の於福《おふく》銅山や蔵目喜《ぞうめき》銅山でも八世紀代の精錬関連の遺構が出土している。こうしてみると、七世紀末から八世紀にかけて、秋吉台の周辺では銅山の開発ラッシュがあり、それらの頂点に長登銅山があったことが分かる。その最大のものが大切谷《おおぎりだに》鉱脈と大切谷《おおぎりだに》精錬であった。大切谷には奈良時代から平安時代にかけての長登銅山の主要な鉱道遺跡がある。

長登銅山が発見された時期は確定していない。ただ大切谷《おおぎりだに》の周辺からは古い時代（縄文～弥生）の居住跡が見つかっている。石灰岩台地である大切谷は農業には全く適さない土地なので、こうした古い住居跡や土石器類の存在は古い時期から銅山が稼動したことを暗示する。銅山の周辺からは奈良時代の須恵器が見つかっている。平成調査により、奈良時代の前半から平安時代に及ぶ二百五十年間の精錬《せいれん》遺構がはっきりしてきた。木炭窯《がま》や製錬炉《せいれんろ》、フイゴやルツボといった精錬《せいれん》用具のほか、多種の須恵器《すえき》が出土した。九世紀の半ばには政府から『長門国採銅使《ながとこくさいどうし》』が任命され、銅山経営は中央政府の直営となった。

採銅は奈良～平安の古い時代に留《とど》まらない。暫くの中断期間を挟んで、近世に入ってから再び開始された。江戸から明治・大正にかけて開発された採掘抗も見つかっている。長登銅山が完全に閉鎖されたのは昭和六十年代に入ってからである。

古代の採銅や製錬・精錬に興味があり、長登銅山には何度か足を運んできた。銅山を見るたびに門外漢《もんがいかん》なりの疑問が尽きない。山深いこの地で如何にして銅の鉱脈を知ったのか。銅鉱脈の発見や精錬に指導的な役割を果たした渡来系の技術者たちと和人《わじん》とはどのような言葉で会話を交わしたのか。採銅や精錬に従事した多くの工人たちはどこに住み、どのような生活を送っていたのか。長登銅山が中世に一旦は廃《すた》れたのはなぜなのか。やはり興味がつきない。長登銅山にご案内しよう。

今回の訪問は七月の中旬の良く晴れた日だった。涼しい間に坑道を見ようと朝早く自宅を出た。九州方面に甚大な被害をもたらした豪雨から一週間ほど経っていた。二日前からの雨もその日の朝には収まっていたが、長登の山道はぬかるんでいた。

長登に到着して、文化交流館という建物の横の駐車場に車を止めた。交流館の中にもその周辺にも人の気配は無い。どうも梅雨が上がったようで、近くの森ではセミが鳴いていた。文化交流館のそばには鋳造《ちゅうぞう》体験場が設置されていた。鋳造体験場は誰もおらず、ガランとしていた。夏の森の朝はセミの声とウグイスの声と小川の水音がするばかりである。バラスが敷かれた遊歩道の山道を登り始めた。遊歩道の両脇にはスギナがびっしり生えていた。山道の脇では合歓《ねむ》の花が揺れていた。

小径を三百メートルばかり進んだ所が『大切《おおぎり》製錬場』の遺構である。古代の工人たちは、セミの声とウグイスの声と小川の水音を聞きながら、筆者と同じ道をせわしく行き来したのであろう。合歓《ねむ》の森の中をさらに百五十メートルばかり進むとハス池のほとりに辿り着いた。池には『大賀ハス』の札が立てられていた。大賀ハスは弥生時代（二千年前）より古い時代のハスの実が発芽し開花した『古代ハス』である。昭和二十六年、ハス研究者の大賀一郎博士が古代遺跡の深い地中から取り出した果托《かたく》（花弁・めしべなどをつける部分）が生着《せいちゃく》し、開花したものである。その後、大賀ハスは日本や世界の各地に株分けされた。今はまさにハスの開花の季節のはずなのに、池のどこにもハスは見当たらない。かつて沼であったはずのハス池には大量の葦《あし》が茂っているばかりであった。美祢市には手入れをする予算的ゆとりがないのであろう。

更に小径を進んでいくと三差路となった。三差路には『千人間歩跡《まぶ》』の立て札があった。『間《ま》歩《ぶ》』とは鉱石を採るための坑道のことである。立て札のそばには盛りを過ぎたアジサイがしおれたピンクの花弁を垂れていた。小径の勾配が少しきつくなった。

数十メートル進むと、やや広めの空き地があり、そこが『大切竪抗跡《おおぎりたてこう》』の遺構である。そこから先は長い上り階段になる。階段の登り口に小さな立て札があった。『平成二十七年十一月二十八日にクマが目撃されたので、見つけたら美東《みとう》支所に連絡してください』とある。日本語としては特におかしく無い文章ではある。しかし、意味が分からない文章であり、笑ってしまった。

階段は次第に勾配を増していく。古代の工人たちは杉林の中のこの斜面を鉱石を背負って上下したに違いない。丸太階段の勾配が次第にきつくなっていった。百メートルばかり登ると『瀧ノ下』という遺跡に着く。洞窟がポッカリと口を開けている。こういった「洞窟が口を明けている」地形を『瀧《たき》』とよんだようである。それから先の上り道には似たように口を開けた『瀧』が続いた。そして『四号抗』に着く。ここが大切谷銅山の終点である。

　汗が噴き出した。ウグイスの声が急に耳に飛び込んできた。

　戻り着いた交流館のそばにもハス池があった。そこには大賀ハスがピンクの花を咲かせていた。古代に触れた気がした。

強訴：亀ヶ原《かめがはら》

　厳島合戦《いつくしまかっせん》で宿敵の陶晴賢《すえはるかた》を倒した安芸《あき》（広島）の毛利元就《もうりもとなり》が次に手を付けたのは、かつての大内氏の所領七カ国の中の金城湯池《きんじょうとうち》であった周防と長門の二国である。玖珂《くが》（現岩国市玖珂町）の地は周防国の東部にあり、安芸《あき》国（広島）と隣り合っている。当時の玖珂は大内家の勇将、杉隆泰《すぎたかやす》が大内義隆から拝領していた地である。従って毛利氏が安芸から周防への侵攻を開始すれば、玖珂の領主の杉隆泰《すぎたかやす》はその攻撃の矢面に立たされる運命にあった。

　杉隆泰の居城は玖珂村の背後の鞍掛山《くらかけさん》にある鞍掛城《くらかけじょう》であった。この鞍掛（懸）山（240メートル）の背後にはさらに高い蓮華山《れんげさん》（580メートル）があり、蓮華山《れんげさん》の山頂には蓮華山城があった。蓮華山城《れんげさんじょう》は前方の鞍掛城を眼下に見下ろす位置にある。二つの山の位置関係は国道二号線や山陽道からも瞬間確認できる。蓮華山城の城主は大内家の家臣の椙杜隆康《すぎのもりたかやす》である。杉隆泰《すぎたかやす》と椙杜隆康《すぎのもりたかやす》で、名前が混乱しそうである。そして両者の仲が悪かった。

　鞍掛（懸）城主の杉隆泰《すぎたかやす》は二千六百名の守兵で七千名の軍勢で迫る毛利軍と対決した。『鞍掛《くらかけ》合戦（1555）』の開始である。この時、鞍掛城《くらかけじょう》の後方の蓮華山城《れんげさんじょう》主の椙杜隆康《すぎのもりたかやす》は毛利方に内応《ないおう》していた。杉隆泰は後方の蓮華山城からの椙杜隆康の手引きによる毛利軍の奇襲に遭って一族もろとも討死した。

　二十年ほど前になるが、筆者は『鞍掛《くらかけ》合戦』の古戦場を歩いた。鞍掛山東麓の畑の中にポツンと千人塚があった。JR玖珂駅前の旧山陽道を、駅から東に数百メートルに行ったところに祥雲寺《しょううんじ》という寺があった。祥雲寺は討ち死にした鞍掛城主杉父子の菩提寺である。祥雲寺の屋根は経年劣化で崩れ落ち、実に哀れな姿であった。このたび再び、夫婦で訪れてみると千人塚も祥雲寺もピカピカに改造・改築されていた。かつてのままの方がずっと良い。リフォームやリモデリングされた構造物には「時の流れ」が無く、「滅びの美」を感じられない。

　寺の話をもう一つ。下関市内日下《うついしも》に泰栄寺《たいえいじ》という寺がある。寺は内日《うつい》から県道四十号線を小月方面に少し進んだ道路脇にある。二十年近く前、泰栄寺を訪れた。この寺が蓮華山城主の椙杜《すぎのもり》家の菩提寺であることを知って驚いた。蓮華山と泰栄寺とは山口県の東の端と西の端だからである。椙杜家の墓は泰栄寺の裏手にある。泰栄寺の由緒書きに拠《よ》れば、泰栄寺の開基は椙杜広品《すぎのもりひろのり》（毛利長府藩の家老）である。人形《にんぎょう》浄瑠璃《じょうるり》作家の近松門左衛門《ちかまつもんざえもん》（椙杜信盛《すぎのもりのぶもり》）はこの場所で誕生した。広品《ひろのり》とその身の回りの世話をしていた下女《げじょ》との間の子で、つまり広品《ひろのり》の庶子である。椙杜氏が蓮花山城から長府《ちょうふ》に移り住んだきっかけは関ヶ原の敗戦であった。長府に分封《ぶんぽう》された毛利秀元《ひでもと》に従って長門の長府に来た。長府藩の筆頭家老で、三千百石扶持《ぶち》であった。筆者の頭の中では、椙杜氏は鞍掛《くらかけ》合戦で杉父子に突然襲いかかった豺狼《さいろう》であり、好印象はない。

さて、以下に述べる『浮石義民《うきいしぎみん》』とは、江戸時代に年貢の取り立てに苦しむ浮石《うきいし》村民を救うため、命をかけて幕府役人に減免を直訴した浮石村《うきいしむら》の五人の庄屋のことである。長府藩筆頭家老の椙杜家が浮石義民《うきいしぎみん》の悲話にまたも悪徳領主として登場する。

直訴には、『強訴《ごうそ》』や『越訴《おっそ》』がある。強訴は、古くは寺の僧徒や神社の番兵などの神人《じにん》が徒党を組んで武器を携えて朝廷や幕府に要求する行為であったが、江戸時代には『強訴《ごうそ》』は専ら百姓一揆を指す言葉となった。要求を行った首班は死罪である。『越訴《おっそ》』は階層順位を飛び越えた上位者に要求を揚げることで、要求が認められても首班の者は死罪である。

浮石《うきいし》村は粟野川の上流に開けた田園地帯である。『浮（うき、うけ、うか）』とは湿地帯を表す地形古語である。瑞穂《みずほ》の国ならでは、『浮、宇賀』は全国の至る所に分布する。江戸時代の浮石村は萩本藩領でなく、長府藩の『飛び地』であった。長府藩庁からは直線距離でも三十数キロの遠方の飛び地である。浮石と長府の政庁との間には年貢米などの輸送に利用される街道が通っていた。この街道は俗に『御米道《ごまいどう》（おこめみち）』とよばれた。御米道は赤間関《あかまがせき》（下関市）と正明市《しょうみょういち》（長門市）を結ぶ幹道であり、途中に椋野《むくの》、秋根《あきね》、内日上《うついかみ》、内日下《うついしも》、貴飯《きば》、浮石《うきいし》などの集落を経由していた。浮石から正明市にかけては現在の国道四九一号線にほぼ一致する。長府と貴飯《きば》の間はほぼ現在の県道三十四号（下関長門線）に一致したルートで、途中の小野には一里塚も残る幹道である。そして、本章に登場する二か所の直訴の地も、また前述の泰栄寺《たいえいじ》もこの道に沿って存在する。

浮石村の代表者五名は、当時ご法度とされた強訴《ごうそ》を決行し、命と引き換えに村民を救った。庄屋たちの菩提寺は浮石村の舜青寺《しゅんせいじ》である。舜青寺の墓碑に従って、その五名の者の役職と氏名を記す：庄屋の藤井角右衛門《ふじいかくえもん》、副庄屋の奥原九左衛門《おくはらきゅうざえもん》、畔頭《くろがしら》の東与市右衛門《ひがしよいちえもん》、畔頭《くろがしら》の蕨野太郎左衛門《わらびのたろうざえもん》、畔頭《くろがしら》の柳元寺豊吉《りゅうげんじとよきち》である。減免の訴えを長府藩首脳に対してではなく、幕府の『巡検使《じゅんけんし》』に対して行ったので、正確には強訴《ごうそ》でなく越訴《おっそ》である。なお、巡検使とは将軍の代替わりごとに全藩の統治状況を視察していた幕府役人である。

宝永《ほうえい》五年（1708）、浮石村は未曾有の旱魃《かんばつ》に見舞われた。稲は半作であった。庄屋の藤井角右衛門《ふじいかくえもん》たちは給領主（椙杜氏《すぎのもり》）に年貢米の減租《げんそ》を嘆願したが却下された。正確には、椙杜家の留守を預かっていた用人《ようにん》（金銭出納役）の安野十兵衛《やすのじゅうべえ》に減租を嘆願した。浮石村の給領主である家老の椙杜元世《すぎのもりもとよ》は五歳の長府藩主毛利元朝《もうりもととも》の後見役として江戸に滞在していたからである。安野十兵衛《やすのじゅうべえ》は認めなかった。

庄屋の藤井角右衛門は光安寺《こうあんじ》（藤井家の当時の旦那寺）に浮石村民を集めて村会を開いた。減租されなければ一揆を起こすという村人が多かった。角右衛門《かくえもん》は前もって練り上げていた「三分策《さんぶん》」を提案して村会を収拾した。各農家は年貢額の三分の一を貢納し、三分の一は給領主に証文を書いて次の年にまわし、残りの三分の一を藤井角右衛門《ふじいかくえもん》自身の財産と彼の身内（妻の実家の酒造業）が供出して長府藩への上納を埋めるという内容であった。この三分策で宝永五年を乗り切った。

翌宝永六年（1709）は豊作であった。給領主の用人《ようにん》の安野十兵衛《やすのじゅうべえ》は二割の増税を浮石村に申し渡した。今年の年貢に加え、「三分策《さんぶんさく》」で一年だけ納付猶予された三分の一を払った上に、さらに二割を増税するという。庄屋たちは再び安野十兵衛に減租を嘆願した。安野の顔は農民の方でなく、江戸のご家老様の方を向いていた。

　年が明けた宝永七年（1710）の正月のこと、浮石村民たちの家々に椙杜家の用人たちがやって来て米の粗探《あらさが》しを始めた。農民は自分たちの食用米まで用人に取り上げられ、抵抗すれば投獄された。安野十兵衛たち用人のむごい仕打ちを受けた村民の窮乏は極限に達した。

　当時は集会そのものが『ご法度《はっと》』だった。角右衛門たち五人の庄屋は真夜中に浮石八幡宮（現・亀尾山神社）の床下で極秘の相談を二月から重ねていた。長府藩主の元朝《もととも》はまだ幼《おさ》な過ぎて（六歳）、藩主に直訴しても事態が呑み込めそうにない。徳川将軍に直訴するしかないと、庄屋たちは江戸に向かうことを決めた。ところが、幕府の巡見使が七月に来藩することが三月にわかった。江戸行きを中止し巡見使を待つことに方針変更した。巡検使は将軍の代替わりに派遣される。このたびの巡見使派遣は五代将軍の綱吉が昨年死去し（1709）、代わって家宣《いえのぶ》が六代将軍となったことによる通例の派遣である。藤井角右衛門らは、巡見使が浮石村を通過するのが七月十日になることを知った。五人で杢路子川《むくろうじかわ》に架《か》かる渡瀬橋《わたせばし》（月待橋）の下に隠れ、巡検使が橋を通過する際に直訴することにした。領主を飛び越えてより上位の為政者に訴える『越訴《おっそ》』である。五人の庄屋は事後に処刑される運命であることを承知していた。

　宝永七年（1710）七月十日がやってきた。ちなみに、この年の七月十日は現在の暦（グレゴリオ暦）の八月四日にあたり、二十四節気《にじゅうしせっき》の『大暑』の時期であった。その日の未明、死を覚悟した五人はそれぞれの家で家族と水杯《みずさかずき》を交わした。竹竿《たけざお》に付けた訴状を「渡瀬橋」の下から差し出す役目の藤井角右衛門《ふじいかくえもん》は、その手順を頭の中で何度となく反芻《はんすう》した。五人は早朝から橋の下に潜み、巡見使の一行を待った。ついに昼前、御米道《ごまいどう》に沿って巡見使一行が近づいて来るのが見えた。巡見使たちが渡瀬橋に来た。しかし長時間の熱暑と極度の緊張のために、訴状を差し出す役目の角右衛門は気を失ってしまっていた。直訴は失敗であった。

その夜、巡見使の一行は長府に近い内日下《うついしも》村の堀之内《ほりのうち》の本陣《ほんじん》に宿を取った。百田平右衛門《ももたひらえもん》の屋敷が当時の本陣であった。『堀之内』はそこに豪族の館があったのでそう呼ばれた。『堀』は水を溜めた堀ではなく空堀であった。『堀之内』の地名は現在も、田屋口バス停の西側集落（内日中学の南側一帯）の呼称として残っている。巡見使の一行が宿泊した百田平右衛門の屋敷は西音寺《さいおんじ》の南西二〜三百メートルにかつてあった（今は痕跡も無い）。

翌十一日には巡見使たちは御米道（江戸期往還道）にそって南に下るはずである。直訴に失敗した十日の日の夜、庄屋たちは巡検使の先回りをして夜を徹して浮石村から二十キロばかり離れた内日上村《うついかみ》まで駆けつけると、そこの『一里山』で夜明を待った。庄屋らは一里山にある茶店を直訴の決行地と決めた。茶店の前の煙草畑の葉の中に伏せて到着を待った。『一里山』は山ではなく、現在『亀ヶ原町民館』そばの盛り上がりである。『一里山』の呼称はそこに一里塚が置かれたことに由来する。「江戸期往還道」は今の県道三十四号の東側二百メートルを、県道と並行する形で通っていた。直訴の場所は、現在『浮石義民直訴の地』の碑が建っている県道の西側の場所ではなく、県道の東側の『亀ヶ原町民館』の辺りの『一里山』である。

堀之内の本陣を出発した巡見使一行は『一里山』の茶店までやって来るとそこで休息した。庄屋らの予想が当たった。煙草畑から畔頭《くろがしら》の蕨野太郎左衛門《わらびのたろうざえもん》が飛び出し、巡検使の一人に直訴状を差し出した。「お願いでございまする」と叫びながら差し出した。巡見使の中の岩瀬という副使がその直訴状を受けた。副使が直訴状を手にするのを見届けた残りの四人も煙草畑から飛び出し、土下座して頭を下げた。浮石村から二十キロばかり離れた内日上村の一里山（亀ケ原付近）でのことであった。直訴するや否や、五人は直ちにお供の武士たちに捕らえられ、行列の後尾で引き立てられた。

強訴《ごうそ》は幕府決裁とはならず、処理は長府藩に委《ゆだ》ねられた。このたびの強訴事件は椙杜元世の給領地の浮石村で起きた。当事者の椙杜元世自身が藩の筆頭家老という権勢の地位にある。長府藩の『町奉行所』が事件の処理を担当した。

強訴処理は思いがけない展開を見せた。

町奉行所の役人の内部にも椙杜派と反椙杜派の派閥があった。椙杜派奉行の井上嘉六の庄屋に対する取り調べ方に疑義があると反椙杜派の神野合右衛門が糾弾した。井上嘉六は神野合右衛門と斬り合いとなり、神野に斬り殺された。この斬り合いの中で、同僚の椙杜派の町奉行（田上彦兵衛）も巻き添えとなって斬り殺された。椙杜派の二人を惨殺した神野合右衛門（反椙杜派）は中之町《なかのちょう》の正円寺（長府藩領）に駆け込んで自害をした。斬り合いの際に息子を手助けした神野合右衛門の父も自宅で自害した。この刃傷沙汰《にんじょうざた》が起きたのは直訴からわずか八日目のことであった。

新たな町奉行の元で取り調べが始まり、年末（十二月十日）に判決がでた。年貢二割増しと借米の返済は取り消された。ただし、このたびの強訴に連座した庄屋五名は斬刑とされた。一方、苛政を行った安野十兵衛には切腹が申し渡され、筆頭家老の椙杜元世には三か月の閉門と四百石の減俸が下った。

五人はその年の十二月二十二日に、長府の松《まつ》小田《おだ》の刑場で処刑された。浮石村の村民はその夜のうちに五人の遺体を浮石村まで運び、舜《しゅん》青寺《せいじ》の墓地に埋葬した。舜青寺では現在に到るまで、毎年十二月二十二日に法要を執《と》り行っている。命をかけて村を救った五人を村民は「浮石義民」とよんで称え、現在まで語り継いでいる。副庄屋の奥原九左衛門が残した辞世の句である。『たみ思う、月待橋をあとに見て、身を捨て吾は西に行くなり』

享保五年（1720）、椙杜《すぎのもり》氏は家禄《かろく》を長府藩主に返上して長府を去った。長府を去った椙杜氏は妻の実家を頼って豊前《ぶぜん》国宇佐郡《うさぐん》に寓居《ぐうきょ》した。仮住まいである。しかしそこが火災となって焼け出されると長門国深川《ふかわ》の椙杜の分家に一時滞在をした。その後、妻と娘二人を連れて椙杜氏の昔の給領地であった備後《びんご》の三原に移った。椙杜《すぎのもり》氏は三原で名を三原正白と変えた。享保七年（1722）、椙杜氏は笠岡の智光寺に寄寓しその五年後にその寺で死去している。墓は智光寺にある。やがて椙杜《すぎのもり》の本家は断絶した。椙杜氏の長府出奔後、浮石村は長府藩の直轄地となりそして明治を迎えた。

関ケ原合戦の後、徳川家によって毛利領は百二十万石から三十万石に減り、所領は九カ国から防長二カ国に減封《げんぽう》された。所領の激減は家臣の俸禄を削るだけでは追い付かず、毛利主家は家臣団に帰農《きのう》を勧めた。大内氏の家臣だった藤井氏（角右衛門の祖先）が帰農した際に、藤井氏が浮石で開基した寺が光安寺でここが藤井氏の旦那寺となった。藤井角右衛門が村人を集めて村会をもった寺である。筆者はふとした偶然で角右衛門のご子孫のS氏と懇意になり、彼の先祖の話を直接伺った。浮石義民に関心を抱くきっかけである。

『浮石義民』に関わる地理に言及しておこう。一回目の直訴に失敗した渡瀬橋《わたせばし》（月待橋）は、浮石を通る広域農道が県道二六九号線と交差する場所にあり、杢路子川《むくろうじ》に架かる小さな橋である。橋のそばには『浮石義民直訴之地』と彫りこまれた、自然石の碑が立っている。床下で密談をした浮石八幡宮には、義民碑や角右衛門の旧宅の碑などが残されている。義民の墓は浮石の舜青寺《しゅんせいじ》にある。浮石八幡宮（現、亀尾八幡宮）と舜青寺は国道四三五号の沿線である。

五人が処刑された松小田の刑場に置かれていた地蔵尊の石仏は、現在は刑場に近い福昌禅寺にある。福昌禅寺の『葷酒山門に入るを許さず』の直ぐそばの赤い涎掛《よだれか》けをした石仏がそれである。福昌禅寺は長府駅前のブリヂストン工場から国道九号線を山側（西側）に入って小道を進み山陽本線を越えた直ぐの所にある。

強訴：引地峠《ひきぢとうげ》

『強訴《ごうそ》』とは江戸時代の百姓一揆のことである。所定の手続きを踏まない要求行為だ。一揆の首班はもちろん死罪である。全国的にみて、防長二州は強訴の多い地帯であった。その中でも山代《やましろ》地域は特に訴えが頻繁であった。山代地方は周防国の東端で、現在の岩国市北部の山間《やまあい》の場所である。山代には平地など無い。錦帯橋《きんたいきょう》で知られる錦川《にしきがわ》の上流一帯はかつて『山代郷《やましろごう》』と呼ばれた。『山代郷《やましろごう》』はちょうど山口県と広島県と島根県が県境を接する地域に当たる。『山代《やましろ》郷《ごう》』の中心が本郷村である。

安芸《あき》（広島）の浅原（佐伯郡）と国境を接している秋掛村《あきがけ》（現、美和町）の亀尾川《きびがわ》から萩の城下までを結んでいる経済街道が『山代街道《やましろかいどう》』である。山代街道は全長二十四里（約百キロメートル）ある。亀尾川《きびがわ》から本郷、府谷《ふのたに》、広瀬（錦町）、須万《すま》（周南市）、宮ノ原、金峰《みたけ》、鹿野《かの》、柚木《ゆのき》（山口市徳地）、地福《じふく》（阿東町）、生雲《いくも》、蔵目喜《ぞうめき》（萩市）、吉部《きべ》、福井市《ふくいいち》の集落を経て萩に到る。また、山代街道は途中の地福《じふく》で石州街道《せきしゅうかいどう》（石見国へ向う）と交差した。萩往還や山陽道が「大道」に登録され、山代街道は「中道」に登録されたものの、紙の産地であつた山代と萩をつなぐ経済街道として毛利藩が重視した。街道の一部は藩主や幕府巡見使などが領内の巡見を行う際にも利用された。

幕末に起きた『天保の大一揆』は防長二国の全域に広がった。これが藩政改革のきっかけとなった。つまり、長州藩は農民からの収奪に頼る藩財政がもはや限界であることを悟ったのである。村田清風《せいふう》が登用され、産業振興と財政改革を成功に導いた。財政改革の成功は軍制改革を導き、かくして長州藩は全国を代表する雄藩へとのし上がっていった。本章の主題である『慶長《けいちょう》（山代《やましろ》）一揆』は『天保《てんぽう》の大一揆《いっき》』よりも二百年以上前の江戸初期の事件である。『慶長一揆』の責任を問われた十一人の庄屋たちは処刑された。正確には「十庄屋と一農民」である。十一人の名を末尾に記した。山代地方に居た十二人の庄屋のうちの十人が一揆に連座したのだから大一揆である。『山代慶長一揆』に到る経過を眺めてみる。

『山代《やましろ》地方』は、山あいに散在した村々の集合体とみなせる。各村は峻険《しゅんけん》な山によって互いに隔てられていたために統一した集落を形成できなかった。村落集合体といえる山代でその中心となった村が本郷村であった。本郷村には江戸期に代官所（奥山代宰判《おくやましろさいはん》）が置かれたし、明治以降には本郷村に警察署（駐在署や派出署ではない）が置かれた。安芸藩（広島）の浅野家に対する警戒心が強かったのである。

戦国時代には、山代地方は名目上は大内氏の支配下であったが、実際には、『刀禰《とね》』と呼ばれる有力な土豪《どごう》（小領主）たちの勢力が強い場所だった。『刀禰《とね》』の呼び名は、奈良時代までは『地方豪族』を指《さ》す一般的な呼称であった。それが平安期には『郷村《ごうそん》（村落合併体）』の下級官人の呼称に変わり、近世では村内有力者の呼称となった。刀禰姓は北陸地方や長州の萩方面に長く残存する。そうした場所として山代地方でも『刀禰《とね》』の肩書が近世まで残存した。『本郷村史（平成三年、本郷村教育委員会）』の中世の項には、武力を持った地区リーダーとしての『刀禰《とね》』がたくさん登場する。山代《やましろ》では大内家の直接支配ではなく、『刀禰《とね》』による各村ごとの自治が行われていたのだ。

大内氏が家臣（陶隆房《すえたかふさ》）の反乱で倒され、さらにその四年後には陶氏も毛利氏に倒された。毛利氏の勢力が旧大内領に浸透し始めると、それまで自治を行ってきた刀禰らの毛利氏に対する忌避感は強く、大内・陶方の刀禰と毛利氏との間で大小多数の戦闘が発生した。また、刀禰に対する地侍《ちざむらい》の反発も起き始めた（本郷村史）。厳島合戦《いつくしまかっせん》で勝利を収めた毛利元就《もうりもとなり》が大内氏の旧領への侵攻を始めると、山代の大内側の刀禰らは近隣の兵を集めて成君寺山城《じょうくんじさん》を拠点に抵抗した。成君寺山城《じょうくんじさんじょう》の戦いの頃には山代の内部は旧大内方の刀禰と侵入者毛利に帰順する地侍《ぢざむらい》との集団に分かれ、互いが戦った。山代は双方の草刈り場となったわけである。一年前の天文二十三年（1554）頃までは山代の十三郷は互いに同士であったが、成君寺山城決戦では八郷（大内・陶方）と五郷（毛利帰順方）に分裂して殺し合った。弘治二年（1556）二月十二日、成君寺山城《じょうくんじさん》が落城した。成君寺山城《じょうくんじさん》の落城で、山代《やましろ》地区の毛利支配が完結した。

関ヶ原の戦いでは毛利氏は西軍の総大将に祭り上げられ、徳川家康方の東軍と敵対する形となった。その結果、戦後処理で毛利氏は中国地方の覇者の座から転落した。中国地方八カ国（百二十万石）から防長二カ国（三十万石）へと、大幅な減封《げんぽう》である。さらにまずいことに、毛利家はそれまで保持していた所領（八カ国）で、すでに当該年の貢租《こうそ》を徴収済みであった。つまり、旧領地の六カ国に新たに入部してくる大名連中に対して毛利が既に徴収していた二十一万石分を返済しなくてはならなかった。さらに言えば、毛利氏は関ケ原合戦の前に広島城の修理に多大な出費をしていたし、豊臣秀吉の朝鮮出兵にも莫大な財政出動を余儀なくされていた。要するに夥《おびただ》しい借財を背負っていたのである。借財の返還義務と減封による財政逼迫の二重苦に見舞われた。これらが毛利氏が防長の領民へ酷税《こくぜい》を課した根本の背景である。

防長二州に押し込められた毛利家は家臣団を維持するため、まず家臣団に『帰農』を督励した。帰農を拒んで防長二州に留まった家臣に対しては彼らの『禄』を半減した。その一方で毛利主家は極端に厳しい検地を実施し、石高《こくだか》の大幅な増収を図ろうとした。『慶長検地《けいちょうけんち》』である。検地で課税石高を増やすとともに、俗に『防長四白政策』と称する「白い色の」産業、つまり「米、塩、紙、蝋《ろう》」の生産を督励《とくれい》して難局を乗り切ろうとした。山代農民への税は「七つ三分（七十三%）」という桁違《けたちが》いの過酷さで、ほとんど「生き殺し」の強奪であった。『一つ』が年貢割合の十%である。

ちなみに、関ケ原合戦の前（豊臣政権時代の天正年間）に毛利氏が山代地方で実施した検地では、山代の石高は五千三百石であった。それが慶長検地《けいちょうけんち》（1605～1610）では、石高《こくだか》は二万八千三百石にかさ上げされている。五倍である。この水増しされた石高に対して年貢がかかる。一反あたりの米の収量を高く設定しただけではない。小成物《こなりもの》と呼ばれる各種作物も課税対象とすることで人為的に石高を高く見積もったのである。山代地方は、田畑が少なく、シカやイノシシが穀物を荒らすので、年によっては殆ど収穫が叶わないような地域であった。戦国時代の末期には、安芸国《あき》（広島）から山代地方に、楮《こうぞ》の栽培法と紙漉《かみすき》の技術が伝わった。楮は紙の原料である。紙は高値で売れたので米作が貧弱な山代地方では紙の生産は有力な自活産業に育っていた。慶長検地《けいちょうけんち》では、毛利氏はこの紙生産に目を付けた。農民は紙まで年貢として上納させられた。ほかの小成物であるクリ、ミカン、カキ、茶、桑、ウルシまで課税対象に加えた。

全国的にみて防長二国は一揆が多い地帯である。藩政期を通じて防長二州で五十件の一揆が起きている。そのうち、狭隘《きょうあい》な山代地方だけで十四件と、一揆は山代に圧倒的に多い。それでも毛利藩は「紙漉百姓《かみすきびゃくしょう》の言い分を聞いていたらキリがないので、厳しく当たるように」との方針を貫き続けた。

話はそれるが、享保《きょうほう》十二年（1732）に山代地方を襲った凶作は特筆される。少ない畑地に加えて、さらに害虫（ウンカ）被害が加わったのである。青い稲が食い荒らさる光景を目にしつつ、農民は泣き叫んだという。加持祈祷《かじきとう》もウンカには無力であった。収穫期を過ぎ、年の瀬が近づくころ、山代の農民は次々と餓死していった。萩から来た検見衆《けみしゅう》（石高調査の役人）がシイナ（実の入っていない籾《もみ》）まで持ち去って行ったからである。山代地域の美和《みわ》町の下畑《しもはた》に東大寺《とうだいじ》という曹洞宗《そうとうしゅう》の寺がある。県道五十九号と県道百三十号が合した所にあり、狭い急坂を上れば東大寺である。ぜひ足を運ばれるがいい。東大寺の墓地には「餓死三百人墓」がある。餓死三百人墓の脇には『当村餓死三百人の墓』の石碑がぽつんと立っている。九百四人の下畑《しもはた》の農民の三割が餓死したのである。寺の過去帳には餓死した三百四人の戒名が今も残っている。生きのびるため、ワラビやカズラの根を掘って食べた。いよいよ食べ物が尽きた時、農民は囲炉裏《いろり》のそばの筵《むしろ》を剥《は》いでそれを煎《せん》じて飲んだ。囲炉裏《いろり》ばたの筵《むしろ》には日ごろの食べカスが沁《し》み込んでいたからである。この飢饉（1732）では、山代《やましろ》を含む三十三村の死者は三万四千七百十六人、防長二州では十七万七千五百人であった。私も妻も、草茫々の墓の前でただ立ち尽くすのみであった。本題に戻る。

徳川に減封された毛利氏が山代の農民に指示した「七つ三分（七十三%）」は、農民にとって担税不能であった。慶長十三年（1608）十月、本郷村の庄屋の北野孫兵衛《きたのまごべえ》をリーダーとした山代郷（十カ村）の十一庄屋は農民らを駆り立て、一揆に誘導した。実力行使に訴えたのである。意外にも、山代代官所は農民側の要求をあっさり認め、年貢割合を要望どおりの「四つ（四十%）」まで引き下げた。代官所の人員だけで一揆を取り締まるのが不可能だったので、一時的に農民を鎮撫して時間稼ぎをしたのである。「四つ」を獲得できたので一揆は解散した。

半年後（1609）の三月二十八日、庄屋代表の北野孫兵衛《きたのまごべえ》のもとに代官所から通達が届いた。昨年の一揆の扇動に関与した庄屋全員、明日代官所に出頭せよ。

翌三月二十九日、山代地区の十一庄屋が代官所に出頭した。途端に彼らは荒縄で捕縛された。庄屋らはそのまま引地峠《ひきぢとうげ》に連行され、直ちに斬首された。

安芸国境の釜ケ原《かまがはら》（秋掛村《あきがけ》）と本郷村との間にある引地峠《ひきぢとうげ》が処刑の場所である。簡単にご案内しよう。引地峠のそば（百メートルほど釜ヶ原寄り）には『中ノ川山《なかのかわやま》』の一里塚が今も残る。防長二州に残っている一里塚の中では最も原形を留めているものだと筆者は思う。一里塚は一里ごとの区切りなので一里塚である。山代街道は全二十四里なので、二十五か所に一里塚があった。『中ノ川山』一里塚は安芸境《あきざかい》から二番目、萩からは二十四番目に当たる。

諸藩に対し、幕府は主要な街道筋には一里塚だけでなく松並木を設けるよう指導していた。庄屋らの処刑場となった引地峠には昭和初期までは松が残っていた。庄屋たちはこの松の大木に繋《つな》がれ、順次首を斬り落とされていった。血が付着した刀を洗った『太刀洗《たちあら》いの池』が処刑場から百メートルほど本郷側にある。現在、その場所はかすかな窪みが残るだけで地面は乾いており池の面影《おもかげ》は無い。『太刀洗いの池』と本郷間の山代街道は今は樹木が繁茂し、もはや通行が不能である。従って読者が引地峠に達するには秋掛《あきがけ》側から入るしかない。秋掛釜ケ原《かまがはら》を通る県道一三四号線の道路脇には旧山代街道を表す『中ノ川山一里塚入口』の標識がある。そこから脇道に入る。標識から一キロ半ほど雑草の生えた小道を歩くことになる。『中ノ川山一里塚』までは一キロ強で、それから引地峠までは直ぐである。

斬刑の後、十一の首級《しゅきゅう》は見せしめのために物河川《ものこう》（現在は本郷川の呼称）の渡し場の土手に設けた梟首台《きょうしゅ》に晒《さら》された。まさに獄門《ごくもん》の刑《けい》である。梟首台《きょうしゅ》を見張っていた役人たちが立ち去った夜、地元民は川土手に晒《さら》された十一の首級の中から北野孫兵衛《きたのまごべえ》の首を持ち去り、成君寺《じょうくんじ》の裏山に葬《ほうむ》った。成君寺《じょうくんじ》は成君寺山の山頂近くにある臨済宗《りんざいしゅう》寺院で、五百年以上の歴史を刻む。室町期の諸文書も残る古刹《こさつ》である。

成君寺山は標高七百メートル弱の山で、その頂上には前述のとおり、かつて刀禰たちが築いた成君寺山城がある。大内氏側の城砦《じょうさい》であった。成君寺山は大内氏の領国を手にした陶氏と新たな侵入者毛利氏との間で激戦が戦われた舞台である。古刹成君寺への道は標高以上に険しい。本郷の中心部（今市《いまいち》）から北東に進むと宇塚《うづか》の集落となる。登り道の途中の分岐（左成君寺、右成君寺山）を左に取る。以後は車一台がギリギリの山道である。杉林の中のウネウネ道をおよそ一キロほど登ると、右手の道路脇に石仏が一つ現れる。そこを右に上ると寺が現れる。成君寺ではなく国穏寺《こくおんじ》である。

国穏寺は山代地方の民に強制された紙の生産に関係した寺である。つまり、藩政時代の開基である。紙の原料の楮《こうぞ》の生産量が落ちてきたため、楮の増殖の願いを込めて建立された寺である。本郷村には楮神社もある。楮は単なる紙原料という以上に、生命を支える植物だったのである。幕末には国穏寺は諸隊の一つの神威隊《しんいたい》の屯所《とんしょ》となった。本郷は寺の多い場所である。安芸《あき》と対峙《たいじ》する本郷には幕末期に諸隊の屯所となった寺が多い。幕末の芸州《げいしゅう》藩（広島藩）は幕府方だったからである。本郷の中心部の今市の西照寺《さいしょうじ》は諸隊の一つの偕行団《かいこうだん》が駐屯していた。芸州藩は倒幕戦争の直前に薩長方に寝返ったものの、日和見《ひよりみ》の藩として信用されず明治維新の主流から除外された。

国穏寺から成君寺までは〇・八キロの距離である。未舗装の道はあるが車の通行は難しく「通行困難」の注意書きがある。

成君寺の山門には仁王門がある。色は薄呆《うすぼ》けてしまっているが朱塗りの仁王が立っている。成君寺が無住《むじゅう》となって久しい。成君寺のそばの山中に北野孫兵衛のものとされる首塚が残る。本郷には建立寺《けんりゅうじ》というお寺がある。寺は本郷の中心部（今市）から成君寺山方向に直ぐの場所である。住職は朗らかな方で、貴重なお話を伺うことができた。庄屋たちの処刑後、ある僧が五十年間にわたって追善供養《ついぜんくよう》を続けたという。その行為が毛利公の耳に達して、山代の地に浄土門の寺を建立して庄屋たちを追悼《ついとう》するよう奨められたという。これが建立寺《けんりゅうじ》である。住職が筆者らを案内してくれた本堂の一隅には、十一庄屋合同位牌が安置されていた。

《補遺：犠牲者》

庄屋：西村　治左衛門（府谷村《ふのたに》）
庄屋：岡　新左衛門（河山村）
庄屋：北野　孫兵衛（本郷村）
庄屋：中内　助右兵衛（波野村《はの》）
庄屋：新原　神兵衛（生見村《いきみ》）
庄屋：楊井　市助（南桑村《なぐわ》）
庄屋：宗正　作兵衛（阿賀村《あか》）
庄屋：宇佐川　五良兵衛（大原村）
庄屋：廣兼　七良兵衛（宇佐村）
庄屋：山田　平兵衛（宇佐郷村《うさごう》）
百姓：中内　孫右衛門（波野村《はの》）

一衣帯水：三井楽《みいらく》

五島列島《ごとうれっとう》の中で一番大きい島は福江島《ふくえじま》である。福江島は五島列島の南西端にあるので、本土側からみると正《まさ》に最果《さいは》ての島である。福江島に三井楽《みいらく》という集落がある。三井楽は最果ての島の中のさらに最果ての場所にある集落である。三井楽《みいらく》は遠い昔、遣唐使たちが旅立った港なのである。空海《くうかい》は、遣唐使として日本を離れる日に三井楽の柏崎《かしわざき》の岬に立っていた。後年、その時の心境を『辞本涯《じほんがい》』と表現した。「日本さいはての地を去る」という意味である。

筆者が三井楽《みいらく》に出かけた理由の一つは

『辞本涯《じほんがい》』を感じるためである。空海と同じ空間に立ってみたかったのである。今一つは、万葉集の挽歌《ばんか》に登場する「荒雄《あらお》」が黄泉《よみ》に旅立ったという最期《さいご》の海辺を見たかったからである。誘ったら、妻も同道すると言った。

『みいらく』とは大和言葉らしくない。原則、「ら」行の言葉は大和言葉ではない。以前、「らく」について考えたことがあった。海辺に限らず、人の集まった場所を『らく』とよぶ渡来集団がいたのかも知れない。村落とか集落とかはその名残ではないか。離島の周防大島のさらに離島に浮島《うかしま》がある。浮島には三集落あるがその一つが『楽の江』である。やがて漢字が日本に渡来してきた時、「落」の文字は悪字なので、漢字遊びをして真反対の「楽」の文字を当てたのか。例えば、芦は「悪し」を連想させ、「篠」は「死の」を連想させるので「芦川を吉川」にしてみたり、「篠野を生野」に変える類の操作である。

三井楽《みいらく》は中世まで「みみらく」とよばれていた。「みみ」は端っこを表す古語のようで、「パンの耳」もそうだし、顔の耳もそうである。三井楽は確かに最果《さいは》ての集落で、日本の施政権が琉球列島に及ぶ江戸期までは国土の西の果ては三井楽であった。

遣唐使は三井楽から船出した。中国本土に最も近い場所なので合理的といえば合理的である。遣唐使船の帆がうまく風を捉《とら》えて走れば、三井楽から約一週間で東シナ海を横断できたのである。遣唐使よりも前の遣隋使《けんずいし》の時代には、それよりももっと安全な航路を選んでいた。「壱岐→対馬→金海（朝鮮）」のルートで、これがいわゆる『北路《ほくろ》』である。北路で朝鮮に到着した後は朝鮮半島の西海岸に沿って北上し、遼東《りょうとう》半島《はんとう》で渤海《ぼっかい》（黄海の北部海域）を横切って中国本土の山東半島《さんとうはんとう》に上陸した。上陸後は陸路で長安《ちょうあん》（隋の都）に行った。遣隋使の派遣は前後五回（600～614）あり、特に第三回遣隋使は、中学校の社会科に登場する小野妹子《おののいもこ》が使節となったものである。

しかしその後、倭《わ》（日本）と百済《ペクチェ（くだら）》連合は、唐と新羅《シラ（しらぎ）》連合と戦争状態となり、倭は白村江《はくすきのえ》で戦って敗れてしまった（663）。こうして倭は朝鮮半島での足場を失った。その十三年後（676）、新羅《シラ》は同盟国だった唐を朝鮮半島から駆逐して朝鮮半島を統一した。そんな経緯で、朝鮮半島を利用する北路での遣唐使の派遣は不可能となった。北路に代わって新たに登場したコースが、中国本土にもっとも近い三井楽《みいらく》を利用するルートである。遣唐使が派遣されていた時代には三井楽は日本の西の最果《さいは》てであり，東シナ海を横断するための最終寄港地であった。

我が国の古代に『風土記《ふどき》』という地誌がある。政府が和同六年（713）に全国に向けて郡郷名やその由来や特産物や地元の伝承を報告させたものである。『風土記』はまさに遣唐使の時代に成立した同時代の文献である。肥前国《ひぜんこく》の風土記の中に『美《み》禰《み》良《ら》久《く》之埼《さき》』の表記で三井楽が登場する。つまり当時の三井楽は有名な港だったのである。もっとも、福江島の北部海岸はリアス式海岸なので、三井楽の周辺の多くの入り江も遣唐使船の停泊地に使えそうで、三井楽の南東にある岐宿《きしく》の入江（白石湾）が遣唐使の日本最後の寄港地に使われたこともあった。岐宿町《きしくちょう》の小さな祠《ほこら》には遣唐使船の「ともづな石」が奉納されていた。要するに碇《いかり》のことである。

遣唐使船は帆船であった。当時の帆は草や竹を使って編《あ》んだ粗末な莚《むしろ》であり、船は風任せに進んだ。風や潮の向きによってはどこに着くか分からなかった。無風であれば、船べりに坐った水夫《かこ》たちが太鼓の音に合わせて櫓《ろ》を漕《こ》いだ。遣唐使は倭（和）から唐への朝貢使《ちょうこうし》だったので、元旦に長安《ちょうあん》（唐の都）で行われる『朝賀の儀《ちょうがのぎ》』に参列しなければならない。中国の沿岸に到着後の内陸部の徒歩行程を考えると、夏（現在の暦での秋）には日本本土を発っていなければいけない。これが遣唐使の出発が夏になった理由である。時期的に台風に遭遇するかも知れず、「運任せ」であった。三井楽ルートは中国に行くには最短だが、もっとも危険なルートであったのだ。

奈良時代以降は一回の遣唐使の編成数は四〇〇～五〇〇人である。その人数が四艘に分乗するのが定型となった。遣唐使たちは難波津《なにわづ》（大阪）で遣唐使船に乗船した。難波津で家族との別れを惜《お》しんでいたのである。父や息子たちが無事に帰還できるか不安だったであろう。日本への帰還率は約六十五％という状況であった。難波津を発《た》った遣唐使船は瀬戸内海を西に進み、一旦、那の津《なつ》（博多《はかた》）に停泊して風待ちをした。その次の停泊地は三井楽であり、ここが最後である。第十四次遣唐使は難波津《なにわづ》から那の津《なのつ》に向かう途中の安芸《あき》（広島）の瀬戸内海で二隻が難破して遣唐使から脱落した。第十五次遣唐使は唐で『安禄山の反乱《あんろくざん》』がおきたため派遣そのものが中止された。佐伯眞魚《さえきのまお》（のちの空海）が参加したのは第十六次遣唐使である。延暦《えんりゃく》二十二年（803）、第十六次遣唐使は悪天候のため延期となり、翌年改めての出発とされた。

七月六日（804）、一年順延された第十六次遣唐使の出港の日である。この第十六次遣唐使の留学生の中に若干三十歳の佐伯眞魚《さえきのまお》がいた。佐伯眞魚《さえきのまお》は讃岐国の多度津《たどつ》出身の青年である。出発の日、佐伯眞魚は東シナ海に突き出た三井楽の柏崎《かしわざき》の岬に立った。彼が眺めた日本最後の風景とは目の前にどこまでも広がる青い海であった。後年、佐伯眞魚が書物の中で、三井楽の柏崎の岬に立った時の心境を表現したのが前述した『辞本涯《じほんがい》』、「日本さいはての地を去る」である。

三井楽の柏崎岬の北側の直ぐ眼前には、青い海の中に一つ、まるで描いたような姫島《ひめじま》が見える。柏崎岬の西側（中国方向）に目をやれば、本当に、ただ真っ青な東シナ海が広がるだけである。遣唐使たちはこの絶景を見納めとして命がけで海に乗り出した。

姫島を背にして柏崎の丘に立つ空海の像と『辞本涯』の碑は感動的である。柏崎公園内には遣唐使として旅立つ我が子の無事を祈る母の歌を刻んだ万葉歌碑も建立《こんりゅう》されていた。『空高く旅する鶴たちよ、霜降る野に眠る我が子を見たら、どうぞその羽で包んで温めておくれ』、との大意の歌であった。

第十六次遣唐使船は四隻の定型であった。佐伯眞魚《さえきのまお》が乗船したのは大使が乗る第一船であった。この第十六次の入唐船団は、第三船と第四船が東シナ海で遭難してしまい、中国にたどり着けたのは第一船と第二船だけであった。ちなみに同道した高僧の最澄《さいちょう》が乗船していていたのは第二船である。このあたりはもはや「運」である。

佐伯眞魚の乗った第一船も航行中に嵐に遭って船が破損し、帆は折れ、三十五日を漂流した。第一船は航海ルートを大きくはずれてしまったが、八月十日に漸く『赤岸鎮《せきがんちん》』に漂着した。台湾海峡の北西にある赤岸鎮は福州《ふくしゅう》の一寒村《かんそん》である。筆者らもさすがにここまでは訪れていない。赤岸鎮は漁村なので遣唐使一行が泊る宿は無く、浜辺での野宿となった。赤岸鎮に漂着した延暦二十三年の「八月十日」は今の暦の「九月十七日」なので、野宿できない気候でもない。

悪いことに、第一船の留学生集団は海賊の嫌疑をかけられ、数十日間赤岸鎮に待機させられた。この時、遣唐大使（藤原葛野麻呂《ふじわらのかどのまろ》）に代わって福州長官あての出発嘆願書を代筆したのが佐伯眞魚《さえきのまお》である。佐伯眞魚の理路整然とした文章とその美しい筆跡により漸く遣唐使だと認められた。佐伯眞魚《さえきまお》は器《うつわ》が違っていたのである。十一月三日に出発許可が出た。長安までは直線距離でも一五〇〇キロメートルある。結局、長安に入ったのは十二月二十三日で、元旦の朝賀の儀にはギリギリ間に合った。佐伯眞魚が『空海』として博多津に帰国したのは大同《だいどう》元年（806）十月である。

五島列島《ごとうれっとう》は国境の島である。江戸期には本土で迫害を受けた多くのキリシタンたちが長崎からこの島に移住してきた。しかし、五島が安住の地とはならなかった。五島藩は当初こそキリシタンに対してあまり厳しい取り締まりを行わなかったが、やがてキリシタンを捕えては棄教を迫り、弾圧（五島崩れ《ごとうくずれ》）を繰り返した。福江島内を廻ってみると、キリシタンたちに棄教を迫った拷問《ごうもん》施設が随所にあった（楠原牢屋など）。キリシタンたちはこのような迫害を耐え抜き、地下で信仰を守り抜いた。現在も五島は人口の十％以上がカトリック信徒である。明治政府の方針転換によって信仰の自由が認められると、地下で信仰を守っていた五島のキリシタンたちは五島の各地に次々と教会堂を建て始めた。福江島にはカトリック教会が実に多い。

中世の日本人の目には、福江島最西端の三井楽は「死者に逢える西方浄土」であった。藤原道綱《ふじわらみちつな》の母は十世紀の半ば過ぎ日々の生活やときどきの苦悩などを『蜻蛉日記《かげろうにっき》』に綴っている。京で生活していた彼女の頭の中でも、三井楽は亡くなった人に会える西方浄土として意識されていたようである。『いずことか音にのみきく、みみらくの、島がくれにし人をたずねむ』。『ありとだに、よそにても見みむ、名にしおはば、われに聞かせよ、みみらくの島』。

三井楽は中国文化の中継地点だった。遣唐使の時代には三井楽の通りには『市《いち》』が立ち、大賑《おおにぎ》わいだったらしい。出港を控えた留学生たちは船内での生活や異国での生活に要《い》りそうな物を、ちょうど現在のコンビニ店でのように、物色したようである。そうした往時の町の賑わいの痕跡でもどこかに残っていないかと、三井楽の古い通りを散策してみた。ふぜん河（遣唐使に飲料用水を供給した湧水井戸《ゆうすいいど》）といったゆかりの施設を除けば、往時の賑わいは時の流れの中に消え失せていた。

話は少しとぶが、三井楽にゆかりのある『志賀《しか》の荒雄《あらお》』の歌は哀《かな》しい。時空を超えて哀しい。ここに記してみよう。『志賀の荒雄』は万葉集の三八六〇番から三八六九番の十首に登場する。志賀村（今の志賀島《しかのしま》）の漁師である荒雄《あらお》が宗像《むなかた》の津麿《つまろ》に頼まれ、津麿《つまろ》に代わって対馬に向かったが、その途中で遭難してしまった実話である。その時代の状況の説明が少し必要であろう。

前述したように、倭《わ》（日本）と百済《ペクチェ（くだら）》の連合軍は、白村江《はくすきのえ》で唐と新羅《シラ（しらぎ）》の連合軍と戦って敗れた。この敗戦をきっかけに倭は朝鮮半島から駆逐された。時の倭の実質的な為政者は中大兄《なかのおおえ》である。中大兄《なかのおおえ》は「唐・新羅軍」の日本襲来に怯《おび》え、西日本の一帯のあちこちに防御施設（城《き》）を築かせた。それに留まらず、中大兄《なかのおおえ》は本土の沿岸や島嶼《とうしょ》に防人《さきもり》軍団を駐屯させた。

大陸と一衣帯水の対馬の城《き》や防人《さきもり》は防衛の最前線であり重要であった。魏志倭人伝《ぎしわじんでん》に記されているように、対馬は本来穀物が採れない島である。防人《さきもり》団のための食糧は本土から小舟で輸送したのである。輸送に従事する舵取《かじとり》（専門の漕ぎ手）がいた。大宰府が指名した専門の漕ぎ手が宗像郡の宗形部津麿《むなかたべつまろ》である。私見では『宗形部《むなかたべ》』は海人族《かいじんぞく》の末裔《まつえい》で、海上交通のプロ集団である。日本海流の流速は最大で四ノット

（時速七・四キロ）と速い。博多からいきなり対馬を目指せば船は日本海上を東に押し流され、海を彷徨《さまよ》うことになる。宗像部の舵取りはそのあたりの潮の動きを熟知していた。対馬に食糧を輸送するには、まず一旦三井楽に向かい、三井楽から日本海流に乗って対馬を目指すのである。

筑前国の志賀島《しかのしま》に荒男《あらお》という白水郎《はくすいろう》がいた。万葉時代は漁師のことを『白水郎』とよんでいた。中国沿岸部の「白水《はくすい》」という集落が海人《あま》の住む場所だったからである。荒雄は宗形部津麿《むなかたべつまろ》の知り合いであった。ある時、宗形部津麿《むなかたべつまろ》が荒雄を訪ねてきた。「大宰府の役人から穀物輸送を命令されたが、ワシはもう年老いて顔も歯も衰えて海路に耐えられそうもない、お前が引き受けてくれないか」。そう言って荒男に輸送を頼んだのである。荒男は「あなたとは住んでいる郡は違うが、同じ海に生きる人間だ、命に代えて引き受けよう」と答えた。こうして『肥前國松浦縣美禰楽《まつらがたみみらく》より舶発《ふなだ》ちせり』となった。対馬を目指して鴨丸《かもまる》（荒雄の持ち船）が三井楽を出港した途端に空が暗くなり大嵐となった。鴨丸は嵐で転覆したものであろうか、荒男は二度と戻らなかった。

志賀島の家では、妻と子がずっと荒雄の帰りを待ち続けた。夫がいつ帰って来てもいいようにと、妻は食卓の夫の席には毎日欠かさず食器にご飯を盛っていた。戻ってこない夫の手がかりを探そうと、仲間の漁師たちが沖から戻るたびに、妻は「沖で夫を見なかったか」と尋ね続けた。手元の万葉集（折口信夫訳、河出書房新社）を改めて繰ってみた。三八六〇番から三八六九番の十首を口語訳で示す。

『天皇の命令でもないのに、自ら進んで行った荒雄が、沖から私に袖《そで》を振っているよ』

『荒雄が帰って来るか来ぬかと、飯を盛って門に立ち、待っているのに帰っては来ない』
『志賀の山をひどく伐《き》らないでおくれ、荒雄はそれを目当てにして帰って来るのだから』
『荒雄が出かけた日から志賀の海人《あま》がいた大浦《おおうら》田沼《たぬま》は寂しくなったよ』
『大宰府が命じたものならともかく、自ら進んで行った荒雄は、波間で袖をふっている』
『荒雄は妻子の暮らしのことも考えず行ってしまった、妻はもう八年も待つのに帰らない』
『鴨丸《かもまる》という舟が帰ってきたら、也良の崎《やらのさき》の防人《さきもり》たちよ、直ぐに知らせておくれ』
『鴨丸という舟が、也良《やら》の崎を廻って漕いで来たという知らせが聞こえてこないものか』
『沖を行く朱塗りの官船に贈り物をことづけたらひょっとして荒雄を探し当て開けてみるのかも知れない』
『大船に小舟を引き連れて、どんなに水に深く潜っても、志賀《しか》の荒雄に会うことはあるまい』

夫が船出した経緯《いきさつ》を知った妻と子が、戻ってこない夫と父を求めて詠んだものとされている。一説では、十首は夫を失った妻の悼《いた》みを山上憶良が詠んだものだとされる。当時、大宰府に赴任していた筑前国司が山上憶良《やまのうえのおくら》であった。

私の妻は今も言う。『辞本涯』の石碑より、三井楽の資料館で観た荒雄の歌の方を強く思い出すと。どうも男と女の感慨は違うようである。

一衣帯水：王が生まれた島

朝鮮半島に現存する最古の歴史書が『三国史記』である。ちなみに、中国の文書《もんじょ》は『三国志』である。その編纂は高麗《コマ》（こうらい）時代（918-1392）である。『三国史記』の中に、百済《ペクチェ》（くたら）の第二十五代王、武寧王《むりょんわん》（ぶねいおう）が記述されている。武寧王《むりょんわん》は高句麗《コグリョ》（こうくり）

に圧迫されて危殆《きたい》に瀕《ひん》していた百済《ペクチェ》を復興した英主である。何かの折、筆者は武寧王が日本の離島で生まれた史実を知った。それに関して、韓半島の文献でも日本の文献でもほぼ同一の内容なのである。

朝鮮と日本に残存する武寧王に関わる文書群《もんじょ》（『三国史記』、『三国遺事』、『日本書紀』）の記述からも、武寧王の存在はもとより、彼が日本の離島で誕生したとの事蹟《じせき》は確実そうであった。『三国史記』が編纂されたのは十二世紀なので、武寧王《むりょんわん》が活躍した三国時代（四〜七世紀）とはかなり離れているが、同書は三国時代（新羅・高句麗・百済）から統一新羅の末期までの出来事を網羅している。もう一つの書物の『三国遺事』は高麗時代のある僧が編集した歴史書で、こちらも韓半島では『三国史記』に次ぐ古代史書と位置づけられている。そしてもう一つ、『日本書紀』がある。それらいずれの史書でも、武寧王《むりょんわん》は四六二年の日本生まれである。武寧王《むりょんわん》時代の日本の大王《おおきみ》（天皇）は雄略《ゆうりゃく》天皇とその前後の大王《おおきみ》である。五世紀に中国で編纂《へんさん》された『宋書《そうしょ》』の中では、雄略天皇（同書では『倭王武《ぶ》』）は、百済《ペクチェ》を支援した大王《おおきみ》となっている。

武寧王《むりょんわん》の誕生の経緯《いきさつ》はこうである。百済の蓋鹵王《けろわん》（がいろおう）は倭《わ》（日本）との友好を図るため、弟の昆支王《こんきおう》を人質として倭（日本）に送った。この時、蓋鹵王《がいろおう》は自分の息子の東城王《とうじょうおう》（トンソンワン）の複数の后《きさき》の中の一人を弟の昆支王《こんきおう》にプレゼントした。この夫人は、昆支王に付いて日本に渡る時には既に東城王《とうじょうおう》の子を身籠っていた。昆支王は臨月に近い甥の夫人と同行したわけである。夫人は日本に渡る途中の加唐島《かからじま》で男児を出産した。これが武寧王《ぶねいおう》である。武寧王はすなわち東城王の息子だと史書は伝えている。『日本書紀』では加唐島で生まれた男児は蓋鹵王《ケロワン》（がいろおう）の子となっている。『日本書紀』では、島《セマ》（しま）で生まれたので、その男児は「島君《せまきし》」と名づけられ、加唐島《かからじま》から百済に送り返されたとしている。さらに日本書紀では、「この男児がやがて王として即位したので、百済の民は加唐島《かからじま》のことを『主島《ニリムセマ》』とよぶようになったと述べている。

昭和四十六年（1971）、武寧王を葬《ほうむ》った陵墓《りょうぼ》が韓半島で発見された。多数の副葬品とともに墓誌も見つかったのだ。墓誌によれば、武寧王は462年に生まれ、523年に死没している（62歳）。「没年523年」と、「六十二歳で死亡」したことは『日本書紀』の記述とまったく同じなのである。劇的である。百済の首都の漢城《ハンソン》（かんじょう、ソウル）が敵の高句麗《コグリョ》（こうくり）に奪われ混乱した時代に武寧王《ぶねいおう》は百済の安定を回復した英主である。

佐賀県唐津市鎮西町《ちんぜいちょう》の『加唐島《かからじま》』が百済の王の生まれた離島である。日本書紀の記載である。『加唐《かから》』は大和言葉《やまとことば》（和語）としては理解できない響きである。「伽耶加羅《かやから》島」のことではなかろうかとぼんやり考えてきた。伽耶《かや》も加羅《から》も朝鮮半島南部にあった古代の小国家の名である。現在のような国境は無い時代である。加唐島から韓半島はほんとうに近い。加唐島からは壱岐の島影が見えるし、壱岐からは対馬が見える。対馬からは韓半島の街並みが見える。一衣帯水の距離なのである。筆者は百済第二十五代の武寧王が誕生したという加唐島に何としても行ってみたかった。

加唐島は佐賀県域の最北端の離島である。加唐島には呼子《よぶこ》港からの船便がある。筆者は呼子《よぶこ》の桟橋に降り立った。実は、筆者らは加唐島への渡航を何度か企てていた。初回は、呼子の渡船場に着いたものの台風の接近で航行が取り止めになった。妻を伴った二度目は、妻が朝の化粧に手間取り、出航一分前に渡船場に着いた。

駐車場所を探す間に船は出てしまった。呼子港の桟橋《さんばし》に来たのはこれで三度目である。今回は、同じ轍《てつ》を踏むまいと、妻の寝息を確認してこっそり自宅を後にした。呼子には年に数回は足を運ぶので通い馴れた道である。呼子港の加唐島行の渡船場に降り立った。一人で来た今回こそは加唐島に渡れそうである。

連絡船の横腹には、〝ＫＡＫＡＲＡ〟と赤く船名が書かれていた。間違いない。乗船を目論んでいるのは、筆者の他には釣り客が一人だけであった。お互いに目礼し、その後は一言も言葉を交わさなかった。相手の男は、持ち物が傘一本だけの筆者を改めて確認するように、私の頭から足先まで視線を走らせた（傘一本では魚は釣れないし、島民ではなさそうだし、葬儀に駆け付けた親族にしては服装が無茶だし、何だろ）。

浮き桟橋で出航時刻を待っていると、同じ浮き桟橋の向かい側に外海から別の連絡船が着岸してきた。郵正丸《ゆうしょうまる》の船名と『馬渡島⇕呼子』の文字が横腹に書かれていた。『馬渡』は「まだら」と読む。韓半島の最南部の『馬山《まさん》』に渡るための島ということなのか、それとも『弁韓《べんかん》、辰韓《しんかん》、馬韓《ばかん》』の三韓時代の馬韓《ばかん》行きの風待ち港といったくらいの意味か。歴史的には、馬韓は百済に統一されている。そして、一時期、馬関の南部は日本の支配を受けて『任那《ニンナ》（みまな）』と称している。

乗客二名を乗せた、たぶん大赤字の連絡船は間もなく桟橋を離れた。窓越しに呼子大橋の威容が目に入ってきた。呼子大橋は呼子とその直ぐ沖合の加部島《かべしま》とを結ぶアーチ橋である。こんな大きな橋を造った利点は何なのであろう。加部島の東脇を通過した船は加部島の北のはずれの白灯台に差し掛かった。灯台の北は断崖絶壁がそそり立っていた。乗組員が筆者の席の近くを通りかかったので尋ねた。加唐島の島民数はどのくらいですか?さあ、そうねえ、今はねえ、八十人くらいじゃないかな。

加部島の岬をやり過ごすと少し波が荒くなった。西の遠方に平戸島《ひらどしま》やその離島の生月島《いきつきじま》がうっすら見えた。『生月』の語源は「壱岐着き」だと聞いたことがある。このあたりの海域は本当に一衣帯水《いたいすい》である。『国民国家』などという愚かな「陣取り」をしたものだとつくづく思う。今や情報も物流も国民国家の枠組みを超えてしまった。国家の縄張りの崩壊もそのうち近いだろう。いや、その前にホモサピエンスの種としての寿命が尽きるかな。

間もなく連絡船は防波堤の隙間《すきま》を縫《ぬ》って加唐島の港に入っていった。防波堤のコンクリート上にカラフルな絵が並んで描かれていた。武寧王に因んだ絵であった。

上陸した筆者を出迎えたのは猫の群れであった。どこの離島でも見かける景色である。どの猫もよく太り、見知らぬ旅人を怖がる様子もまるで無かった。上空に鳶《とび》が数羽、舞っていた。港には真新しい待合所がポツンとあった。直ぐ眼前の丘に武寧王に関連していそうな碑が見えたので坂をゆっくり登っていった。

丘の中腹に碑だけがポツンとあった。誰もいない。静かだ。碑はやはり百済王朝の第二十五代武寧王のものであった。やあ、武寧王か、オイラやっとやってきたぞ。両脇のサクラはまだ蕾《つぼみ》であった。

一衣帯水：對馬國《つしまこく》

日本にとって、対馬は古くから大陸との交流の門戸《もんこ》であった。対馬と九州本土の間は対馬海峡をはさんで約一三二キロメートルである。対馬の北端と朝鮮半島の南端（釜山付近）の間の距離は『朝鮮海峡』をはさんで五十キロに満たない。対馬の北端からは朝鮮の南部が見える。対馬《つしま》と朝鮮半島は本当に『一衣帯水《いちいたいすい》』である。

朝鮮海峡は東シナ海と日本海とをつなぐ海峡である。この海峡を通って北上した対馬暖流が日本海に注ぐ。九州北岸（日本）と朝鮮半島南岸との間の名称は国際的には『朝鮮海峡』である。つまり、「壱岐《いき》も対馬も朝鮮海峡の中にある」とするのが国際基準なのである。一方、わが国ではその海域を対馬海峡とよぶ。実際に日本国内で発行された日本地図や世界地図では、九州と朝鮮半島の間の海域は『対馬海峡』となっている。日本では、壱岐と対馬の間を『対馬海峡東水道《ひがしすいどう》』とよび、対馬と朝鮮半島との間を『対馬海峡西水道《にしすいどう》』とよんでいる。筆者は九州と対馬の間を対馬海峡とし、対馬から韓半島南岸までを朝鮮海峡とするのが妥当だと感じている。その場合、対馬海峡と朝鮮海峡の境界はどこになるのか？　私見では、対馬南西端の『豆酘崎《つつざき》』になるであろう。豆酘崎の黒い岸壁に立ってみるとそう感じる。豆酘崎から沖に向かって真っ黒い岩礁が一直線に転々と海中に連なっている（後述）。そこの波がしらを眺めていると、対馬海峡と朝鮮海峡がここで分かれているのだとの感慨が湧く。

何年前であったか、島根県の竹島《たけしま》（旧名、松島《まつしま》）の領有権をめぐって韓国との間で緊張が高まっていた頃、韓国の国会議員が対馬の領有権まで主張したことがあった。或いは先ごろ、対馬に来た韓国人が、梅林寺《ばいりんじ》という古刹《こさつ》から仏像を韓国に持ち帰った。その件に関し、韓国の裁判所は仏像を返還する必要は無い旨《むね》の判断を下した。この手の主張の是非を考える際には「国家とは何か」を考える必要が出てくる。『国民国家』の概念は十八世紀以降のものである。ただ我々日本人は、太古より島嶼《とうしょ》に隔絶されており言語的にも生物学的特徴においても単一系統に近かったので、期せずして『国民国家』的な心理が芽生えやすかった。日本は世界でも例外集団なのである。

古代中国の『魏志東夷伝《ぎしとういでん》』の『倭人の条《わじんじょう》』では、「對馬国《たいばこく》（つしま）」は邪馬台国《やまたいこく》に属する三十余国の一国として登場する。佐賀県の呼子《よぶこ》の町の背後には名護屋城《なごやじょう》がある。今は城郭だけで天守などの構造物はない。城の北端の丘に立つと壱岐が眼下に見える。晴れていれば対馬が見えることもあるらしい。壱岐を臨む名護屋城の北端に句碑がある。『太閤が睨みし海の霞かな』。貴重な史跡にやたら自作の句を残す輩《やから》がいる。

九月の連休を利用し、妻と息子の三人で対馬を巡ったことがある。筆者にとって四十数年ぶりの訪問であった。旅の最大の目当ては『和多都美神社《わたづみ》』と浅茅湾《あそうわん》を見ることであった。

仏像が窃取《せっしゅ》された梅林寺《ばいりんじ》や対馬の北岸から朝鮮半島を眺めてみることも頭に入っていた。飛行機を降りると、台風の余波なのか対馬空港の空はどんよりで、少しがっかりした。レンタカー店の男に息子は運転免許証を提示した。妻は目ざとく息子の免許証の色を見て取っていた。あらっ、青なのね。

さて、対馬の観光案内を始めよう。レンタカー店で契約を済ませると午後四時であった。中途半端な時刻である。少し時間があるので、『上見坂公園《かみさか》』に向かった。『上見坂公園《かみさか》』は『厳原《いずはら》』の町と『美津島《みつしま》』の町の境の、標高三百メートル半ばの峻険な山の頂上にある。頂上の展望台から『溺れ谷』の浅茅湾《あそうわん》の海岸が眼下に見下ろせるはずであった。天候が良ければ『上見坂公園《かみさか》』から遠くの九州本土や韓国の山々が見えるはずであった。文字通り国境の島を感得できるはずであった。しかし霧だけしか見えない（クソーッ、台風のヤツ）。
『釣りの家』という名の民宿に宿をとった。予約は佐田家が最後だった。『釣りの家』の玄関脇では、何匹かのネコが私たちを出迎えた。部屋はトイレと洗面所の隣であった（予約が遅すぎたな）。入浴のタイミングは宿泊客同士で分かち合い、トイレや洗面所も分かち合い、財布だけ分け合わないパラダイムである。室内や廊下に蚊が多いのが気になったが、血を分けた仲間が対馬に留まるのだと考えることにした。

板張りの大広間が食堂であった。食堂の直ぐ隣りは調理場だ（ろう）。私たちが広間から調理場（の誰か）に声をかけると、間髪《かんぱつ》入れずに調理場（の誰か）から返事が返ってきた。ＡＩやインターネットとは無縁の、原始的な伝達方式で、邪馬台国当時の「對馬国《たいばこく》」と変わらない。大広間の座布団の前の食卓には宿泊者全員の食事がならべられていた。どの席の料理も同一であった。貧富差の無い平等がここでは実現されていた。髪の毛を濡らした、湯上りらしい若い娘が二人、筆者らの左で食事をしていた。斜め向かいの席では、一本のビールをつぎ合っているつましい夫婦も居た。筆者は調理場（の誰か）に声をかけた。ビール下さい。ハーイ。四本ね。ハーイ。大きなメジナの焼き魚がツマミであった。

一夜が明けた。朝食を済ませて民宿を出る。国道三八二号を北に向かった。午前中は対馬を北に向かい、昼に最北端に達し、午後南に下がる計画である。最初の目標は東海岸の緒方《おがた》の集落にあるはずの『姫神山砲台跡』である。この砲台は、日本が対露戦に備えて明治三十四年に築いたものである。間もなく赤い欄干の『万関《まんせき》橋《ばし》』を渡った。もともとは陸続きであった場所を海軍が開削《かいさく》して東西の海を連絡させ、浅茅湾《あそうわん》と日本海を行き来できるようにしたものだ。その掘削場所が『万関瀬戸《まんぜきせと》』で、瀬戸に架かる橋が万関橋である。

嶺南山《れいなんざん》梅林寺に着いた。梅林寺《ばいりんじ》は間違いなく日本最古の寺だ。なぜなら、西暦五百三十八年に仏教（仏像と経巻）が百済からわが国に伝わった時に、この寺を経由したからである。筆者らは梅林寺に静謐《せいひつ》な曹洞宗古刹のイメージを重ねていたが当てが外れた。小ぶりな寺の境内のとても目立つ場所に『平成二十六年十一月二十四日窃盗事件発生現場』の標識が掲げられていた。韓国人が梅林寺から文化財の仏像と大般若経《だいはんにゃきょう》の経巻を盗んだ。韓国の大法院はそれは返さなくて構わないという。不思議な判決が出ているのである。

国道を北に進むと美津島町から豊玉町に入った。旅の最大の目標である『和多都美神社《わたづみ》』に向かった。和多都美神社は浅茅湾《あそうわん》北岸の最深部にある。神代の昔、この浜に渡ってきた豊玉彦尊《とよたまひこのみこと》が宮殿を構えた場所がここ『二位《にい》』で、和多都美神社《わたづみじんじゃ》がある場所である。そして和多都美神社の立つ場所には『二位《にい》』の中の『夫姫《おとひめ》』とよばれる小字《こあざ》がついている。豊玉彦尊《とよたまひこのみこと》は海人族《かいじんぞく》（海神族）で、日本神話に登場する『海幸彦』のモデルである。豊玉彦尊には豊玉姫命《とよたまひめのみこと》という娘がいた。豊玉姫命はやがてこの地を訪れた彦火火出見尊《ひこほほでみのみこと》の妻となる。彦火火出見尊《ひこほほでみのみこと》は日本神話の『山幸彦』のモデルである。若夫婦二人は『二位《にい》』の『夫姫《おとひめ》』で暮らすこととなった。

和多都美神社《わたづみじんじゃ》の境内は無人であった。和多都美神社からは正面の海に向かって一直線に連なった鳥居群がある（五連鳥居）。五連鳥居のうちの二つは海中にある。神社の境内から海の方角を見ると、ちょうど鳥居群が『入れ子』のように海中に連なって見える。湾の水位が社殿の近くまで上がる満潮時には、鳥居の下部は海中に没する。朝の光の中で、和多都美神社《わたづみじんじゃ》は荘厳な佇《たたず》まいを見せていた。神社入り口の鳥居の脇には『磯良恵比須《いそらえびす》』とよばれる磐座《いわくら》があった。磐座とは神が降臨する際の依代《よりしろ》（目印）となる物のことである。「磯良《いそら》」とは安曇磯良《あづみのいそら》のことであろうか。豊玉姫命の子であり、神功皇后に干満の珠をさずけて朝鮮派兵を手助けした海神とされる。豊玉姫命と彦火火出見尊の夫妻はここ海宮《わだつみのみや》では、どんな系統の言語で会話を交わしたのだろうか。

和多都美《わだづみ》神社を後にして、溺れ谷の浅茅湾を見降ろすために烏帽子岳《えぼしだけ》に向かった。浅茅湾の北岸にある標高二百メートル足らずの烏帽子岳《えぼしだけ》の頂上に登った。そこも無人であった。夥しい数の島が点在するリアス式の浅茅湾《あそうわん》は絶景であった。芭蕉がいれば、「ああ浅茅《あそう》や、浅茅や」と詠《よ》んだはずである

対馬の西岸を北に向かい豊玉町から峰町に入った。峰町木坂《きさか》の海神神社《かいじんじんじゃ》に向かった。旅の目的の史跡である。海神神社《かいじんじんじゃ》は律令国家の対馬国では『一ノ宮』である。そこの祭神も和多都美神社《わたづみじんじゃ》と同じ豊玉姫命《とよたまひめのみこと》で、つまりは海の守り神なのである。曲がりくねった海岸沿いの険しい道をどうにか通り抜けると、木坂《きさか》の漁村集落に辿り着いた。木坂の海岸沿いには奇妙な形の石造りの小屋が数棟建ちならんでいた。海藻を蓄えるための『藻小屋《もごや》』とよばれる石積小屋だった。畑の肥料にするための藻の貯蔵施設だ。太古の昔から伝わる浜石を積み上げただけの藻小屋は原初のままの姿だそうである。藻《も》小屋《ごや》はかつて対馬の西海岸に数多くあったようだが、いま残っている藻小屋《もごや》はこの木坂地区の八棟だけだという。灰色の石積みが朝日に映えた。

藻小屋の波打ち際に奇妙な石積みの石柱が見えた。『ヤクマ塔』である。『アマテル』とよば

れる太陽神が祀られており、太陽信仰（天道《てんとう》信仰《しんこう》）習俗の名残りである。ヤクマは子どもの成長と家内安全を祈願する習俗で、祭礼の時は海岸にヤクマ塔と呼ばれる円錐形の石積みを築き、その石積みに御幣《ごへい》を立てて供物を供えるのである。『ヤクマ塔』はかつては対馬全島にみられた風習だが、今では木坂一帯にだけ残る。先ごろ筆者らは月読命《つくよみのみこと》をまつる壱岐の月読《つくよみ》神社を訪れた。古事記では、黄泉《よみ》の国から逃げ帰った伊邪那岐命《いざなぎのみこと》の左の目から生まれたのが太陽神の天照大御神《あまてらすおおみかみ》で、右目から生まれたのが月読命《つくよみのみこと》である。日本神話の源流が朝鮮海峡に浮かぶ離島の對馬から壱岐に辿れそうで、興味尽きない構成である。

目的の木坂の海神神社《かいじんじんじゃ》は長い長い石段の頂上にあった。往復七百段を昇降できる訪問者だけが境内に到達できるのである。ちなみに、妻ははなから登る気が無く、石段の下で待つ以外の選択肢を持っていなかった。登った先の海神神社は森閑《しんかん》とした木立の中にあった。神社の周辺の森は一度も斧《おの》が入ったことのない原生林だそうである。この神社の呼称は『かいじん』である。かつては『海神』を『わだつみ』と読んだらしいが、明治になって『かいじん』に改めている。なぜなのだろうか。

『峰町《みねまち》歴史民俗資料館』に立ち寄った。留守番の女性スタッフは、残念ながらズブの素人であった。何を尋ねても彼女は返答に窮するので筆者は単純な質問に変えた。ツシマヤマネコは普通のネコと相当違いますか?。女性は、「私には普通の三毛猫と変わらないように見えます。佐護《さご》の野生動物保護センターに行けば生きたツシマヤマネコが見られますよ」と答えた。対馬最北端の佐護《さご》まで出かけてみた。ツシマヤマネコが分布するのは朝鮮と中国と対馬だけなので、国内では対馬だけである。太古に対馬が大陸と陸続きであった証左《しょうさ》だとされる。たくさんのツシマヤマネコを期待して保護センターに出向いたのだが、野生動物保護センターに飼われていたのはたったの一匹であった。センターの学芸員の説明を聞いても普通のネコとの違いがピンと来ない。印象に残ったのは、「動物種」が違うので日本のイエネコと交配させても子が生まれないとの説明であった。「普通の三毛猫と変わらんなぁ」。

野生動物保護センターを出て、千俵蒔山《せんぴょうまきやま》の中腹の『異国の見える丘』に出向いた。ところが、駐車場は既にたくさんの観光バスで埋まっており、付近一帯は言葉の通じない観光客であふれかえっていた。韓国人の旅行者集団だった。その日に初めてぶつかった人間の大集団である。駐車場の脇には『朝鮮国訳官使殉難之碑《やくかんしじゅんなんのひ》』があった。一七〇三年の二月五日、釜山から百八名の訳官使《やくかんし》（通訳）を乗せた船が、天候の急変により、対馬最北端の鰐浦《わにうら》で座礁し全員が死亡した海難事故である。韓国が見えるかな？海の向こうに目を凝らしてみた。何かそれらしいものは見えるが、カスミがかかって細部ははっきりしない。隣の鰐浦《わにうら》にも『韓国展望所』があるのでそちらに向かってみた。ここも韓国人の観光客で埋め尽くされていた。見えるかな？海の彼方に目を凝らしたがカスミしか見えない。結局、異国は見えず、異国人だけが見えた。

比田勝《ひたかつ》で昼になった。比田勝は対馬北部の中心的な集落である。比田勝《ひたかつ》の町で昼食を取ることにした。しかし比田勝の町も韓国人観光客に完全に占領されていた。比田勝にある数軒のレストランは店外まで観光客の列が連なっていた。比田勝の国際ターミナルも韓国人で溢れ返っていた。コンビニに向かったがここもやはり韓国人で溢れていた。しようがないので、マーケットで弁当を買って食べることにした。比田勝に一軒あるマーケットもまた韓国人で溢れていた、というより、国際ターミナルからマーケットまでの歩道はちょうどアリの行列のように、観光客が連なっていた。悲しいことに、マーケットの店内の惣菜《そうざい》売場や弁当コーナーにはもはや弁当も惣菜も僅かしか残っていなかった。対馬が韓国領だとはつゆほども思わないが、準韓国領になりそうな恐怖を覚えた。

マーケットの棚の上に僅かに残っていた食品らしい物を掻き集めた。マーケットのレジの店員は日本の人だった。筆者は嘆息交じりに店員に話しかけた。「凄いなあ、比田勝の町では、日本人に会えないね」。「そうなんです、ごめんなさい」。「彼らは、食料品やら日用品をカゴ一杯に買い占めて、どうするんだろう」。「次の船で釜山に持ち帰って、お土産にするんですって」。

一応家族の分の飲料と弁当を手に入れると、比田勝郊外の『日露友好の丘』に車を向かわせた。『日露友好の丘』は日露海戦百周年を記念して建設された公園で、海を見下ろす高台にある。海戦で負傷したロシア兵を介抱し、対馬の民家に分宿させたという。海戦記念が友好につながるのかどうかをじっくり考えるよりも空腹が勝った。友好の石碑の前の石段に腰を下ろし家族で遅い昼食を始めた。公園内はガランとして、わが家の他に人の姿はなかった。東にはずっと青々とした日本海が広がっていた

弁当に手を付けた途端、無人だった公園に突如観光バスが乗り付けて来た。バスからドッと韓国人観光客が下り来て、箸を握りしめている我々の石碑の方に歩いて来るではないか。弁当は中止である。昼食を中断された怒りはあったが、彼らを恨むのは筋違いだと直ぐに判断できた。公園の石碑の前で飯を食うのが間違っている。蓋の開いた弁当箱とお茶を手に持って車に入り立ち去った。

弁当を取る場所を探していると茂木浜《もぎはま》という広々とした砂浜に着いた。エメラルドグリーンの海岸がずっと連なっている。実に絶景であった。砂浜の一角には碑があり、『露兵上陸の地』とある。碑のそばに説明があった。日露海戦の時、撃沈されたナヒモフ号から脱出した九十九人のロシア将兵がボートでこの浜に上陸した。ロシア兵は地元民に手厚く介護された。昭和五十五年に笹川良一の発議でナヒモフ号は引き上げられたという。茂木浜《もぎはま》の『露兵上陸の地』の碑の傍らには引き上げた艦載砲が置かれていた。『日露友好の丘』で食べ損ねた弁当を、『露兵上陸の地』で食べた。

昼食を済ませると峰町の佐賀《さか》に向かった。佐賀《さか》には室町期には『島府』が置かれ、ここから対馬全体を統括していた。現在対馬の市庁が置かれている厳原はその頃は『府中』とよばれていた。宗氏が佐賀から府中に居を移すと厳原が対馬の中心となった。従って島主の宗氏《そう》はかつては佐賀に拠点を置いており、円通寺が宗氏の菩提寺だった。円通寺には現在宗氏に因《ちな》んだ遺物は残っておらず『朝鮮通信使』の事蹟が残っているだけだった。ここ佐賀は二度目の元寇(弘安の役《えき》)の際の戦闘場所であった。

国指定史跡の『金田城《かなたのき》』跡を目指した。今回の旅の目的地の一つであった。金田城《かなたのき》は、一三六〇年ほど前に白村江《はくすきのえ》の戦いに敗れた大和朝廷が唐・新羅連合軍の侵攻に備えて対馬に築かせた山城である。城山《じょうやま》の山頂に金田城がある城山は浅茅《あそう》湾に突き出た標高二百七十六メートルの岩山である。城山《じょうやま》へ向かう山道は想像を超える悪路であった。対馬に来て金田城《かなたのき》を見逃すわけにはゆかないと進んでいると行き止まりになった。『金田城登山道入り口』とある。ここからは徒歩一時間、往復で二時間とある。妻ははなから登る気力を失くしていた。命があればまた来ましょうよ、あなた。

対馬の西の東シナ海海岸に向かった。海岸に沿い南下すると阿連《あれ》の小集落であった。平安時代の初頭、唐から戻る最澄《さいちょう》が漂着した集落である。『伝教大師最澄』の記念碑があった。阿連の集落を通り過ぎると、待望の小茂田《こもだ》浜である。元寇（文永の役《えき》）の激戦地の小茂田浜は今回の旅の最重要史跡であった。小茂田浜《こもだはま》は古くは、平安時代に刀伊《とい》の入寇《にゅうこう》（侵略）のあった場所でもある。刀伊《とい》とは満州族の集団である。十一世紀初頭、刀伊の五十隻の船がこの浜辺を襲った。刀伊《とい》の入寇や元寇の当時、ここは小茂田浜《こもだはま》というよび名でなく佐須浦《さすうら》とよばれる大きな入江になっていた。佐須川の河口は砂洲《さす》だったのだ。元との戦闘の場所は現在の小茂田浜よりも内陸部で、佐須川を少し上った場所になる。

一見なんの変哲もない穏やかなこの浜辺に、なぜ刀伊《とい》や蒙古人《もうこじん》が押し寄せるのであろうか。


一つには小茂田浜《こもだ》が穏やかな入江だったからかも知れない。小茂田《こもだ》の名は川や沼沢に茂る雑草の菰《こも》を連想させる。『小茂田』について（証拠はないが）、筆者は高麗《こま》（こうらい）からの渡来者がこの一帯に居住していた可能性もあるのではないかと想像する。高麗《こま》は十三世紀半ば以降は元の属国であり蒙古人が統治した。侵入者にとって小茂田は馴染みのある地だったと。

元との戦闘は、十月六日（旧暦）の早暁に開始されたという。その当時、対馬全土を実質的に管理していたのは守護代《しゅごだい》の宗助国《そうすけくに》である。守護は軍事・警察権を持たせた組織で源頼朝が設置した。頼朝から百年近く経った元寇当時は任地に赴任しようとしない守護《しゅご》が多くなり、守護に代わって在地の有力御家人が任地をあずかった。それが『守護代』である。対馬守護代の宗助国《そうすけくに》は六十八才という高齢であったが、侵入者を相手に真正面から戦った。しかし衆寡《しゅうか》敵せず、彼は開戦して間もなく（十月六日の午前九時ごろ）に討死したという。助国の首は佐須川を一キロばかり上った下原《しもばる》に葬られた。下原の薄暗い木立の中に首塚が残っている。苔むした首塚は野鳥の声に包まれていた。助国の胴は下原《しもばる》の川向いの樫根《かしね》に葬られた。胴塚は下原《しもばる》より少し下流で、川向いの樫根《かしね》の法清寺《ほうせいじ》の境内にあった。西の海に陽が傾きかけていた。夕刻が迫った。長かった一日が終わった。

その夜は雞知《けち》の町にある「えん」という居酒屋で食事をした。雞知《けち》は美津島町の中心集落で民宿『釣りの家』から近い。『雞知《けち》』とはワクワクするような地名である。通説では、神功皇后が山頂からニワトリ（鶏、雞）の声を聴いて人家の位置を知ったのが地名語源だという。この手の地名説話は漢字遊びの牽強付会《けんきょうふかい》に過ぎない。雞知《けち》集落の東側は日本海で、西側は峻険《しゅんけん》な山地である。従って、雞知《けち》の語源は崩壊地形を表す古語の『崩地《くえち》』なのであろう。対馬は、北から南まで山岳地帯ばかりで平地はどこにも無い。実に、魏志倭人伝の記述通りの地形で、二千年近く経っても変わっていない。

旅の三日目は、対馬南部の史跡を目指した。まずは厳原《いずはら》である。人口三万人の対馬の中では人口一万五千人の厳原が中心都市である。宗《そう》氏が中世に佐賀《さか》（峰町）から厳原に政庁を移して以降、城下町として栄え、今に至る。現在の『厳原』は鎌倉～室町までは『府内《ふない》』とよばれ、その後、明治までは伊豆波留《いずがはる》とよばれていた。さらにその前の古代はというと、この厳原や美津島町を含む東部一帯は『与良《よら》』と呼ばれていたようである。『与良《よら》』は、集落の意味の『寄り、拠り』に由来するのであろう。対馬の地形を観察すると、対馬の南半分（旧名、下県郡《しもあがたぐん》）のうち、その東側の海岸線は起伏に富んでいて港に適した地形が多い。逆に西側の海岸線はノッペりとして、港に使えそうな地形はない。そんな理由から東海岸南部に移住者が住み着いたのではないか。与良の地名は今も対馬の一部に残っている。

厳原《いずはら》の町に入ると、国道脇に武家屋敷風の門が現れた。対馬藩の藩校『日新館《にっしんかん》』の正門の跡で、実に見事な造りである。清水山の南麓には宗氏十万石の菩提寺である『万松院《ばんしょういん》』があった。万松院は十四代にわたる対馬宗氏の歴代藩主の墓地である。産業にも生産物にも乏しい対馬藩は、太古の昔から朝鮮との交易でなんとか自活し続けてきた。万松院の入り口には『諫鼓《かんこ》』が吊り下げられていた。諫鼓《かんこ》とは、藩政に不満や問題がある時に家臣や町民がこれを叩いて君主に訴えるための鼓《つづみ》である。善政が敷かれている時には諫鼓を叩く必要が無く、吊り下げられた諫鼓《かんこ》は鳥の休憩場所になった。ここから『閑古鳥《かんこどり》』の表現が生まれた。閑古鳥とは善政という意味だった。

万松院の山門から長い石段を登ってゆくと『御霊屋《おたまや》』とよばれる藩主の霊廟《れいびょう》に着く。『御霊屋』につながる百三十二段の石段は『百《ひゃく》雁木《がんぎ》』とよばれる。雁木《がんぎ》とは階段のことだ。百雁木の両脇には石灯籠《いしどうろう》が連なり、厳かな雰囲気を漂わせていた。御霊屋にはズラリと宝篋印塔《ほうきょういんとう》がならんでいた。かつて万松院の隣には宗氏の居城である金石城《かねいしじょう》が建っていたというが、今は復元された大手門があるだけだった。

対馬に来たのだから『雨森芳洲《あめのもりほうしゅう》』を訪ねないわけにはゆかない。雨森芳洲は対馬藩に仕えた儒学者で、中国語や朝鮮語が堪能で李氏朝鮮との善隣友好に尽くした人である。雨森芳洲は厳原の長寿院という寺に葬られていた。

長寿院を後にすると『お舟江《ふなえ》跡』に向かった。『お舟江跡』は対馬藩の御用船を係留していた船溜まり施設で、厳原港の最奥部にあった。『お舟江跡』は感動の史跡であった。船溜まりの規模の大きさといい、桟橋様の石積み構造の繊細さといい素晴らしい。その水路の最奥部には、かつて船を係留したであろう四列の石積突堤が往時のまま残されていた。

いよいよ、対馬の最西南端の『豆酘《つつ》』を訪れた。豆酘に出向いたのは豆酘の『多久頭魂《たくづだま》神社』を訪ねたかったからである。多久頭魂《たくづだま》神社は天道《てんとう》信仰に連なる日本最古の社《やしろ》である。もう一つの理由は、豆酘の地形を見ることであった。『豆酘《つつ》』が和語の地形古語で解釈できそうかどうかを確かめたかったからである。

それにしても『豆酘《つつ》』とはスゴイ読み方であり、またスゴイ漢字を当てたものである。『酘』は『酸』に似ているが違う。こんな漢字があるのだろうかと自宅で漢字辞典を調べてみると、何冊目かの漢字辞典にやっと『酘』の字が載っていた。その意味は、「酒を二度発酵させる」ことだという。二度発酵させれば蒸留操作だから、焼酎やウィスキーになりそうな気がするが、秦の時代の中国人は何をどうしていたのであろうか。『酘』のよみは、漢音《かんおん》では『とう』、呉音《ごおん》では『づ』であった。従って、『つつ』なのであろう。漢字の字義に通じた渡来系の識者が造作《ぞうさく》した地名のように思われる。『つつ』に繋がりそうな和語は直ぐに思い着かない。和名抄《わみょうしょう》にみえる『津積《つつみ》』は渡来系の居住地で大和にある。尾張の海部《あま》（かいふ）郡にもやはり津積《つつみ》の地名がある。大和と海部《あま》郡のいずれも、鍛冶《かじ》を専門とする渡来系の部民が住んでいた場所である。

対馬西南端の豆酘《つつ》はまさに最果《さいは》ての集落であった。周辺のいずれの地区からもすっかり隔絶されていた。今でこそ峻険《しゅんけん》な山裾を縫う車道が造られてはいるが、かつては海路以外の方法では絶対に辿り着けない場所のように思われた。そうした狭い狭い林道の端っこに目指していた

『多久頭魂神社《たくづだま》』はあった。

多久頭魂神社は木立の中にひっそりと佇《たたず》んでいた。外観だけなく、由緒もとても古そうに見えた。神社の創建は初代天皇の神武の頃という。それが妥当な見解なのかどうか筆者には判断できない。『多久頭魂神社《たくづだま》』の祭神は天照大神《あまてらすおおみかみ》、天忍穂耳命《あめのおしおみみのみこと》、日子穂穂出見尊《ひこほほでみのみこと》、彦火能邇邇芸尊《ひこほのににぎのみこと》、鵜茅草葺不合尊《うがやふきあえずのみこと》である。いずれもが『太陽神話』に連なる神である。『多久頭魂《たくづだま》』の和語での解釈は難しく、筆者には分からない。

昼食を取ろうと厳原《いずはら》まで引き返してみると、静かだった早朝とは打って変わって、厳原の中心部は韓国人旅行客で溢れていた。そう、やはり一衣帯水《いちいたいすい》なのである。

対馬空港のロビーでは別れを惜しむ光景があった。連休のあいだ、都会から島に戻って旧交を温めたものか。あるいは彼岸の墓参を済ませた人たちであろうか。彼らの会話のイントネーションに耳を澄ませ、彼らの表情を窺《うかが》ってみた。残念ながら本土の連中と変わらない。いつの日か、日本列島の住人の人種的起源や民族的起源の分かる日が来るのであろうか。搭乗待合の椅子に腰を下ろして、訪れた史跡や出会った風景や妙な地名の集落を反芻《はんすう》してみた。女連《うなつら》、琴《きん》、飼所《かいどころ》、雞知《けち》、豆酘《つつ》。自分の「生」のある間にこれらを解釈できる日が来るであろうか。日本は伝統文化を棄て去った。原風景はもはや僻地《へきち》や離島にしかない。ああ、少し頭が混乱してきた。眠い。

《補遺》
『豆酘《つつ》』と同様の発酵食物に『豉《シ》（くさ）』がある。味噌《みそ》の原形となる食物だという。紀元前二千年に中国の西域で醸《かも》されていたらしい。農学博士の小泉武夫氏によれば、韓半島を経て日本に伝承されたという（『灰と日本人』（中央公論社））。対馬を経由したものか。字形もどこか『豆酘《つつ》』に似ている。

自決：大内輝弘《おおうちてるひろ》

囲碁には「捨て石」という作戦や定石《じょうせき》がある。将棋の対局中にも「捨て駒」の手筋が頻繁に現れる。いずれも、「より大きな目的のために、身内を犠牲にする」哲学である。しかし大内輝弘《おおうちてるひろ》ほどに捨て石の犠牲者となった武人はそれほどいないのではないか。以下暫く、本稿の主人公の大内輝弘《おおうちてるひろ》が登場するまでの経緯《いきさつ》に触れてみる。

応仁の乱（1467～77）を経て、武家社会は次第に下克上《げこくじょう》の様相を呈してゆく。合従連衡《がっしょうれんこう》を駆使し「切り取り勝手」に所領を拡大する時代となった。長く続いてきた荘園制《しょうえんせい》は崩壊し、荘園制に組み込まれていた形の守護たちは下克上によって葬り去られていった。肩書でなく実力一本となった戦国時代の到来である。戦国期の以前にも寝首を掻かれる事件はあった。しかし、ごく平然と当主《とうしゅ》の寝首を掻《か》く時代が到来するとは思いもよらなかっただろう。

戦国期の下克上の風潮に先鞭《せんべん》をつけた一人が北条早雲《ほうじょうそううん》とされる。北条早雲は高家《こうけ》の末裔《まつえい》ではなく、一介の素浪人であった。敢《あ》えて彼の強みを探すなら、自分の妹が今川義忠（駿河守護《するがしゅご》）の奥方であったことくらいか。妹の縁を頼って駿河に住み着いた。北条早雲は、今川氏の家中で起きた内紛を調停した功績により興国寺城《こうこくじじょう》（駿河《するが》）の城主にして貰った（1487）。

早雲が興国寺《こうこくじ》城主となった当時、堀越公方《ほりごえくぼう》は足利政知《あしかがまさとも》の子の足利茶々丸《ちゃちゃまる》である。堀越公方《ほりごえくぼう》とは堀越の地（静岡県韮山《にらやま》）に置かれた室町幕府の出先機関である。前の北条氏の幕府は鎌倉

（関東地方）を根拠地とした。北条氏が倒れた後、次の政権の担い手の足利氏は関東地方ではなく京の室町に幕府を開いた。そのため、京から遠絶の地である関東地方の動静を監視するために、関東に『公方《くぼう》』という出先機関を設置した。すなわち、『堀越公方』は室町幕府の関東支配の統括本部である。本来は『公方《くぼう》』を鎌倉に置きたかったはずだが公方をめぐる騒乱が鎌倉一帯で続いたため、鎌倉を諦めて堀越《ほりこし》に置いたものである。北条早雲がのし上がって来た頃の堀越公方は足利茶々丸《あしかがちゃちゃまる》であった。茶々丸は粗暴で、家来や領民に不人気な公方であった。堀越公方の動静を窺《うかが》っていた興国寺城主の北条早雲は、ある晩、堀越公方の御所《ごしょ》を急襲した。突如襲われた茶々丸は逃亡の上自害した。こうして堀越公方の制度は消滅することとなる（1491）。

続いて早雲が目を付けたのは小田原城である。小田原城主は大森藤頼《おおもりふじより》であった。早雲は日常的に藤頼《ふじより》に金品を贈呈したり会談をしたりして親しい関係を築いた。武家には『鷹狩《たかがり》』という娯楽があった。飼い馴らした鷹を使って鳥獣を捕獲する娯楽である。鷹狩は古代天皇制の頃に皇室で始まり武家社会になると幕府や藩で制度化された行事となっている。北条早雲はこの『鷹狩《たかがり》』行事にかこつけて軍を動員したのである。大軍で小田原城に夜討ちをかけて一気に城を奪取した。

目を西国に転じてみる。京の町は十年にわたる乱（『応仁文明の乱《おうにんぶんめいのらん》』）で荒廃し尽くした。京都の荒廃とは打って変わって、戦乱と無縁だった西国では京に代わる雅《みやび》な町が誕生した。博多や山口がそうである。京の公家《くげ》連中は競うように京を離れて、山口に向かった。山口で優雅な生活に浸ったのである。その当時、中国地方の覇者は守護大名の大内氏であった。特に大内義隆《おおうちよしたか》は中国・九州の七か国の守護《しゅご》となり、雅《みやび》な山口文化を開花させた。しかし、天文十二年(1543)、大内義隆は出雲の尼子氏との戦闘の中での身内（義房）の討死を経験したことを機に、次第に厭戦的《えんせん》になっていった。その後、義隆の関心は戦闘の明け暮れから学問・芸能に移って行く。彼は中央貴族との交際を活発化させ、王朝文化に傾倒していった。公家たちは山口の外港である秋穂浦《あいおうら》まで船で来航した。花香や屋戸や加茂が秋穂浦の船着き場である。秋穂浦と山口の間には『お上使《じょうし》みち』とよばれる古道があった。本来、『上使』とは幕府からの指令（上意《じょうい》）を伝達する使者のことである。京から秋穂浦に着いた幕府役人がこの古道を使って山口に入っていたので上使道《じょうしみち》と呼ばれた。貴族たちは秋穂浦から『お上使道《じょうしみち》』を北に辿った。陶峠《すえだお》を越せば山口の町である。

大内義隆が戦を忘れて公家との交流に熱中していることや義隆が朝廷から高い位階（公卿の位）を叙されていることに対し、武断派《ぶだんは》家臣の陶隆房《すえたかふさ》（のちの陶晴賢《すえはるかた》）はインテリ主君に不満を持つようになった。食うか食われるかの厳しい戦国の世にあって領国の当主に求められたのは所領を統治できる器量である。従って全国のいずれの武家でも、長幼の序列を度外視して後継の当主を選んだ。家督《かとく》の相続は長男とは限らなくなり、家督相続をめぐって家臣団の対立も起こりがちとなった。大内家の場合も例外でなかった。まず家臣団の中で、武断派の陶隆房《すえたしふさ》と文官の相良武任《さがらたけとう》が対立した。後者は有職故実《ゆうそくこじつ》（武家の行事、儀式、法令・制度、習慣の先例）に詳しい知識人であった。家臣団の中では陶隆房に同調する者が増えていった。そうした中、陶隆房《すえたかふさ》は柔弱《にゅうじゃく》な当主の義隆《よしたか》を排除する計画を巡らせた。下剋上である。

陶隆房は主君の山口の館を急襲し、主君義隆と彼の交際相手であった京の公家連中を殺害してしまった（1551）。当主の義隆は大寧寺《たいねいじ》（現長門市）に追い詰められ、自決した。その翌日には、義隆の七歳の子（義尊《よしたか》）も害せられた。この瞬間に大内家の嫡流《ちゃくりゅう》は断絶し、陶隆房の計画通りに事は進んだ。

豊後《ぶんご》（大分）と豊前《ぶぜん》（大分、福岡）の両国は周防灘を挟んで周防《すおう》・長門（山口）と向かい合っている。当時の豊後国・豊前国を支配していたのはキリシタン大名の大友宗麟《おおともそうりん》であった。かつて大友家と大内家とは幾度か戦闘を交えて来たものの、この当時には和解して良好な関係にあった。謀反の主人公の陶隆房《すえたかふさ》が不正義の批判を糊塗《こと》するために目をつけたのが自決した主君義隆の甥である大友晴英《はるひで》であった。晴英はそのころ豊後国の大友家に入っており、大友宗麟《おおともそうりん》の弟の続柄であった。

陶隆房《すえたかふさ》は前当主（大内義隆《よしたか》）の甥の晴英《はるひで》を豊後から周防に迎え、自刃した義隆の後継者に据えた。そして名前を大友晴英から大内義長《よしなが》に変えさせた。『義』は大内家の当主の名の通字である。大内義長を当主に据えることで、陶隆房は自身が主家の簒奪者《さんだつしゃ》ではないことを外に示したかったのである。さらに、自分の名を『隆房』から『晴賢《はるかた》』に変えて見せた。晴英《はるひで》の『晴』の一字を譲り受けた形を取った。陶隆房の主君殺しは下克上の系譜《けいふ》の上で目を引く大事件であった（1551）。

突然の大内家の消滅は中国地方の政治的・軍事的な均衡を動揺させた。安芸（広島）の毛利元就《もうりもとなり》は大内義隆時代から大内家とは軍事と人事で連携しており、自分の長男の毛利隆元《たかもと》を大内家に預けていた。毛利元就《もうりもとなり》は利害得失を基準に行動する深謀遠慮《しんぼうえんりょ》の人物であった。大内義隆が部下の謀反で倒されても直ぐに「弔い合戦」的な行動を選択しなかった。彼は取り敢えず大内義長《おおうちよしなが》・陶晴賢《すえはるかた》の陣営に従ったのである。機会は訪れるものである。大内義長《よしなが》・陶晴賢《すえはるかた》陣営に敵対していた石見津和野《いわみつわの》の領主の吉見正頼《よしみまさより》が毛利元就に助力を要請してきた。天文二十三年(1554)、毛利元就は腰を上げた。弘治元年(1555)の秋、毛利元就は謀略を駆使して陶晴賢軍を瀬戸内海の離島の厳島《いつくしま》におびき出し、狭い島を利用して陶軍を殲滅《せんめつ》した。戦いの中で晴賢(34)は自刃した。まさに急転直下であった。

毛利元就の次なる標的はかつて同盟者であった大内家や陶《すえ》家の家臣たちが依然割拠《かっきょ》する周防と長門の地である。天文二十四年(1555)十月から始まった毛利元就による大内氏旧領(周防と長門)への侵攻は『防長経略《ぼうちょうけいりゃく》』とよばれる。赤間関まで追い詰められた大内義長《おおうちよしなが》(34)は、弘治三年(1557)四月三日、元就の謀略により長府《ちょうふ》(下関)で自刃させられた。助命するとの甘言を信じて開城してしまったのである。周防と長門の二国を新たに知行地に加えた毛利元就は、手のひらを返すように大内家に連なる一切を抹殺し始めた。人も文化も文物も「大内の臭いのするもの」は全て消された。ここでは毛利の家臣に転向しない限りは生き残れなかった。

ここで本章の主人公の登場である。大内家の血筋の一人に大内輝弘《おおうちてるひろ》という男がいた。大内輝弘《おおうちてるひろ》は大寧寺《たいねいじ》で果てた義隆の従兄弟《いとこ》にあたる。大内家第十四代当主だった大内政弘《おおうちまさひろ》直系の孫である。大内政弘には二人の息子がいた。大内義興《おおうちよしおき》(長男)と大内高弘《おおうちたかひろ》(異母弟)兄弟である。義興の子が陶の謀反で自殺した大内義隆《よしたか》であり、高弘の子が本稿の大内輝弘《おおうちてるひろ》である。つまり大内輝弘は、大寧寺で自殺した大内義隆とは従兄《いとこ》である。大内義興《よしおき》が大内家の当主の時に、弟の高弘は兄の義興《よしおき》を除こうとして謀反を起こした。謀反は失敗し、高弘は豊後の大友家に亡命した。大内輝弘《おおうちてるひろ》は父の亡命中に豊後で誕生した。父高弘《たかひろ》は亡命中の身なので、息子輝弘《てるひろ》の立場は大友家の食客《しょっかく》に近く、彼の名を知る人すらほとんど居なかった。そんな輝弘に思わぬ出番が巡ってきた。

『防長経略《ぼうちょうけいりゃく》』の結果防長二国を獲得した毛利元就《もうりもとなり》はさらに大内の旧領だった北部九州（豊前・豊後・筑前国）にも食指を伸ばし始めた。その結果、北部九州の領主である大友宗麟《おおともそうりん》と必然的に衝突することとなった。北九州地域の覇権を巡る毛利との争いで、大友氏は毛利軍の攻勢の前に守勢に立たされ、壊滅の危機に瀕していた。

この危機に大友家は食客であった大内輝弘（48）を担《かつ》ぎ出した。永禄十二年（1569）のことである。周防と長門の地は大友の所領（豊前や豊後）からは指呼《しこ》の間《かん》で、周防灘の向かい側に目視できる。毛利元就（72）が九州に方面に大軍を割いたため防長二国の防備は手薄であった。大友宗麟は食客の輝弘に山口を狙わせた。

大友宗麟は輝弘に防長のど真ん中の山口の町で騒乱を起こさせたのである。大内輝弘をけしかけたのは、大友家の参謀である吉岡長増《よしおかながます》であった。大友家に迫った危機を回避するには輝弘を使うしかないという吉岡長増《よしおかながます》の策を大友宗麟《おおともそうりん》は採用した。毛利氏を九州から撤退させるため毛利軍の後方を撹乱《かくらん》させたのである。「鳴かず飛ばず」で生きてきた大内輝弘《てるひろ》は大内家の当主になれる血筋なのだと夢を膨らませた。実際に輝弘は足利将軍家から大内氏の一族である旨を認知されていた。大内主家による防長国の奪い返しである。宗麟は客将に過ぎなかった輝弘（48）に兵を与え渡海させた。

大内義隆《おおうちよしたか》が大寧寺《たいねじ》で自決してから十八年が過ぎており、大内家の旧家臣の多くは新たな領主として乗り込んで来た毛利氏に従っていた。しかし、水面下では新領主の毛利に不満を持つ大内遺臣もいた。毛利氏の支配が確立して間もない弘治三年（1557）十一月には、旧大内氏の重臣格であった杉氏・内藤氏・問田《といだ》氏らが大内義隆の遺児とされる問田《といだ》亀鶴丸《きかくまる》を奉じて挙兵し、山口近郊の障子岳《しょうじがだけ》に立て籠もった。大規模な反乱であったが、既に毛利の家臣となっていた身内（内藤隆春《ないとうたかはる》や杉重良《すぎしげよし》ら）により鎮圧された。その後も山口の周辺で小規模な反乱は続発したが、そのたびに毛利側に転向していた武将たちに鎮圧された。反乱の勃発と鎮圧を繰り返すうちに毛利氏の支配は次第に強化されていった。大内輝弘《てるひろ》の反乱は毛利支配が安定した中で起きた。

永禄十二年（1569）、輝弘《てるひろ》（48）は自身の渡海に先立って偵察隊を白松（現在の阿知須町全域から西岐波一帯）に上陸させている。満を持した輝弘は十月十日、豊後から大友水軍を率いて周防灘を横切り、山口の町に近い秋穂浦《あいおうら》に上陸した。上陸後、前述した『上使道』を上って陶峠《すえがたお》を越えた。輝弘軍がかつて大内氏の本拠地だった山口の町に侵入したのは十月十二日で、順調な進軍だった。防長で雌伏を余儀なくされていた大内の遺臣らは輝弘による大内再興の動きを知ると加勢に入った。大内輝弘軍は最大時には六千人まで膨れ上がった。惜《お》しむらくは、大友宗麟が輝弘に与えた軍勢二千人は戦闘力に劣る老兵であった。

北部九州の攻略を目指す毛利元就は、当時長府（下関）に着陣し、筑前《ちくぜん》に渡った息子ら（元春と隆景）の九州攻略の指揮を長府で執《と》っていた。毛利元就の許《もと》に大内輝弘の山口侵入の報が届いたのは十月十三日のことである。主力を北九州の戦線に投入していた毛利元就は後方で発生した輝弘の侵入に愕然とした。侵入を知った元就《もとなり》は筑前の立花城《たちばなじょう》に布陣していた吉川元春と小早川隆景の精鋭部隊に、立花山城を棄てて構わないから即座に周防国に戻れと指令した。元就は北部九州の攻略を諦めたのである。このあたりが百戦錬磨《ひゃくせんれんま》で機敏である。小早川隆景《たかかげ》は父の指示に違背《いはい》している。

輝弘軍は山口の町を占領し確保するため、背後にある主城（高嶺城《こうのみねじょう》）を攻めた。高嶺城《こうのみねじょう》の守備兵は僅かであったが徹底抗戦し、連日の攻撃にも耐え抜いた。既に大内義隆が家臣の反乱で散って二十年近くが過ぎており、輝弘の進軍に呼応して参加する大内遺臣の数は輝弘の当初予想よりも少なかったこともある。大内氏別邸の築山館《つきやまやかた》に達した瞬間が輝弘軍の頂点で、最後まで高嶺城は落とせなかった。輝弘の反乱により、西ノ京とよばれて繁栄を誇っていた山口の町は灰燼《かいじん》に帰した。キリシタン大名である大友宗麟の下《もと》で育った輝弘は寺院の焼失には痛痒を感じなかったらしい。

父元就の帰還指令に従った、吉川元春が指揮する毛利主力は十月十八日に長府に到着し、一万の兵力で二十一日に山口の町に入った。毛利軍の主力の到着が輝弘の予想以上に迅速だったため、輝弘軍は包囲される状況となった。毛利の主力が九州から戻って来たというのに未だに高嶺城を落とせない現状に、大内家の遺臣たちは次第に輝弘軍から離脱していった。大内輝弘は毛利の精鋭軍を前にして山口での抗戦を諦め、一旦海路で周防を脱出することに決めて上陸地の秋穂浦《あいおうら》に向かった。しかし輝弘が秋穂浦《あいおうら》に戻ってみると来攻時の船は全て焼き払われていた。毛利の九州攻撃に曝《さら》されていた大友家としては、輝弘に周防国に居座ってもらわなくては困る。輝弘軍は周防に置き去りにされた（船は毛利方が焼いたとの説もある）。

秋穂浦からの撤収ができなくなった輝弘軍は東方の三田尻《みたじり》（防府）を目指した。もはや逃避行であった。三田尻に向かう途中、大道村《だいどうむら》の「旦《だん》」の集落で毛利軍と遭遇し戦闘となった。老兵主体で空腹と疲労困憊の輝弘軍はここでも大敗した。旦《だん》の激戦地には戦死者を弔《とむら》った供養石（二百人塚）が今も田園地帯に残る。輝弘軍は追い立てられながら海岸地帯を彷徨《ほうこう》することとなり、運命の十月二十五日を迎えた。

　十月二十五日、三田尻を目指して東行していた輝弘軍は、北方の右田ヶ岳城《みぎたがだけじょう》の城兵の急襲を受けて再び潰走《かいそう》した。目指していた三田尻に漸く辿り着くと、三田尻の岸辺にも船は無く、手勢《てぜい》は八百人にまで減っていた。輝弘軍はさらに東方の港町の富海《とのみ》を目指し茶臼山《ちゃうすやま》の受野峠《うけのだお》を越えた。しかし富海の海岸には遠方の由宇《ゆう》（岩国）の正覚寺の別当《べっとう》（寺の管理者）の周音《しゅうおん》が兵八百人で既に待ち構えていた。大内輝弘は富海《とのみ》を諦めてさらに東の椿峠《つばきだお》を越え、徳山を目指すことにした。しかしこの椿峠《つばきだお》にも徳山野上庄《のがみしょう》の領主である杉元相《すぎもとちか》の手勢《てぜい》が既に集まっていた。輝弘の周囲には老兵百人が従っているばかりであった。

　徳山への脱出は無理だと分かり、輝弘は再び西の三田尻を目指して茶臼山《ちゃうすやま》の浮野峠《うけのだお》まで引き返した。この浮野峠で三田尻側から登ってきた毛利の精鋭と出会った。輝弘軍は押し戻された。反対方向を振り返ると、東の椿峠からは杉元相《すぎもとちか》の軍勢がこちらに向かってきていた。茶臼山で最後の防戦を試みたが、衆寡敵《しゅうかてき》せず。結局、輝弘は死に場所を選ぶ余裕もないままに、富海《とのみ》の茶臼山《ちゃうすやま》の道端で息子の武弘《たけひろ》と自害した。輝弘父子の首級《しゅきゅう》は長府まで送られ、元就の本陣で首実検《くびじっけん》が行われた。

　輝弘の山口侵入によって毛利軍は北部九州から撤退せざるを得なかった。主力を撤退させてしまった毛利は、それまでに大友側から奪取した北部九州で門司城以外の拠点を全て失い、大友氏は毛利に奪われていた北部九州の諸城の奪還に成功した。吉岡長増《よしおかながます》の捨て石作戦は図に当たった。やがて毛利氏は畿内《きない》を制した織田信長と対峙するようになり、九州進出から手を引いた。それ以後、毛利氏が筑前国・豊前国の覇権を掛けて大友氏と戦うことは無かった。一方の大友氏は、九州の覇権をめぐって龍造寺《りゅうぞうじ》氏や島津《しまづ》氏との対立を深めていくこととなる。

神社や仏閣などの自刃場所を見慣れてきた筆者の目には、大内輝弘父子の自刃の場所はあっさりし過ぎて「意外の感」がある。現在は全く廃《すた》れた旧山陽道だが、そこの道路脇が父子の最期の場所である。追い詰められた輝弘父子は右往左往し、時間的なゆとりの無いままに腹に刃を突き立てたものであろうか。ただ、昭和十八年五月の調査では、『切腹岩』なるものが推測されているので、あるいは敵兵の見守る中で儀式としての切腹ができた可能性もある。

自刃場所に佇んでいると、南側の国道二号を行き交う車列の音が絶え間なく聞こえてくる。

この自刃場所には防府方面からは車では行けない。国道二号線の江泊《えどまり》にある第二トンネルの西側出口のそばに車を止めてみよう。一～二台止められる余地がある。そこからトンネル脇を上ると、旧山陽道にぶつかる。ところどころに『旧山陽道』の標識や『浮野峠』などの標識が残っているのでそれだと分かる。途中に往時の山陽道の石畳の跡が残っていたりする。山陽道の山道には枯枝や落ち葉が堆積し起伏も多い。トンネル口から山道を二～三キロほど東行した茶臼山の山頂付近が自刃場所である。旧山陽道の道脇に輝弘の乱に関する説明板が立てられている。富海側からだと、自刃地に車で行けないこともない。防府市内に向かう県道53号の最初のトンネルの脇から上る細い道が海岸沿いに走っている。未舗装で狭いが旧山陽道である。

山陽道は畿内と長門を結ぶ瀬戸内海沿いの交通路であった。富海《とのみ》は徳山と三田尻の中間にある周防の港町である。周囲を山で囲まれた富海は海運業の地として繁栄を極めた。富海と徳山の間には椿峠《つばきだお》があり、富海と三田尻の間には浮野峠《うけのだお》がある。藩政期には、富海と三田尻には本陣（夜間の宿泊所）が置かれ、浮野は半宿（昼の休憩所）であった。

受野峠の眼下には周防灘が広がり、周防灘の沖には野島《のしま》が見え、その向こうには豊後の国東《くにさき》半島《はんとう》や姫島、そして豊前《ぶぜん》の中津市がよく見える。追われ続けた最期の日、大内輝弘に対岸の大友領を眺める余裕があっただろうか。生存空間を求めて浮野峠と椿峠の間を彷徨《さまよ》った輝弘父子や家来たちの絶望的な姿を想像すると感慨が迫る。

輝弘の供養塔は富海の瀧谷寺《ろうこくじ》の本堂前の境内にある。瀧谷寺は富海の最奥部にある禅宗の古刹で風格がある。瀧谷寺から自刃地は近い。戦闘当日、瀧谷寺の方丈《ほうじょう》は雄叫《おたけび》を聞いたことであろう。少し時代は後になるが、大坂の陣に西軍方で参戦したために自刃させられた毛利藩の内藤一族の供養碑もこの瀧谷寺の本堂前にある。瀧谷寺の住職さんは「古い供養塔ばかりで、もう、どれがどれなのか分かりませんねえ」と笑う。

茶臼山を貫く旧山陽道の道路脇で「建設省」と刻印された古いコンクリート片を見つけた。今は昔である。

自決：中野正剛《なかのせいごう》

福岡市中央区今川に鳥飼八幡宮《とりかいはちまんぐう》という神社がある。平安時代の創建である。戦国時代の末期、大友氏の勢力が低下すると、肥前《ひぜん》（佐賀）の龍造寺《りゅうぞうじ》氏が筑前《ちくぜん》（福岡）に侵入してきた。大友氏と龍造寺氏と島津氏の三者が筑前で鼎立《ていりつ》し、覇を競うこととなった。鳥飼八幡宮の宮司であった鳥飼氏は当初は大友方であったが、龍造寺氏側に寝返り、さらに島津氏側に寝返った。結局、鳥飼氏は大友氏側の高橋紹運《たかはしじょううん》の夜襲を受け父子ともども討死した。この時に鳥飼八幡宮の社殿も焼失している。現在の社殿は桃山時代のものだという。

関ヶ原戦の論功行賞で筑前に入部《にゅうぶ》した黒田《くろだ》長政《ながまさ》は福岡城西の大堀《おおほり》（現、大濠公園《おおほりこうえん》）の畔《ほとり》の鳥飼八幡宮境内に黒田の別邸を造った。八幡宮は代替地として現在の地を賜った。それ以来、鳥飼八幡宮は福岡城西の総氏神として、藩主から城下の民衆までの崇敬を集め現在に到っている。

鳥飼八幡宮は周囲をビル群や道路に囲まれており、喧騒の街中《まちなか》にある。しかし、境内に足を踏み入れると意外なほどに閑静である。八幡宮が勤め人の通勤路にあるためか、早朝から参拝者が続く。見ているとなぜか若い女性が多い。境内の一角に夫婦楠《めおとぐす》があることや、神社自体が安産や縁結びを謳《うた》っていることもありそうだ。無病息災のシンボルの一つの『茅の輪《ちわ》』は、多くの神社では夏越《なごし》の時期に限って境内に設置されるものだが、ここの茅の輪は継続的に社殿の前に居座っているのが興味深い。一所懸命に「八の字」に茅の輪をくぐる若い娘たちの姿はどこか切ない。

境内には、『不老水』の提供や讃岐金毘羅の合祀や『千年蘇鉄《そてつ》』など玉石混交《ぎょくせきこんこう》、盛沢山《もりだくさん》で、中野正剛が標榜した『全体主義的』をどことなく連想させる。『千年蘇鉄《そてつ》』はその蘇鉄の前で頭を下げれば長寿が叶うという触れ込みである。神殿周囲の賑わいとは裏腹《うらはら》に、境内の隅には雑草が伸び放題であった。参拝者は現世利益は期待はしても、神域の静謐《せいひつ》を心がける人たちではなさそうである。

さて、この神社正門の横に本章主人公の中野正剛の『居宅跡碑』がある。また、明治通りに面した神社の北西側の敷地には中野正剛の巨大な塑像《そぞう》が立っており、そばには緒方竹虎《おがたたけとら》の筆になる碑がある。緒方竹虎は中野正剛《なかのせいごう》の生涯の盟友である。

中野正剛《なかのせいごう》は明治十九年（1886）二月十二日に福岡で生れた。旧福岡藩士の家系であり、正剛の誕生当時は実家は質屋を営んでいた。中野正剛の友人に緒方竹虎《おがたたけとら》という人がいる。中野正剛と緒方竹虎は福岡の修猷館《しゅうゆうかん》、早大、朝日新聞記者時代を通じて変わらぬ親友だった。年齢は中野正剛が一歳上だが、中野正剛は足の手術で学年が一年遅れた。一方の緒方竹虎は小学校を一年早く繰り上げ卒業したので就学年齢は逆転した。これだけの期間にわたり一本気な中野正剛との友情を保てるのは通常人ではありえない。二人の性格は対照的で、中野が剛なら緒方は柔、中野が動なら緒方は静である。中野正剛（57）が東京の自宅の一階で軍刀によって自決をしたのは第二次大戦中の昭和十八年（1943）十月二十七日である。緒方竹虎は中野の葬儀委員長を務めた。

山形生まれの緒方竹虎と中野正剛との縁は、緒方竹虎が四歳の時、官吏の父の異動によって福岡市に転勤したことに始まる。緒方の父は第二次松方内閣の時に福岡県書記官を退官させられており、父は官吏の運命への憤懣《ふんまん》やるかたなく、息子の竹虎には「一生役人になるな」と言っていた。緒方が中学（修猷館《しゅうゆうかん》）に進学した時に一級上にいたのが中野正剛であった。官立学校を毛嫌いした中野正剛の目には、官僚を目指す成績優秀な生徒たちが出世主義の功利的な人間に見えた。早稲田に進んだ中野は東京高等商業学校（現、一橋大）にいた緒方を説き伏せ、早稲田に就学させている。緒方は早稲田を卒業後、再び中野正剛に誘われ大阪朝日新聞社に入社した。入社後思いもかけない社内の派閥対立に巻き込まれた緒方は嫌気がさして大阪朝日新聞社を退職し、英国に私費留学した。帰国後、大阪朝日新聞社ではなく東京朝日新聞社に転職した。一方の中野は、後述するが、大正九年(1920)に代議士となっている。

米英との対立が先鋭化してきた昭和十五年(1940)、時の首相近衛文麿《このえふみまろ》が中心となって官製の政治組織を結成した。『大政翼賛会《たいせいよくさんかい》』である。米英との紛争に対処するための新体制の構築を主眼とした組織である。既存の全政党は解党した上で、『大政翼賛会《たいせいよくさんかい》』に加入した。次の東条英機首相の下で日本は太平洋戦争に突入した。東条英機《とうじょうひでき》が独裁色を強めると、中野正剛はこれに激しく反発するようになる。昭和十七年に中野は『大政翼賛会《たいせいよくさんかい》』を脱会し、東条の権力強化に抵抗した。同年に実施された「翼賛選挙」に際しても、自ら非推薦候補として当選を果たした。中野が主宰した政治結社『東方会』からの当選者は七名という少人数であったが、それでも彼らは翼賛政治会に入ることを頑強に拒んだ。

死の一年前、中野は早稲田大学で学生を前に、二時間にわたる激越な内容の演説をぶった。講堂の周囲には、東条英機《とうじょうひでき》首相の命を受けた憲兵隊が待機していた。しかし演説会場の猛烈な熱気のため、憲兵隊が中野を拘束できる状況ではなかった。翌年の正月に中野が朝日新聞紙上に載せた『戦時宰相論《さいしょうろん》』の中で、中野正剛は東条英機を無能宰相《さいしょう》よばわりし、ますます東条を激怒させた。『戦時宰相論《さいしょうろん》』の後では中野正剛の政治活動は東条英機によって徹底的に封殺された。東条は検事総長らに中野の逮捕すら命じたが、憲法の『国会会期中の議員は、現行犯または内乱に関する罪を除き、その院の許諾なしには逮捕されない』の規定が邪魔をし、東条は逮捕を断念している。

中野正剛を支援しようとした議員も国会内にいたが（鳩山一郎や三木武吉《みきぶきち》ら）、彼らの動きもことごとく東条首相につぶされた。中野は代議士会の場で、「東条におべっかを使う者だけが用いられる。これらの茶坊主《ちゃぼうず》たちが東条を誤らせ、国を誤らせている」と演説した。

ガダルカナル島争奪戦（1942～1943）での皇軍の撤退は、対米戦争での日本の敗北を中野に直感させたようだ。戦況の悪化を憂慮した中野正剛はもはや東条内閣を倒すしかないと思いつめた。中野正剛は重臣連中（近衛文麿《ふみまろ》前首相や岡田啓介《けいすけ》元首相ら）を核とした後任内閣の人選まで計画したが、重臣連中が腰砕けになってしまった。

昭和十八年（1943）九月、中野は重臣内閣を諦め、皇族内閣を構想して東条内閣の退陣を目指したが、東条英機は中野正剛の目障《めざわ》りな策動に対し、『東方会』幹部の大量検束で応えた。この大量逮捕劇の渦中で中野正剛も逮捕された。しかし中野の逮捕に対する世論の反発は大き過ぎた。中野は間もなく釈放された。それでも自宅軟禁と憲兵の見張りという形で非合法的に彼は追い詰められていった。自宅周囲にはいつも憲兵隊が見張っており、彼の屋敷内にも憲兵が留《とど》まった。

東条という人は生真面目《きまじめ》で、狭量で、融通の利《き》かない男であった。そのため、批判勢力に対して舞台裏で取引をしたり彼らを懐柔することは不得手《ふえて》であった。代わって、東条の用いた手法は専《もっぱ》ら憲兵《けんぺい》を用いた封殺であった。憲兵は陸軍大臣の管轄下に置かれていたが、首相の東条が陸軍大臣を兼任したため、フルに憲兵を使えた。東条はたとえ「曖昧《あいまい》な噂《うわさ》程度」の情報であっても、それを利用して反対者を連行し続けた。

こうして、反政府的・反軍部的・反戦的・反東条的な言動を噂《うわさ》された者たちが消えていった。「三人以上いるところで話したことは必ず憲兵隊に漏れる」と言われた。

憲兵隊による訊問から自宅に戻った夜、中野正剛は自決した。彼の自決の背景を詮索《せんさく》する人は後を絶たない。東条英機内閣の打倒を果たせず絶望したとか、東条英機から政治的自由をうばわれたからだとか種々であるが、実相は容易に窺《うかが》い知れない。

中野正剛は雄弁家であった。中野の手になる美文は彼の少年期から人目を引いていた。肺腑《はいふ》を抉《えぐ》るような彼の弁舌からしても、頭脳の明晰《めいせき》さや思考の論理性が窺《うかが》える。ただ、美文や名演説は、論理や構想が短期的に保たれてさえいれば表現できる。医師である筆者が中野の自決について考える上でのポイントは彼の『多動性』である。

結局、自決に到る道は、彼の『多動性』という人格構造の上に、彼が育った福岡という土地の風土や、学校時代や新聞社勤めの時代、そして国会議員時代に遭遇した事が重なり合っていると思う。彼は終生変わらずに妥協《だきょう》の無い、剛毅《ごうき》な人を演じ続けた。盟友の緒方は中野に、「君は一旦《いったん》思い込むと何かに憑《つ》かれたようになる。君には憑《つ》き物がある」と言っていた。ここで彼の『多動性』を眺めてみよう。

代議士（1920）になってからの中野正剛は、『無所属倶楽部《クラブ》』の結成、『革新倶楽部《クラブ》』に参加、『憲政会』入党、『民政党』入党など、変転が目まぐるしい。その折々《おりおり》には『折々の論理』があったはずである。中野と同年の友人で弁護士の清瀬《きよせ》一郎は中野正剛にこう忠告している、「君はいつもオードブルだけ食って、それがまずかったら直《す》ぐに席を立ってしまう。デザートまで食ったらどうだ」。民政党時代（1926）には、田中義一の陸軍機密費《きみつひ》の横領《おうりょう》や張作霖《チャンツォーリン》（ちょうさくりん）爆殺事件を取り上げて、舌鋒《ぜっぽう》鋭く田中首相を追い詰めた。これにより、中野は「反軍」派の政党人として名を馳《は》せた。ところが、満州事変（1931）を機に、中野は行動を一変させた。

　中野正剛は、軍と結んで挙国一致内閣を高唱《こうしょう》する熊本藩士の安達謙蔵《あだちけんぞう》に賛同して民政党を脱党した。中野は安達謙蔵《あだちけんぞう》と一緒に新政党である『国民同盟』を結成して、統制経済と日満《にちまん》経済ブロック化を主張した。ところが、間もなく中野は国家主義《こっかしゅぎ》（右翼）的な政治団体である『東方会《とうほうかい》』を立ち上げ、『国民同盟』を瓦解《がかい》させた。その翌年、中野は「ファシズム本家」のドイツとイタリアを訪問し、ヒトラーやムッソリーニに会った。中野は、『日独伊三国同盟』の早期妥結論を支持した。太平洋戦争の勃発に対しては、中野はもちろん「太平洋戦争讃美」であった（雑誌『公論』）。ヒトラーやムッソリーニのファシズムに傾倒した中野だったが、国内で東条ファシズムが高揚すると、東条打倒を唱え始めた。

　中野正剛に対する清瀬《きよせ》一郎の「君はいつもオードブルだけ食って、それがまずかったら直《す》ぐに席を立ってしまうが、デザートまで食ったらどうだ」は、言いえて妙である。腰が落ち着かないのである。多動性は神経シナプスとそこに関与する脳内物質（伝達物質）に由来する。我々のヒタイの直ぐ奥の脳部分（前頭前野《ぜんとうぜんや》）は、自己抑制や感情制御の中心である。多くの脳内物質に支えられてはいるが、中心はドーパミンである。足りないと、衝動的な行動や感情的な行動を取りがちになる。『多動性障害』の人の治療にはドーパミン作用を保持させる方向の投薬を行っている。

　緒方竹虎の著書の『人間中野正剛』の中の記述を参照してみよう。中野正剛がドイツやイタリアを訪問した時に贈呈された等身大のヒトラーの油絵やヒトラーと中野が並んで写った写真やムッソリーニから贈られた署名入り写真を、彼は一階の寝室の壁にかけていたという。自決が近いある日それらを外させていた。それらを一階寝室から二階の居間の壁に移したらしい。膝の悪い中野は一階が寝室である。

中野正剛は軍刀で頸動脈を切断して絶命した。自決した一階寝室の隣の部屋には見張りの憲兵が二人寝ていたが、自決には気付かなかった。憲兵隊が駆けつけた時はソファ周辺に血糊《ちのり》が広がっていた。遺書は「俺は日本を見ながら成仏する。悲しんでくださるな」であった。血糊が広がった寝室の机上には楠木正成《くすのきまさしげ》の像と『大西郷伝』が置かれていた。居間の壁からはヒトラーとムッソリーニ関連の写真はこの時すでに外されていた。中野の死の三か月前には敗色濃いイタリアで、ムッソリーニは逮捕・監禁されている。

鋭利な刃物は刃こぼれしやすい。自決の十二年前に長男の克明《かつあき》（18）を前穂高の滑落死で亡くし、九年前に妻（41）を亡くし、八年前に次男の雄志《たけし》（18）を病気で亡くしていた。「もう俺は十分にやった。もう幕を下ろさせてくれ」。中野正剛は憲兵隊での取り調べから帰宅する夜道でそう思ったのではないか。これは筆者の推測である。

密貿易：調所広郷《ずしょひろさと》

九州南端の鉄道は枕崎駅で終わる。それもあってか、枕崎より西の薩摩半島の南西岸に立つと「さいはて」を実感する。薩摩半島の南西岸には『坊津《ぼうのつ》』という港がある。坊津は東シナ海に面したリアス式海岸の一角にある入江の港である。坊津《ぼうのつ》は筑前の博多津《はかたづ》と伊勢の津（安濃津《あのつ》）

と並んで『日本三津《さんしん》』である。坊津の呼称は百済《くだら》（ペクチェ）から仏教が入った頃、この地に龍厳寺一乗院の坊舎が立ち並んでいたことからである。ここ坊津は知る人ぞ知る、薩摩藩《さつまはん》の密貿易の拠点港であった。坊津の入江の外には茫洋《ぼうよう》とした東シナ海の海原《うなばら》が広がっている。薩摩半島の南岸から南西岸の一帯は外洋のどの方面からの航海船でも着岸できる場所である。辺鄙《へんぴ》な場所に在って、海に開かれた奥深い入江は密貿易にはうってつけであった。坊津は、例えば遣唐使船《けんとうしせん》が着岸した場所でもある。また坊津から少し西に行った秋目《あきめ》の岩場は鑑真《がんじん》を乗せた唐からの船が漂着した場所である。鑑真とは唐招提寺《とうしょうだいじ》の開基者である。

享保八年（1722）、この密貿易で栄えていた坊津港に幕府の一斉手入れが入った。この時の取り締りは徹底的だったので、坊津の海商および船舶の全てが坊津を離れていった。密貿易に関係した男たちも行方を明かさずに逃亡した。家族とも生き別れてしまった。世にいう「坊津の唐物崩れ」の事件である。これを機に船で溢れていた坊津港は一寒村《かんそん》になった。

薩摩藩のかつての密貿易の港を見たくなり妻と坊津を訪れたことがある。坊津の界隈《かいわい》を探し回ったものの、『密貿易史跡』などの標識はどこにもない。妻が港にある小さな饅頭屋《まんじゅうや》に入り尋ねたところ、やがてかつての密貿易の屋敷が判明した。その家の外見は普通の民家であった。

さて、『日本三津《さんしん》』と讃《たた》えられた坊津が一寒村になった享保年間の『唐物崩れ』の当時を振り返ってみよう。少し話はさかのぼるが、徳川幕府が始まって六年、慶長《けいちょう》十四年（1609）三月四日に三千人の薩摩兵が琉球《りゅうきゅう》に向けて山川《やまかわ》港を出港した。世にいう『慶長の侵攻』である。琉球までの途中の奄美大島《あまみおおしま》、徳之島、沖永良部島《おきのえらぶ》、与論島《よろんとう》を薩摩軍は次々と攻略し、三月二十五日に琉球に到着した。四月に首里城《しゅりじょう》の攻撃に入ると、間もなくして尚寧王《しょうねいおう》（46）は降伏した。

そもそも、豊臣秀吉や徳川家康は独立国である琉球を属国とみなすような精神構造を持っていた。しかしれっきとした独立国である琉球は徳川家（幕府）や島津家（薩摩藩）の統制下に入ろうとはしなかった。それが薩摩藩の癪《しゃく》に触り出兵したのである。薩摩藩は奄美大島を武力制圧すると、奄美大島を直接支配するためそこに代官所や奉行所を置いた。奄美の住民には琉球との交易を禁じ、また薩摩藩の許可を得ない貿易や大型船の建造も禁じた。

幕藩体制下で時が進むにつれ、全国諸藩の財政は逼迫《ひっぱく》していった。特に薩摩藩の財務状況は悪く、八代藩主の島津重豪《しまづしげひで》（1745～1833）のころの借金は五百万両にもなった。これは一藩としては天文学的な額であった。数値でみると、借金の五百万両は、年間利息だけで「年八十万両」を超えていた。そもそも、薩摩藩の年間収入が十二～十四万両なのである。ついでに示すと、この当時の幕府全体の収入が三百六十四万両である。薩摩藩の借金返済は数字上でも不可能である。ここで登場したのが本稿の調所広郷《ずしょひろさと》である。文政十年（1827）に調所広郷（51）は財政改革主任（後に家老）となった。

隠居した前藩主の島津重豪《しまづしげひで》は調所広郷《ずしょひろさと》（60）に借金の踏み倒しを指示した。広郷《ひろさと》はさっそく債権者らを集めた。債権者には「古い借用書を書き換えたい」と言って集合させたのである。債権者が持ち寄った借用書を集め終わった調所《ずしょ》は、それを債権者の眼前で燃やしてしまったのである。肝《きも》をつぶした債権者たちを前に、広郷は、「わしが憎いか?わしの体を好きなように処置してくれ」と居直った。一同、声も無い。調所広郷は商人たちに宣告をした。「五百万両の債務は無利子」とし、「返済は二百五十年のローンとする」と追い打ちをかけた。超「長期」ローンである。ちなみに、今から二百五十年前といえば、オーストリアの若き皇女マリーアントワネットがフランス王室に嫁いだ頃である。「二百五十年のローン」の通告は、現藩主である斉興《なりおき》の父の島津重豪《しまづしげひで》の踏み倒し指示を調所広郷が守ったものである。

調所広郷《ずしょひろさと》はまず支出削減から行政改革を出発させた。次いで『農業改革』であった。農業改革として目を付けたのが南西諸島の『黒糖《こくとう》』である。原料であるサトウキビを搾《しぼ》って汁を抽出し、それを煮詰めたものが黒糖である。薩南諸島（奄美大島、徳之島、沖永良部島、与論島）や先島諸島《さきしましょとう》（琉球以南）の特産物はサトウキビである。十七世紀の終わりごろから、上方《かみがた》（大坂）市場では黒糖が高く売れていた。調所広郷《ずしょひろさと》は奄美の黒糖に着目した。従来から藩の収入の多くを占めていたのが黒糖だったからである。薩摩藩は黒糖市場を藩が直接管理することに決め、大坂の砂糖問屋の関与の排除を図った。専売制である。調所広郷《ずしょひろさと》は借金棒引きに打ちひしがれていた債権者に黒糖販売のうまみを譲ることにした。彼は完全に踏み倒すだけではまずいと考えていたのであり、そういう点で調所広郷《ずしょひろさと》は狂人ではなく戦略家である。奄美三島（奄美大島・喜界島・徳之島）の島民にはサトウキビの栽培と黒糖の生産を強制し、島民が黒糖を口に入れることを禁じた。黒糖からの収入が途絶えて独立した生計を営めなくなった奄美《あまみ》の島民は『家人《ヤンチュ》』とよばれた「準奴隷」に転落していった。島民の半数近くが『家人《ヤンチュ》』になった時期もある。

調所広郷は薩摩藩の財政再建のためには手段を選ばなかった。江戸時代の対外交易は、長崎口と対馬口と松前《まつまえ》口と琉球口の四か所に限られ、それら全てが幕府の管理の下でのみ行われた。海外貿易の「うまみ」は幕府だけが享受できる仕組みであった。四か所のうち、長崎の地はそもそも藩が無く幕府の直轄地であり、琉球口での交易は、室町時代以降では琉球王国との外交関係のある薩摩藩が幕府の許可のもとで管轄していた。薩摩藩にとって好都合だったのは、独立国の琉球王国が中国との間で朝貢《ちょうこう》貿易をおこなっていたことである。貿易品の転売で薩摩藩は利潤を得るようになった。そして調所広郷の財政再建の極め付きは『抜荷《ぬけに》』であった。抜荷とは「長崎を経由しない外国貿易」のことで、つまりは密貿易である。どこの藩も財政が苦しいので海外貿易は垂涎《すいぜん》の的《まと》であったが抜荷はご法度であった。抜荷《ぬけに》の多くは唐船との間で行う。あらかじめ期日を約し、所定の航路からはずれた海上で夜間に取引した。調所広郷は抜荷《ぬけに》に財政再建の期待をかけたのである。実は、地理的に海に開かれた薩摩は抜荷に適した場所だったので、薩摩藩は江戸時代を通じて抜荷を行っていた。そのうちの琉球を介して清との間で行う抜荷はポピュラーだった。調所広郷は抜荷に本腰を入れた。

自藩の黒糖を大坂や下関で昆布に替えたのち、その昆布を琉球を介して清国に運ぶという抜荷ルートが薩摩藩ではすでに確立されていた。薩摩藩からの清国への輸出品は銀と金と海産物（乾燥昆布やイリコ、干鮑《ほしあわび》など）である。一方、輸入品は、絹製品や丁子《ちょうじ》（南洋産出の香辛料）、漢方薬、中国産生糸《きいと》、鮫皮《さめがわ》などであった。横浜港の生糸貿易はほとんど薩摩藩が請け負った。奄美大島で密造された醤油も薩摩藩の利益商材の一つであった。奄美大島の醤油は甘みが強く海外で人気があり高値で取引されたので禁輸品だった。

抜荷《ぬけに》と奄美三島の農民への負担によって薩摩藩は驚くべきハイペースで借金を返済した。上方の商人たちは債権の踏み倒しを免れた上に琉球や清との密貿易品に対する利権措置を取ってくれた薩摩藩に感謝した。五百万両の債務処理で調所広郷が登場したのが文政十年（1827）であったが十三年後（1840）には借金は消えて、二百万両を超す貯金までできた。この資金を元手に武器の近代化や産業改革を行い、幕末に国力をつけていったのである。調所広郷のような人物を現在の日本に登用できないものかとつくづく思う。

薩摩の抜荷は実は早い時期から幕府側にはバレていた。平戸《ひらど》藩主の松浦静山《まつらせいざん》（1760-1841）の随筆『甲子夜話《かっしやわ》』には、薩摩の抜荷がごく一般の話題として登場する。例えば、新潟では薩摩船のおかげで漢方薬や『辰砂《しんしゃ》』などが安価だとある。辰砂は辰《しん》の国（現、湖南省《こなんしょう》）で多く産出した赤い色素で、漆器《しっき》や朱墨に使うものである。要するに、幕府統制品の『朱《しゅ》』を買うより、新潟の商店で朱を買う方がはるかに安価だと一般住民ですらも知っていたのである。長岡藩《ながおかはん》（越後《えちご》）も自藩を経由する薩摩の抜荷は知っていたが、薩摩側からの謝礼があるので黙認していた。薩摩藩の財政再建が一気に実現されたはずである。各藩の財政はほとんど破産状態だったので抜荷は非常に魅力的で、「やらなければ損」の趣《おもむき》があった。文化《ぶんか》年間（1804-1818）以降、長崎会所《ながさきかいしょ》の公貿易額は著しく減ってしまった。このころ、越後《えちご》には天領《てんりょう》（幕府直轄領）が点在し、新潟の地も天領の一つであった。天保《てんぽう》六年（1835）十一月、薩摩の船がその新潟の沖で難破し、船の残骸《ざんがい》や積み荷が浜に打ち上げられる出来事があった。難破船は薩摩特有の構造であった。荷箱には清国商人の荷印《にじるし》があった。さすがにこの時は幕府の調査が入っている。

冒頭で触れた「坊津《ぼうのつ》の唐物崩れ《からものくずれ》」事件（1722）は、実は幕府による手入れではなく、幕府の手入れの機先《きせん》を制した薩摩藩による手入れだったともいわれる。唐物崩れ事件があったのは財政再建役として調所広郷の登場した時（1827）よりもはるか前である。黒糖貿易や琉球経由の対清貿易といった薩摩藩直営の商取引が罪に問われるのは諦めもつくが、民間人が勝手にやった抜荷で藩が取り潰されては叶わないと考えた薩摩藩が坊津《ぼうのつ》港を取り締まったのかも知れない。要するに、藩が主役の貿易以外は許可しないとの姿勢である。

坊津を脱出した抜荷の男たちは東の鹿籠郷《かごごう》に逃げ込んだ。鹿籠郷《かごごう》は今の枕崎市である。抜荷の男たちは鹿籠郷《かごごう》の領主の喜入《きいれ》氏によって手厚く保護された。抜荷の男たちは鹿籠郷（枕崎）で抜荷業者としてではなくて漁師として生きる道を選んだ。都合が良いことに、密貿易船は大型船だったので、枕崎港に逃れた船はそのまま遠洋漁業に使えた。これが鰹漁《かつおりょう》となる。坊津から逃れた船主には鰹節《かつおぶし》の製造と販売の権利が与えられた。枕崎は現在も鰹節の名産地である。喜入《きいれ》氏は島津氏の親戚筋なので、結局島津氏は脅《おど》し役と救済役の二つを演じたのだと思う。

薩摩藩による抜荷は思いがけない形で白日の下《もと》に曝《さら》された。幕府隠密といった第三者の内偵によるものでは無く、信じられない話ではあるが、薩摩内部の藩主クラスの暴露によって露見した。いわゆる『お由羅《ゆら》騒動』とよばれる兄弟喧嘩の副産物の「密告」である。

島津藩の藩主は第八代重豪《しげひで》（1745-1833）以降、第九代斉宣《なりのぶ》（1774-1841）そして第十代斉興《なりおき》（1791-1859）と続く。島津斉興《なりおき》（第十代）の後継藩主（第十一代）を選ぶ時に『お由良《ゆら》騒動』が起きた。第十代藩主の斉興《なりおき》には二人の藩主候補の兄弟がいた。斉彬《なりあきら》と久光《ひさみつ》の二人である。長男の斉彬《なりあきら》は正妻の子である。次男の久光《ひさみつ》は側室（お由良《ゆら》）の子である。従って、常識的には斉《なり》彬《あきら》がすんなり第十一代藩主に就《つ》きそうである。しかしそう簡単にはゆかなかった。第十代藩主の斉興《なりおき》自身がお由良が生んだ久光《ひさみつ》の方に肩入れしていたのである。

斉興《なりおき》の長男の斉彬《なりあきら》は頭脳明晰で学問肌だが、斉興《なりおき》の父の重豪《しげひで》（第八代）に似た蘭癖《らんぺき》があった。蘭癖とは、蘭学への熱中や西洋風俗への傾倒のことで、俗な言葉で『西洋かぶれ』である。斉興《なりおき》（第十代）は「斉彬《なりあきら》が次の藩主になれば、父の重豪《しげひで》（第八代）のように湯水のごとく藩の金を浪費して再び藩財政を困窮させる」と危惧した。そうした懸念を払拭できなかったので長男の斉彬《なりあきら》が四十歳を過ぎても斉興《なりおき》は家督を譲らなかった。島津斉興《しまづなりおき》の後継を巡る島津斉彬（1809-1858）と島津久光（1817-1887）の兄弟による藩主争いがお家騒動に発展した。

調所広郷《ずしょひろさと》は「斉興《なりおき》・久光《ひさみつ》派」に繋《つな》がっていた。財政改革に辣腕《らつわん》を振るった立場からもうなづける。長男の斉彬《なりあきら》は幕府老中の阿部正弘《あべまさひろ》と懇意であった。斉彬《なりあきら》は、敵対する「斉興・久光・広郷」グループを葬り去りたく、彼らが手を染めていた密貿易を幕府老中《ろうじゅう》の阿部正弘に通報した。父斉興《なりおき》や調所《ずしょ》らの失脚を図ったわけである。

嘉永《かえい》元年（1848年）、阿部正弘は薩摩藩が行った抜荷の全容解明に乗り出した。同年十二月、江戸に出仕していた調所広郷《ずしょひろさと》に老中阿部が抜荷の件を訊《き》き質《ただ》そうとしたところ、調所（73）は服毒自殺を遂げてしまった。追及が斉興や久光に及ぶのを防ごうとしたわけで、「死人に口なし」である。十一代藩主は島津斉彬《なりあきら》となった。斉彬は英主として薩摩藩を時代のリーダーに押し上げた。

幕末の頃には幕府の統制力の低下が露《あら》わになったため、抜荷はかなり堂々と横行した。長州藩も、英国商人グラバーや米国商人ドレイクを取引相手に抜荷に手を染めた。長州藩が最も熱を上げた輸入品は外国製武器であった。長州とこれら外国人との貿易を幕府が統制しようとしても、長州藩は積み荷を薩摩名義に変えたりしたので実効が上がらなかった。薩摩藩は薩摩藩で、太平洋側でも堂々と抜荷をした。

斉彬は四十一歳で晴れて藩主となった。『島津に暗君なし』を体現したような名君であったが、治世七年余りで早世した（1858）。赤痢感染が元であった（毒殺説も市民権を得ているが虚構に過ぎまい）。斉彬の遺言により、次の藩主は久光の子の忠徳（後に忠義）が継いだ。その結果、久光は藩主の父となり、権力は絶大で「国父」とよばれた。久光も兄斉彬に劣らない逸材であった。斉彬と久光の当人同士の仲は終始良好だったという。

調所広郷《ずしょひろさと》は忠臣なのか。ちょうど同じころに長州藩で財政改革を主導したのは村田清風《むらたせいふう》であった。新規産業の振興で財政再建を目論んだ村田清風との比較から、調所広郷《ずしょひろさと》は領民を苦しめた極悪人との評価もされる。調所広郷《ずしょひろさと》に対するそうした厳しい評価は明治維新の立役者になった西郷隆盛《さいごうたかもり》や大久保利通《おおくぼとしみち》ら斉彬《なりあきら》派によるバイアスのかかった評価とみるべきであろう。久光に連なった調所家は徹底的な迫害を受け、一家は離散した。お由良は？迫害されることなく慶応二年に七十一歳で城下で逝去している。

《補遺》

坊津《ぼうのつ》から鹿籠郷《かごごう》に脱出した抜荷の男たちを保護した鹿籠郷《かごごう》領主の喜入《きいれ》氏について思い出したことがある。昭和から平成に時代が変わる頃だったかと思うが、鹿児島市の今給黎教子《いまきいれ・きょうこ》さんとおっしゃる、まだ二十代半ばのお嬢さんがヨットで太平洋を単独往復したというニュースがあった。新聞紙面には彼女の日焼けした姿があった。彼女の壮挙と共に、「今給黎《いまきいれ》」という苗字が強烈な印象として残った。その後、史書で給黎郡《きいれぐん》や喜入郷《きいれごう》の存在を知り、武将の喜入氏の名にも接した。かつての揖宿郡《いぶすきぐん》喜入村はちょうど特攻隊基地だった知覧《ちらん》と指宿《いぶすき》の中間に当たり、現在も鹿児島市喜入町《きいれちょう》として残る。

密貿易：今津屋八右衛門《いまづやはちえもん》

国道九号の上り線が浜田市域に入ると、殿町《とのまち》の交差点に差し掛かる。官公庁の建物が多い地区である。殿町《とのまち》交差点から、浜田警察署と浜田郵便局の間の通りを少し北に進んだあたりが松原町である。松原町の通りを突き抜けると松原湾にぶつかる。湾の西岸はかつて浜田城のあった亀山である。湾の東岸の防波堤の先端には『會津屋《あいづや》八右衛門』の碑が立っている。本来は『今津屋《いまづや》八右衛門』と記されるべきであったが、内閣総理大臣を務めた海軍大将の岡田啓介《おかだけいすけ》が揮毫《きごう》する時に間違えたものだとされる。八右衛門のたどった運命やそこで交錯した間宮林蔵《まみやりんぞう》の人生を眺めてみると、無縁な者同士の不思議な絡《から》み合いを感じざるを得ない。今回は浜田市を訪れた。

今津屋八右衛門は寛政十年（1798）生まれである。彼は浜田の松原で廻船問屋《かいせんどんや》（浜田藩御用商人）を家業としていた。父の清助も廻船問屋で、藩御用船「神福丸」船頭兼支配人であった。八右衛門が鬱陵島《ウルルンド》（うつりょうとう）に興味をもつようになったのは三十二才ごろだとされる。当時も、鬱陵島《ウルルンド》は一応、李氏朝鮮の版図《はんと》であった。鬱陵島が無人島化していた時期があり、石見《いわみ》（島根西部）や伯耆《ほうき》（鳥取西部）の漁民たちは朝鮮半島沿岸の漁師よりも航海技術に勝《まさ》っていたこともあって、その無人の鬱陵島《ウルルンド》（当時は竹島呼称）まで出かけていたようだ。

八右衛門が鬱陵島《ウルルンド》に興味を持つようになったり、密貿易にまで手を染めるきっかけとなったのは何だったのか。父の清助は船が難破して漂流したことがある。清助はオランダ船に助けられ、東南アジアを回って帰国した。当時は遭難や漂流のせいであっても海外渡航は厳罰だったので、東南アジアの見聞は極秘である。イソップ物語で王様のロバの耳の秘密を知った床屋の心境であったろう。父は八右衛門《はちえもん》に海外事情を秘密裏に漏らした。八右衛門は父の話から海外を身近に感じたかも知れない。成人した後、八右衛門は蝦夷地《えぞち》（北海道）の松前《まつまえ》に物資を運ぶ時に鬱陵島の周辺を通っていた。北海道と下関を結ぶ北前船の航路には鬱陵島と松島（現、竹島）の間の海域を通るコースがあったという。

今津屋八右衛門の目に鬱陵島《ウルルンド》には誰も住んでいないように映った。つまり鬱陵島は「無住の地」というわけである。そこで浜田藩御用商人の八右衛門は当時財政難に直面していた浜田藩に対し、島の産物を持ち帰れば藩の利益になり、窮迫した藩の財政の改善にも寄与できるのだがと提案をした。八右衛門自身が外海に向けて何とか活路を開きたかったこともあった。彼は浜田藩勘定方《かんじょうがた》の橋本三兵衛《はしもとさんべえ》らに海外密航を説得した。鎖国当時の海外交易は抜荷《ぬけに》（密貿易）とよばれ、ご法度《はっと》であった。『抜荷《ぬけに》』とは長崎会所を経由する貿易以外の貿易である。長崎貿易は幕府の独占なので、結局は海外貿易は幕府の独占であった。

話は少し飛ぶ。江戸時代の半ばを過ぎたころに間宮林蔵《まみやりんぞう》（1780-1844）という探検家がいた。彼の名前をご記憶の方はおられるであろう。間宮林蔵の生まれ故郷は常陸国《ひたちのくに》（現、茨城県）の筑波郡《つくばぐん》である。彼は筑波の農民の子として生まれた。間宮家はこのころには農民となっていたが、少し前の先祖は小田原北条氏の家臣で、笹《ささ》下城《げじょう》の城主である。林蔵は幼いころから読み書きや算盤や地理の教育を施されていたようだ。間宮林蔵は二十歳前後に一度函館に移住した。函館で伊能忠敬《いのうただたか》と出会って地図作りの子弟関係を結んでいる。間宮林蔵《まみやりんぞう》が二十代の半ばころ、幕府は利根川の流路変更の工事を手掛けていた。工事現場は林蔵の生地で、間宮林蔵はこの土木工事に携わった。その時に幕府の役人の目に、算術や測量や地理に長《た》けた林蔵の能力が留まったのである。やがて間宮林蔵《まみやりんぞう》は幕府に雇用され、択捉島《えとろふとう》の『紗那《シャナ》』の役所に栄転した。紗那《シャナ》はオホーツク海に面した択捉島の中ほどにある集落で、そこに函館奉行所《ぶぎょうしょ》の支所があった。

世界史的にみれば、ロシアは当時、東方への進出策を進めておりシベリア探検や、さらに東方のオホーツク海探検に乗り出していた。ロシアの東進によって、日本の北方諸島の維持はもちろん、蝦夷地《えぞち》（北海道）の安定的な領有すらも怪しくなってきていた。蝦夷地や北方諸島は和人とアイヌ人との雑居地であった。樺太《からふと》（サハリン）島の民族分布はさらに複雑で、ツングース系民族なども雑居していた。サハリンの西のアジア大陸（沿海州《えんかいしゅう》）も清国人など東アジア系の諸民族を加えた複雑な雑居地であった。

ロシアの東進政策によって、北方地域ではロシアがらみの紛争が増えつつあった。文化三年（1806）九月、ロシア船が樺太《からふと》の久春古丹《クシュンコタン》を襲撃し、ロシア領だと宣言する真鍮板《しんちゅうばん》を設置していた。文化四年（1807）になると、四月にロシア船は択捉島《えとろふとう》の内保《ナイボ》を襲撃し、続いて択捉島の紗那《シャナ》を襲撃した。『シャナ事件』である。シャナ事件の時、紗那《シャナ》の役所にいた間宮林蔵《まみやりんぞう》（27）は対ロ決戦を主張したが、仲間の役人連中は国後島《くなしりとう》に逃げてしまった。シャナ事件後、間宮林蔵を除く役人連中は幕府に処罰されている。利尻島《りしりとう》や礼文島《れぶんとう》もロシア集団に襲撃された。幕府は

『ロシア船打ち払い令』を出すと共に、蝦夷地《えぞち》の全域を幕府の直轄領《ちょっかつりょう》にした。つまり、国境紛争の時代を迎えて、幕府は領土確定の重要性を漸《ようや》く認識し始めたわけである。

幕府は国内的には依然として鎖国政策を徹底していた。その傍ら、幕府は緊張してきた北方の国境画定《かくてい》の必要を感じ始め、重い腰を上げた。間宮林蔵《まみやりんぞう》に樺太探検を指令したのである。樺太島を探検する林蔵の波乱に富んだ冒険や危機は間宮林蔵の原著（大谷恒彦訳）の『東韃紀行《とうだつきこう》、教育社新書』に活写《かっしゃ》されている。『宝島』や『十五少年漂流記』に似た冒険譚《ぼうけんたん》である。韃靼《だったん》とは一般には北方遊牧民を指す呼称である。間宮林蔵は艱難辛苦《かんなんしんく》を乗り越えて二年がかりで、樺太《カラフト》（サハリン）はユーラシア大陸と陸続きでなく海峡を隔てた島であることを確定させた（1809）。世界地図の上で、唯一、日本人名を冠した地名が『間宮海峡』である。

間宮林蔵は樺太探検の功績により、松前奉行所（現在の北海道庁に相当）の役人への昇進を皮切りに、彼が探索で培った蝦夷・樺太方面に対する豊富な知識や海防に対する見識に対して幕府は好待遇で彼に対した。しかし、「好事魔多《こうじまおお》し」で、まるで『杜子春《とししゅん》』の説話のように、彼に取り入る連中が増え、彼からツキが逃げて行った。

文政十一年（1828）、生活苦の間宮林蔵は幕府の隠密《おんみつ》として採用された。隠密《おんみつ》とは要するに国内スパイである。気づかれぬように各地の藩の内情を調査し「法度破り」が無いかを嗅《か》ぎまわるのである。この捜索に引っかかったのが本稿の今津屋八右衛門《いまづやはちえもん》や浜田藩の上層部であった。そこに到る顛末《てんまつ》を述べよう。

天保三年（1832年）、今津屋八右衛門《いまづやはちえもん》は国外渡航申請を浜田藩の要職に提出した。もちろん国外渡航は国禁に触れる違反である。藩要職である国家老《くにがろう》の岡田頼母《たのも》、在国年寄《ざいこくとしより》の松井図書《まついずしょ》、岡田頼母《たのも》の部下で勘定方《かんじょうがた》の橋本三兵衛《さんぺい》の三人は今津屋八右衛門から出された渡航申請を黙認した。藩要職者たちは藩主の松平康任《まつだいらやすとう》の決裁を仰いだ。当時、藩主の松平康任は幕府の筆頭老中という要職にあり、江戸住まいをしていた。まもなく江戸屋敷にいる藩主松平康任《まつだいらやすとう》からは「お墨付き」に近いゴーサインが出た。鬱陵島《ウルルンド》（当時は竹島呼称）は「日の出（日本）」の土地とは定め難いが、松島（現、竹島）までなら出かけて良い、しかし持ち帰った物は大坂以東へ流出させてはならない。

　藩主のこの発言をどう受け取るか、まあ、渡海の黙認だと考えるであろう。一方の今津屋八右衛門にしてみれば、松島（現、竹島）へ行くというのは口実で、竹島（鬱陵島《ウルルンド》）まで行く計画を密かに練《ね》っていた。渡航メンバーは、資金提供者の淡路屋善兵衛《あわじやぜんべえ》のほか、今津屋八右衛門と重助、五人の水夫《かこ》（新兵衛、久米蔵、音五郎、安吉、新作）の合計八人とした。

　天保四年（1833）六月十五日、今津屋八右衛門は乗組員とともに出帆した。目的地は松島（現、竹島）ではなく、竹島（現、鬱陵島）であった。鬱陵島には鮑《アワビ》を初め海産物が極めて豊富であった。他に、けやき・桑・松・桜や朝鮮人参《ちょうせんにんじん》のような薬草などもこの島で採った。八右衛門は初めの頃は竹島（鬱陵島）から大きい竹や珍しい木、大きい鮑《アワビ》などを持ち帰る程度に留《とど》めた。目論見《もくろみ》どおり、巨利を得た浜田藩の財政は好転した。やがて八右衛門は鬱陵島からさらに足をのばし、交易範囲を朝鮮や中国などにまで広げた。朝鮮に渡って李氏朝鮮との抜荷《ぬけに》（密貿易）を行うようになっていった。朝鮮・中国等との交易で八右衛門自身も巨利を得たが、浜田藩に莫大な上納金《じょうのうきん》を納めることで藩財政の再建にも多大な貢献をした。八右衛門は将来的に鬱陵島（竹島）の開拓を考え始め、鬱陵島の沿岸を何度も周回し、持参した磁石も使って精密な鬱陵島地図を作り上げた。八右衛門の抜荷《ぬけに》は次第に大胆となり、ついにはスマトラ、ジャワなど、遠く東南アジアにまで足を伸ばす大がかりな密貿易となった。日本からの輸出品は主に日本刀であった。

天保六年（1835）の春、間宮林蔵は薩摩藩の密貿易を内偵するため薩摩に向かった。薩摩に向かう時（帰る時、とも言われる）、乞食《こじき》の格好をした間宮林蔵はわざわざ辺鄙《へんぴ》な山陰道を通った。間宮が浜田藩領の下府村《しもこう》（那賀郡《なか》）の一軒の店で休息をしていた時、彼は店先で見慣れない樹木を見た。インドか中国にありそうな椰子《やし》であった。店の主人にその木はどこに売っているのかと尋ねた。店の主人は松原の船乗《ふなのり》が時々持って帰ると返答した。怪しい、そう睨《にら》んだ間宮は松原湾に出向いてみたが抜荷《ぬけに》に関連した情報は得られなかった。「浜田藩は怪しい」と思いつつも間宮は薩摩に向かった。薩摩でもはっきりとした抜荷の証拠が見つからないまま、間宮林蔵は四国の藩の抜荷調査に向かった。同年五月、間宮は土佐から江戸に帰る途中で大阪西町奉行所に立ち寄った。大阪西町の奉行（矢部定謙《やべさだのり》）に「浜田藩は藩を挙げてクロ」との印象を伝えた。矢部定謙《さだのり》は改めて浜田城下に隠密陣を送り込んだ。今度は浜田藩による抜荷の確実な証拠が見つかった。

藩主の康任《やすとう》は永蟄居《えいちっきょ》を命じられた。天保七年（1836）三月、康任《やすとう》から家督を譲られていた次子の康爵《やすたか》もまもなく棚倉《たなぐら》（福島県）六万石に国替えとなった。

天保七年（1836）六月、今津屋八右衛門（39）と浜田藩勘定方《かんじょうがた》の橋本三兵衛《さんぺい》の二人は大坂町奉行所が派遣した役人によって浜田城下で逮捕された。二人は大坂町奉行所で取り調べを受けた後、江戸の奉行所に護送された。今津屋八右衛門は浜田で逮捕される時には既《すで》に自身の処刑を覚悟していたので、捕縛に先立って妻を離縁し子は大坂に養子に出した。国家老《くにがろう》の岡田頼母《たのも》と年寄役の松井図書《ずしょ》の二人は、今津屋八右衛門と橋本三兵衛《さんぺい》が取り調べられている最中に切腹をした。天保七年（1836）十二月二十三日、幕府より処分が言い渡された。この日のうちに、今津屋八右衛門は橋本三兵衛《さんぺい》とともに江戸の鈴ヶ森で斬罪に処された。

今津屋八右衛門のこの事件は『竹島事件』とよばれ、『仙石《せんごく》事件』、『大塩平八郎《おおしおへいはちろう》事件』と共に『天保《てんぽう》三大事件』の一つとして日本中に知れわたった。年貢増徴や藩士の俸禄切り下げによらずに藩の財政危機を救った恩人として、地元は今津屋八右衛門らを思慕し顕彰した。昭和初期以降「郷土浜田のために尽くした人」、「対外貿易の先駆者」等と評価されている。

こころざし半ば：征西大将軍《せいせいだいしょうぐん》

九州制圧の夢も、今はむかし。南朝政権の復活の希いは潰え、懐良《かねなが(かねよし)》親王は弘和《こうわ》三年（1383）、隠棲先の矢部《やべ》村のあばら家で五十三才の生涯を閉じた。その辞世の句は『雲井《くもい》にものぼるべき身のさはなくて雲雀《ひばり》の床に音をのみぞなく（ヒバリのように空高く上がることを夢見たのに、夢半ばでヒバリの巣のような粗末な病床で泣いてばかりいる）』。本稿では以下、南朝（後醍醐天皇）方の元号を用いることとした。

後醍醐《ごだいご》天皇は、事蹟《じせき》がはっきりしている天皇たちの中では、第四十代の天武《てんむ》天皇や第七十七代の後白河《ごしらかわ》天皇（のち上皇、法皇）と共に、最も剛毅《ごうき》で権謀術数《けんぼうじゅっすう》に富み好戦的な天皇の一人であろう。後醍醐天皇は足利尊氏《あしかがたかうじ》の寝返りや各地の武士団の支援を得て、ついに念願の「北条打倒」を果たした。しかし、後醍醐政権（建武政《けんむ》権）が目指した方向は多くの武士たちの新政権への期待とはあまりにも乖離《かいり》していた。後醍醐天皇は武士政権そのものを否定し、朝廷（天皇と公家）の手に政権を奪還したかっただけであった。結局、かつての北条政権の打倒に加わった武士たちの不満を吸収しきれなかった。足利尊氏《あしかがたかうじ》は後醍醐天皇との対立を深めた。やがて双方の抗争になった。抗争の中で、半世紀以上にわたって二人の天皇が並立し続けることになる。その中で北朝勢力（京）と南朝勢力（吉野）の抗争が行われた。後醍醐は吉野の地から遠く東北や九州に向けて、南朝支持を訴え、足利討滅を呼びかけた。子沢山の後醍醐は皇子たちをあちこちに派遣し、各地の豪族たちに南朝への支援を要請させた。後醍醐は不撓不屈《ふとうふくつ》の天皇だったのである。延元《えんげん》三年（1338）九月十八日、後醍醐天皇は十六番目の皇子の懐良親王《かねながしんのう》（かねよししんのう）に九州を制圧するよう指示し、『征西大将軍《せいせいだいしょうぐん》』に任命した。本編の主人公の登場である。元徳《げんとく》九年（1329）生まれの懐良《かねなが》はこの時はまだ八歳の少年であった。後醍醐は十二人の公家を懐良《かねなが》親王のお供《とも》に付けて出発させた。懐良《かねなが》は十二月三十日に讃岐《さぬき》（香川県）に到着した。

延元《えんげん》四年（1339）八月十六日、後醍醐天皇（52）は崩御《ほうぎょ》した。吉野に逃れてから二年九か月。不屈の天皇は京に戻ることなく吉野で崩御した。死因は胃癌らしい。後醍醐天皇は崩御の前日に、第七皇子である義良《よしなが》を天皇として践祚《せんそ》させた。これが『後村上天皇《ごむらかみ》』である。後醍醐天皇の皇子の名には、通字として『良』が用いられており、『良』の読みは『なが』だという（宮内庁職員から筆者が教わった）。崩御の前日に、後醍醐は「自分の亡《な》き後は息子らが後村上天皇や忠臣たちと共に天下を治めよ」の遺言を残した。既に四国に入っていた懐良親王《かねながしんのう》は父の崩御に立ち会えなかった。かなり後の事になるが、後村上天皇の皇子の良成《ながなり》親王がやがて九州で懐良親王《かねながしんのう》を助け、南朝の復権に奮闘することとなった。

九州制圧を命令されたものの、征西大将軍の懐良《かねなが》親王は直ぐには九州に向かわず、忽那諸島《くつなしょとう》（松山）に長く留まり、ここから九州の状況を観察していた。興国《こうこく》三年（1342）五月、懐良《かねなが》（13）は忽那水軍の助けを借りて薩摩半島の山川《やまかわ》（現、鹿児島市）に上陸を果たした。薩摩豪族の谷山《たにやま》隆信《たかのぶ》氏の保護の下《もと》、正平二年（1347）まで同地の谷山城に留まり、逞《たく》しい青年武将に成長した。谷山隆信《たにやまたかのぶ》は薩摩の島津氏（北朝方）と対立していたため南朝方の支持に回っていたらしい。懐良親王は六年間ぐらい御所原に住んでいたが決定的な勝利をおさめることができないまま、正平二年（1347）十一月下旬に海路で肥後の葦北郡《あしきたぐん》に到達した。懐良親王《かねながしんのう》（18）が目指した場所は大宰府《だざいふ》であった。

年が明けて正平三年（1348）正月二日に宇土《うと》高俊《たかとし》氏の領地である宇土津《うとうづ》へ招き入れられた。宇土津《うとうづ》は今の宇土市である。宇土高俊《うとたかとし》氏は菊池氏の配下で、揺るぎない南朝方の武将であった。この年の正月中旬にはさらに肥後益城郡《ましきぐん》の御船《みふね》城まで軍を北に進めることができた。南朝方の勇将菊池武光《きくちたけみつ》の支援を受けた懐良《かねなが》は、二月にはついに肥後菊池に到達した。菊池武光はすっかり成人した懐良親王に対し臣下の礼を取った。肥後の地で菊池氏や阿蘇《あそ》氏らの多くの味方を得た。熊本市内から東に二十キロばかり入って菊池市内を通り抜けた丘の上に菊池武光の本城の菊池城がある。菊池氏の居城は隈府《わいふ》（菊池市）にあった。本城の周囲には十八の枝城が取り巻く形に配置され本城を守っており（十八外城《げじょう》）、難攻不落の様相である。現在、城内は菊池神社の境内となっていてそこに皇室による顕彰碑が建てられている。。懐良親王は肥後隈府《ひごわいふ》に征西府を置いた。

懐良《かねなが》親王の胸中には南朝復興の夢が大きく膨《ふく》らんできたことであろう。大宰府制圧を視野に入れた懐良《かねなが》親王は、征西府を拠点として北を目指した。しかし幕府側も手をこまねいてはいなかった。南朝方の策動に目を光らせ、九州探題《きゅうしゅうたんだい》に一色範氏《いっしきのりうじ》を任命したのである。九州探題とは役職名であり、室町幕府が任命した九州の統治責任者のことである。

おりしも京の中央政界で大事件が起きた。『観応の擾乱《かんのうのじょうらん》』とよばれる足利家中《かちゅう》の内紛である。北朝元号の『観応《かんのう》』期に起きたのでこうよばれるが、南朝元号では正平《しょうへい》である。室町幕府内では足利尊氏《あしかがたかうじ》は軍事を統括し、尊氏《たかうじ》の弟足利直義《あしかがただよし》は政務を統轄していた。内紛劇は尊氏の執事（トップ家臣）である高師直《こうのもろなお》と尊氏の弟である直義《ただよし》の間で、正平《しょうへい》五年（1350）十月二十六日に勃発した。『観応の擾乱《かんのうのじょうらん》』は弟の直義《ただよし》が敗北し、直義が幽閉先で殺されたことで一応の終決をみた。

正平十三年（1358）四月三十日、足利尊氏《あしかがたかうじ》が没した。五十三才であった。『征西大将軍《せいせいだいしょうぐん》』の懐良親王《かねながしんのう》は足利家の一連の内紛劇を見逃さなかった。弱体化した北朝勢力の隙を突いて、懐良親王は一気に筑後の国府（現、久留米市合川町、朝妻町、御井町一帯）に進出した。九州の政治の中心である大宰府が視野に入る場所である。

正平十四年（1359）八月六日、南朝方四万と幕府・北朝方六万の、合わせて十万の大軍は筑後川流域の『大保原《おおほばる》』で遭遇した。筑後の国府と大宰府の間に流れる大河が筑後川である。筑後川の直ぐ南に三百メートルを超す標高の高良山《こうらさん》があるが、高良山の上から筑後平野を見下ろすと壮観である。平野の中を筑後川が蛇のようにくねりながら流れている。懐良親王（30）と菊池武光の南朝軍は大宰府を守る幕府側の少弐頼尚《しょうによりひさ》とぶつかった。大保原《おおほばる》（大原《おおばる》）の一帯には、『宮の陣』や『太刀洗《たちあらい》（大刀洗）』といった、『大保原《おおほばる》の合戦（筑後川の戦い）』に因《ちな》んだ地名が今も残る。「宮ノ陣」は征西宮《せいせいのみや》の懐良《かねなが》親王が陣を張った場所の意味である。『大刀洗』は傷ついた菊池武光が、刀についた血糊《ちのり》を川で洗った場所である。合戦当日の双方の対陣の様子は小郡市役所の横の公園に展示されている。

『大保原《おおほばる》の決戦』は南朝方の勝利で決着した。ただ懐良《かねなが》親王は戦闘で重傷を負った。傷の快癒を願って祈祷した神社が『大中臣《おおなかとみ》神社』で、現在も福童《ふくどう》地区に残る。全快を感謝した親王が大中臣《おおなかとみ》神社に奉納した藤《ふじ》が『将軍藤』として境内に残り、天然記念物になっている。決戦から二年、正平十六年（1361）八月六日、菊池武光は懐良親王を奉じて念願の大宰府へ入り、大宰府を征西将軍宮の御在所とした。九州で南朝勢力が確立した。懐良親王は博多に到達し、父後醍醐との約束を果たした。

菊池武光《きくちたけみつ》を中心とした南朝方（征西府）の黄金時代が訪れた。懐良親王（32）は皇室復帰の夢が叶いそうに思えた。

正平二十三年（1368）二月、懐良親王と菊池武光は七万騎の大軍を率連《ひきつ》れて東征の拠に出た。九州をほぼ南朝方に統一できていたので次は京の奪還である。ところが思いがけないことから懐良親王と菊池武光の東征は防長二州（山口県）まで来て頓挫した。防長二州の守護の大内弘世が北朝方に寝返っていたのである。大内弘世の予想外の攻撃を受けた東征軍は大宰府に戻らざるを得なかった。

それでも南朝方はその後十年間にわたり九州を制圧していた。九州南朝の衰退の端緒となったのは幕府が行ったたった一人の人事であった。建徳二年（1371）二月十九日、幕府は失われた大宰府統治の奪還のため、九州探題役に今川了俊《いまがわりょうしゅん》（45）を任命した。幕閣であった当時は今川貞世《さだよ》の名で政治手腕が高く評価された室町幕府のエースであった。今川貞世《いまがわさだよ》は正平二十二年の暮れに二代将軍足利義詮《あしかがよしあきら》が没したのを機に剃髪して僧籍に入り、名を今川了俊《いまがわりょうしゅん》と号した。足利家のために忠節を尽くそうと思い直して還俗《げんぞく》（僧籍離脱）したと後年述べている。今川了俊は西下《さいか》の途上で安芸《あき》（広島）の守護となり、中国地方の豪族（毛利元春ら）の協力を取り付け軍事力を増強した。併せて九州に分布する北朝方の諸士にも連絡をつけ、大宰府奪回の準備を整えた。文中《ぶんちゅう》元年（1372）八月十二日、今川了俊が率いた北朝軍は懐良《かねなが》親王と菊池武光《きくちたけみつ》とが拠《よ》っていた大宰府《だざいふ》を陥落させた。当時の豪族の帰属《きぞく》は極めて日和見的である。菊池武光の敗走という事実と今川了俊による懐柔策により、九州一円の南朝勢力は一気に目減りした。菊池武光は懐良親王を奉じて筑後の高良山《こうらさん》まで敗走した。現在の御井戸《みいど》の地で、高良山の山頂には御所とした『奥宮《おくのみや》』が今も残っている。なお、山頂近くにある高良大社《こうらたいしゃ》は筑後の『一の宮』である。懐良親王は高良山に布陣し防御策を講じていた。

もはや九州の将士の大半が今川了俊《いまがわりょうしゅん》に従ってしまい、大宰府回復の見込みが無いと思われた。文中《ぶんちゅう》三年（1374）九月十七日、菊池武光（55）は高良《こうら》の陣を撤収し、根拠地の肥後菊池へ退いた。

懐良親王《かねながしんのう》（45）にとって急転直下の落日であった。懐良親王は『征西大将軍』の官位を退き、甥の良成《ながなり》親王に譲った。良成《ながなり》親王は後醍醐の第七皇子の後村上天皇の第六皇子である。後醍醐の皇子である懐良《かねなが》からみれば甥になる。良成《ながなり》親王は『後征西将軍《のちせいせいしょうぐん》』の官位を授かり、終生にわたり九州での南朝復興に奔走した。『九州南朝』は今川了俊《りょうしゅん》によって息の根をとめられた。衰退した南朝勢力は、かつて上ってきた道を今は南に下っていった。南下の途中に逃れた地が奥《おく》八女《やめ》で、現在の矢部《やべ》～星野村《ほしのむら》一帯である。奥《おく》八女《やめ》は大分県境が近い深い山中である。北朝軍による圧迫の中で、『九州南朝』方が唯一勢力を保った場所が奥八女《おくやめ》（八女市）であった。征西将軍の職を甥の良成《ながなり》親王に譲った懐良《かねなが》自身は矢部《やべ》の山中に移り、そこから良成親王を支援した。それでも宮方は衰退の一途であった。天授《てんじゅ》三年（1377）四月、懐良親王は初志を叶えられないまま奥八女の大圓寺《だいえんじ》に退き、そこを御所《ごしょ》（星野御所）として隠遁《いんとん》生活に入った。懐良《かねなが》親王の崩御は弘和《こうわ》三年（1383）三月二十七日である。

懐良親王が没した六百三十八年前（1383）の春、旧暦三月二十七日は今の暦では四月の最後になる。筆者はある年の四月の最後の日、肥後の郊外を訪れた。哀《かな》しくも潰《つい》えた南朝軍と懐良《かねなが》親王が過ごした場所に触れるためだった。

雲一つない朝だった。先ずは懐良《かねなが》親王が政務を執った南朝御所《ごしょ》の跡を訪ねた。征西将軍宮《せいせいしょうぐんみや》がそれである。九州制圧の拠点となった征西将軍宮は、つまり九州南朝の御所である。御所は熊本県八代市奈良木《ならぎ》町の宮園地区にあった。奈良木神社から複雑で狭い路地を五分くらい歩く相当に分かりにくい場所である。御所といっても現在なにかの建物が残っているわけではない。二十坪前後の空き地に石塔が一つ立っているだけであった。九州南朝の事蹟を偲《しの》ぶ「よすが」は他には何も見当たらない。しかしこれでいい。あちこちで、歴史名所と称した観光目当ての作り物よりはこの方がよほど良い。とはいえ、近所の住人すらも石塔の場所や意味を知らないことには呆れた。

懐良親王《かねなが》が没したのは奥八女《おくやめ》（福岡）の矢部であるが、没後に彼のご尊骸《そんがい》は妙見町《みょうけんちょう》（八代）に葬られたとされる。妙見町の御陵に足を運んでみた。八代市立病院の横を川沿いに山手に登り切った場所にある悟真寺《ごしんじ》（護真寺）がその場所である。玉砂利が敷き詰められた悟真寺の境内を進むと、やがて切石で下部を囲まれた十坪ほどの霊廟地《れいびょうち》があった。少しだけ盛り上がった円墳とそのそばにクスの巨木が一本あるだけである。御陵は宮内庁の管轄地となっており、宮内庁の職員が一人、黙々と霊廟地の清掃をしていた。その日が太陽暦での命日なのだ。職員に話しかけてみた。ここが、カネヨシ親王のご陵墓ですか。そうなのですが、カネヨシではなく、宮内庁ではカネナガとお読みすることになっています。

筆者は当初、もっと蕭然《しょうぜん》とした場所を想像していた。照り付ける初夏の日差しのせいなのであろうか、春風駘蕩《しゅんぷうたいとう》の趣であった。本編の冒頭に掲げた懐良親王の辞世の歌とその日訪れた場所とが符合しない違和感を覚えた（違う、こんなはずはない）。

数年後、筆者は奥八女《おくやめ》を訪ねてみた。奥八女は追い詰められた懐良《かねなが》親王や良成《ながなり》親王が最期の呼吸をした山奥である。訪ねた日は終日雨の降り続く春の日であった。

旧矢部村と旧星野村は大分と熊本に接した福岡県の最深部の集落である。かつては両村とも八女郡に属した『村』であるが、今は八女市の小字《こあざ》と大字《おおあざ》に過ぎない。すなわち八女市矢部村矢部であり、八女市星野地区である。

国道４４２号線を東に向かうと旧矢部村に入る。最初に出会うのは良成親王《ながなりしんのう》に関係した史蹟の熊野神社であった。南北合一後も彼は京に戻らず、この地で薨去《こうきょ》した。良成《ながなり》親王が大宰府に来たのは懐良親王《かねながしんのう》の全盛期の正平《しょうへい》二十二年

(1367) であった。およそ六歳あたりの幼児だといわれている。かつて後醍醐天皇が懐良親王《かねながしんのう》に九州行きを命じた時に補佐に付けた公家の五條氏は、矢部の地で懐良《かねなが》親王の甥の良成親王《ながなりしんのう》を守り続けた。五條氏は良成親王の亡き後もこの地の土豪として残り、良成親王の菩提《ぼだい》を弔《とむら》い続けた。熊野神社はその頃創建された南朝ゆかりの神社なのである。

さらに国道を進んで北矢部《きたやべ》に入ると良成《ながなり》親王の御陵墓がある。御陵墓は楠や桧や杉の老樹に囲まれた聖域となっており、宮内庁の管理地である。切石で下部を囲んだ小円墳が良成親王の御陵墓で、雨の降る薄暗い中にひっそりと鎮座していた。この場所が彼の御所《ごしょ》(大杣御所《おおそまごしょ》)であった。補足すれば、『後征西将軍宮《のちせいせいしょうぐんのみや》』の良成親王《ながなりしんのう》の晩年は哀れである。良成親王が九州で戦っている間に吉野南朝は滅んで北朝に統一されていた。南朝の『後亀山天皇』は京に帰り、後小松天皇に皇位を譲ったことで南北朝の合一が成った。しかし良成《ながなり》親王が後小松天皇への譲位を受け入れることはなかった。あくまで南朝の正統性を信じ、南朝再興のため戦い続けた。やがて叔父の懐良親王と同様、失意のうちに『大杣《おおそま》の里《さと》』で果てたらしい。しかしその没年すらはっきりしない。南北朝が統一されて程なく崩御したようだ。

北矢部から国道を離れ、県道57号線を北に向かい、星野地区(旧星野村)の懐良親王《かねながしんのう》の終焉の地を目指した。星野村の「土穴《つちあな》」集落の入り口の、星野川の畔《ほとり》に『懐良親王終焉之地《かねながしんのうしゅうえんのち》』の石碑があった。「土穴」から星野川を渡って暫く進むと左手に大圓禅寺《だいえんぜんじ》があった。この寺が懐良親王の御所(星野御所)であり菩提寺でもある。懐良《かねなが》親王がこの寺に移動してきたのは天授《てんじゅ》三年(1377) 四月だそうである。死の六年前ということになる。その年の夏、菊池軍は今川了俊と大内義弘の連合軍に大敗を喫し、もはや再起不能となっていた。

大圓禅寺《だいえんぜんじ》は人影も無く、ひっそりとして静まり返っていた。懐良親王《かねながしんのう》はこの寺で臨終を迎え、薨去《こうきょ》したのち、荼毘《だび》に付されたという。親王の遺骨は大圓寺《だいえんじ》からさらに離れた北方の大明神山《だいみょうじんさん》の中腹に葬られていた。泥濘《でいねい》の細い山道を北に向かって車を走らせた。もはや車が進めなくなった狭隘《きょうあい》な藪地《やぶち》が、懐良親王の御陵墓であった。薄暗い木立の中に五輪の塔が立っていた。塔のそばに『懐良親王御陵』の碑が立っていた。

星野地区の土穴《つちあな》集落こそ、失意の懐良親王の最期の地にふさわしい。そう、冒頭の辞世の句の嘆きに似合うと思った。

こころざし半ば：夜討峠《やうちだお》

ここの土地で暮らすのも私が最後でしょう。夜討峠《やうちだお》を降りながら、老人はボソリと呟《つぶや》いた。殺害された遺体を他人である自分の土地に埋められた人は多くないはずである。それも、皇族の遺体なのであった。

中山忠光《なかやまただみつ》は幕末期の青年公家である。といっても、彼の名をご存じない方が大半であろう。表現を少し変えると、彼は明治天皇の叔父である。明治天皇の父は第百二十一代の孝明天皇である。孝明天皇にとっての唯一の男児を中山忠光の姉の中山慶子《よしこ》が出産した。姉の慶子《よしこ》は天皇の生母となり、忠光は天皇の叔父となった。明治天皇は嘉永五年（1852）九月二十二日に生まれた。新暦では十一月三日である。中山忠光は弘化二年（1845）二月十三日の生まれなので、中山忠光は明治天皇よりも七つ年長の叔父である。

明治天皇（祐宮《さちのみや》）は誕生して五歳までは祖父の家で生活した。つまり慶子や忠光の実家の中山家で生活した。従って忠光は七歳下の祐宮と自宅で一緒に過ごしたわけである。忠光《ただみつ》が十三才の時に祐宮《さちのみや》（七歳）の侍従《じじゅう》となった。やがて祐宮《さちのみや》が中山家を退出して宮中に入ってからも、忠光は侍従として祐宮の遊び相手や学問の相手をし、親しく祐宮《さちのみや》に接する機会を持った。

忠光と姉の慶子《よしこ》の二人は公家の中山忠能《なかやまただやす》の子である。公家であったが、祐宮《さちのみや》の誕生の際には中山家に産屋《うぶや》を建てるだけの金が無く、多額の借金をした。要するに幕政下では、宮廷も公家《くげ》たちも貧しかったのである。忠光少年が強烈な王政復古の観念を抱くことになった理由の一つは、忠光が中山家での祐宮《さちのみや》の質素な生活を見ていたことである。もう一つの理由は、彼の父の中山忠能《ただやす》が筋金入りの勤王公卿《くぎょう》だったことである。中山忠能《ただやす》は、徳川幕府の終焉時に薩摩藩と長州藩に倒幕の密勅《みっちょく》を下したその人なのである。忠能《ただやす》の元には長州藩の久坂玄瑞《くさかげんずい》や土佐藩の武市半平太《たけちはんぺいた》や吉村寅太郎《よしむらとらたろう》らが出入りしていた。忠光少年は彼らが熱っぽく語る攘夷思想に触れて育ったのである。こうして中山忠光は『尊王・攘夷』の青年志士に成長していった。父の忠能《ただやす》は長州藩が御所を攻撃した蛤御門の変《はまぐりごもんのへん》では、その事情は少し複雑だが長州方を支持した。変の終了後、彼は孝明天皇から処罰されている（明治天皇の即位で許された）。

本章の主人公の中山忠光は幕府に代わって朝廷が政権を担う社会を目指した。そしてこころざし半ばで世を去った。彼の行動は速い。惜《お》しむらくは、彼の思考や行動がめまぐるしく変転することであろう。中山忠光の短兵急な性癖《せいへき》に関しては、赤間関《あかまがせき》（下関）の豪商の白石正一郎の証言が残っている。白石正一郎の日記には、忠光は気に入らない事があれば絶食し、腹を立てれば家を飛び出す激情家で、周辺の者は彼の激情をしばしば持て余した事が記《しる》されている。

中山忠光は祐宮《さちのみや》（後の明治天皇）に仕えていたが、十八歳の時に官位を返上して出奔《しゅっぽん》してしまった。彼は尊王攘夷の中心地の長州の地に向かったのである。関門海峡を通過する英、仏、蘭、米の四か国の艦船に対する長州軍の砲撃に参加するためであった。文久《ぶんきゅう》三年（1863）五月十日に開始した長州藩の四国艦隊への砲撃は全くの失敗に終わってしまった。軍事力が格段に違っていたからである。下関戦争に敗れて京へ戻った中山忠光は謹慎を命じられ、侍従を解任された。一本気な性格の中山忠光は公家の境遇に安住できず、尊皇攘夷の活動家になってゆく。忠光のこの個性が彼の後年の運命に繫《つな》がっていった。その有様は哀れですらある。

文久三年八月、中山忠光は土佐《とさ》の吉村虎太郎《よしむらとらたろう》，備前《びぜん》の藤本鉄石《ふじもとてっせき》、三河の松本奎堂《まつもとけいどう》らの尊攘激派《そんじょうげきは》と語らって『天誅組《てんちゅうぐみ》』という武力集団を組織した。『天誅組』は要するに幕府糾弾《きゅうだん》軍であり、倒幕軍である。忠光は仲間に推されて天誅組の首領となってしまった。彼らは大和《やまと》（奈良）で一騒動を起こす計画を立てた。大和の地は幕府の天領であり、そこを攻撃するので命がけである。大和を狙ったのには訳があった。近日中に孝明天皇が大和に行幸《ぎょうこう》する予定があった。その地均《じなら》しをしておこうとの意図であった。孝明天皇の大和行幸《やまとぎょうこう》は尊攘派《そんじょうは》の長州藩の久坂玄瑞《くさかげんずい》らが立案したものであった。

天誅組は八月十七日に大和で挙兵した。当初の計画通りに幕府方の五條《ごじょう》代官所を襲撃した。襲撃を受けた代官所の役人連中が五名の死者を出して逃亡すると、天誅組は代官所に放火して焼き払った。理由はどうあれ、『テロル』行為である。天誅組は五條の地を「天朝直轄地」と称し、意気軒高《いきけんこう》であった。ところが、正邪を問わず、企ての成就には『天の時』が関係する。代官所を襲撃した『八月十七日』はとても微妙な日であった。翌日（八月十八日）、京都で大政変が起きたからである。

文久三年（1863）八月十八日、公武合体派だった薩摩藩と会津藩を中心とした数藩が孝明《こうめい》天皇を動かして、尊攘派《そんじょうは》の長州藩と公卿を御所《ごしょ》からの追い落としたのである。世にいう『八月十八日の政変』であった。長州藩兵を御所警護から解任し、代わって薩摩藩兵と会津藩兵が警備に就《つ》いた。長州藩はここでの武力衝突を思い留まり、攘夷派公卿を奉じて長州に退散して行った。長州寄りの攘夷派公卿らは官位を剥奪され失脚し、長州藩主の毛利敬親《もうりたかちか》と世子《せいし》の毛利定広《もうりさだひろ》父子にも処分が下った。

『八月十八日の政変』を経て、朝廷内の権力は尊王攘夷派から公武合体派に移行した。孝明天皇の大和行幸は中止である。その結果、大和で挙兵した尊攘激派《げきは》の『天誅組《てんちゅうぐみ》』はその正統性を失ってしまった。さらに、天誅組に対する追討令が朝廷から発動される事態にまでなった。中山忠光は襲撃軍の首領として幕府攻撃に手を染めたものの、公家の彼は実戦経験が乏しい。彼は組織をまとめる力量に欠け、場当たり的な指令を出し続けた。朝廷が『天誅組』首領の中山忠光を逆賊に指定したため、『天誅組』は内部分裂にも曝《さら》され、一気に瓦解《がかい》に向かった。九月十五日、忠光は『天誅組』の解散を宣言した。九月二十四日、吉野郡鷲家口《わしかぐち》の潜伏先を発見されて戦闘となった。間一髪、土佐藩士の吉村寅太郎《よしむらとらたろう》（26）が犠牲となることで忠光は逃亡の時間を得た。

大和五條の敗戦から四十日が過ぎた文久三年（1863）九月二十七日、中山忠光は六人にまで減った本隊に守られて敵の包囲を逃れ、辛うじて大坂の長州藩邸に辿り着くとそこに匿《かくま》われた。忠光は隠密裏に大阪から海路で周防《すおう》（山口）に向かい虎口《ここう》を脱した。この時期、周防と長門は依然として名に負う尊王攘夷《そんのうじょうい》の地であった。中山忠光が周防の三田尻《みたじり》（防府）に到着したのは十月五日であった。全国の尊王攘夷《そんのうじょうい》派の志士にとって中山忠光は憧れの的であったため、幕府は彼を逆賊に指定して徹底的に付け狙いその行方を追跡した。忠光は周防国から長門国に潜伏先を変えた。十月九日からの二十日間、山間《やまあい》にある弥冨村《やどみむら》（現、萩市須佐町弥冨）の曹洞宗全柳寺《ぜんりゅうじ》に潜伏した。

文久三年（1863）十一月十一日、忠光は本州西端の赤間関《あかまがせき》（下関）に到着した。赤間関《あかまがせき》は長府藩《ちょうふはん》の給領地であり、忠光の身柄は長府藩《ちょうふはん》預かりとなった。長府藩の管理下に置かれたことが彼の運命を決めることとなった。長門国に逃げ込んだ忠光は長府藩領の中で居場所を転々と変えて幕府の目から逃れ続けた。

元治《げんじ》元年（1864）一月四日、忠光は長府藩《ちょうふはん》から与えられた延行村《のぶゆき》（現、下関市川中町）の居宅での隠棲《いんせい》生活を開始した。延行《のぶゆき》の隠棲地は綾羅木《あやらぎ》川北岸で、現在の下関球場の東脇の農道を入って回り込んだあたり（球場バックグラウンドの裏）である。そこには『中山忠光朝臣《あそん》隠棲之地』の碑が立てられている。延行の潜伏地は六畳と四畳半に土間の粗末な造りで、とても屋敷とは呼べない狭い居住空間でしかなかった。公家の彼は「落魄《らくはく》」を感じたであろうか。以後、同年（1864）の七月一日までの半年をここ延行《のぶゆき》で平穏な生活を営むことができた。延行《のぶゆき》の潜伏地には国司《くにし》直記や恩地登美《おんちとみ》という娘が近侍した。登美《とみ》は赤間関《あかまがせき》で船宿を経営していた恩地《おんち》与兵衛の娘で、中山忠光公より一歳年上である。この年の年末の忠光殺害の日まで彼に寄り添うこととなる。

幕府方の探索は厳しく、長府藩としてはお尋ね者の忠光を人目に付く場所に住まわせにくくなってきた。元治元年（1864）七月二日、忠光は住み慣れた延行《のぶゆき》の居宅を発《た》ち、日本海側の安岡《やすおか》村の村田家に移った。しかし落ち着く間もなく、七月五日に安岡《やすおか》港から船に乗り込むと十五キロ北の宇賀《うが》村湯玉《ゆたま》港に着いた。一行は暫時宇賀村の庄屋の石川家に滞在したとされている。だがそれも束の間《つかのま》だった。間もなく宇賀《うが》を発《た》って田耕《たすき》村北宇賀《うが》の山中の常光庵《じょうこうあん》へ向かった。

元治《げんじ》元年七月九日、忠光一行は北宇賀上畑《うがかみはた》の常光庵に入っている。常光庵《じょうこうあん》がある北宇賀《きたうが》の上畑《かみはた》は隔絶された山あいの寒村で、まるで袋小路のような場所である。常光庵《じょうこうあん》は大専寺の別寮であり大専寺の僧侶が上畑《かみはた》に出向く際の逗留《とうりゅう》施設であった。大専寺は浄土真宗本願寺派の名刹で現在も宇賀《うが》本郷そばの国道筋にある。常光庵は、かつての茅葺《かやぶき》がトタン屋根に変わった以外は当時の姿そのままに現在も残っている（県道二七〇号の田耕《たすき》・湯玉《ゆたま》線で下畑交差点から南に一・五キロばかり入った道路そば）。常光庵《じょうこうあん》の境内には『中山忠光卿隠棲《いんせい》の地』の碑がある

忠光卿を取り巻く状況が決定的に悪くなったのはこの年（1864）の夏以降である。契機となったのは七月十九日に長州藩が京で起こした『蛤御門《はまぐりごもん》の変』であった。前年の夏、長州藩は突如、京都御所の警備役を解かれた（『八月十八日の政変』）。一年の隠忍自重《いんにんじちょう》の末、解任の不当を訴えるために京に向けて長州藩が挙藩出兵した事件が『蛤御門《はまぐりごもん》の変』である。御所周辺での戦闘に敗れ長州藩は藩の要人を多数失い、失意のうちに国元に帰還した。長州藩は朝敵となってしまった。この事件のあおりを受け、忠光一行もこの年の夏ごろから長府藩《ちょうふはん》領内で転々と居を変えることになった。

忠光が常光庵《じょうこうあん》に居を移して間もなく、おりしも（八月五～七日）下関海峡で事件が起きた。いわゆる馬関《ばかん》戦争（下関戦争）で、英仏蘭米の四カ国連合艦隊による赤間関《あかまがせき》への砲撃である。四国艦隊による砲撃は、前年に長州側が海峡の四国艦隊に向け突如砲撃したことへの報復であった。攘夷一途《いちず》の忠光は異国艦隊による長州砲撃を耳にすると矢《や》も楯《たて》もたまらず、隠棲《いんせい》先の常光庵《じょうこうあん》を脱走した。赤間関《あかまがせき》に向かうため二十キロばかり北浦道筋《きたうらみちすじ》を南に下って黒井村まで来た所で国司《くにし》直紀ら長府藩の世話役武士に捕まった。小串《こぐし》村の山本五平兵衛宅に連行されたのち、長府藩《ちょうふはん》の領内を転々とすることになる。黒井村の庄屋宅から川棚《かわたな》村の三恵寺《さんねじ》、さらに室津《むろつ》村の観音院などに潜居し、宇賀《うが》村大河内《おおかち》の山本家を経て狗留孫山《くるそんざん》の麓の上畑《かみはた》に舞い戻った（常光庵ではない）。次第に追い詰められ呼吸空間を狭めていった。

幕府側は今回の蛤御門《はまぐりごもん》の変を自らの威信を取り戻すための絶好の機会ととらえた。まず皇居に銃弾を撃ち込んだ長州を朝敵に指定した。全国諸藩に対する幕府権勢の回復を狙って、七月二十四日に西南二十一藩に対し長州への出動命令を出した。いわゆる『第一次長州征伐』である。また幕府は九月に、それまで一年以上にわたって緩和していた諸大名の参勤交代《さんきんこうたい》を復活させている。幕府は、八月に長州征討を表明したものの、征長軍《せいちょうぐん》の編成に手間取った。徳川慶勝《よしかつ》を総督とし西郷隆盛《さいごうたかもり》を総督参謀とする編成がようやく固まったのは十月二十日のことである。

長州藩への攻撃開始は十一月十八日と決まった。長州藩は存亡の淵に立った。長州藩の内部で権力の移行が起きた。『蛤御門《はまぐりごもん》の変』まで藩政を牛耳っていた尊攘派《そんじょうは》（後年、正義派の呼称）が衰退し、幕府への恭順《きょうじゅん》を旨とする守旧派《しゅきゅうは》（後年、俗論党の呼称）が勢力を拡大させてきた。

尊攘派《そんじょうは》にとって雌伏《しふく》の時節が到来したのである。藩内での守旧派の台頭は萩本藩《ほんぱん》だけでなく長府藩《ちょうふはん》でも起きた。長州藩は忠光卿を匿《かくま》うことが幕府敵視となることを懸念し始めた。長州藩の幹部にとっては忠光は最早《もはや》迷惑な客人となった。忠光は幕府方の探索者からだけでなく、萩本藩や長府藩の保守派からも逃れる必要が出てきた。すでに長府藩《ちょうふはん》の内部にも忠光の命を狙う集団が現れてきていた。忠光は長府藩の領域内で転々と居場所を変え、結局、北宇賀《うが》上畑に戻っていた。元治《げんじ》元年（1864）八月二十一日深夜、身に迫る危険を強く感じ始めた忠光は上畑《かみはた》からさらに北方の白滝山《しらたきさん》麓の田耕杣地《たすきそまじ》へと向かった。「旧暦二十一日」といえば深夜に昇ってくる半月の夜である。雑役夫《ざつえきふ》の宮原力蔵《みやはらりきぞう》に導かれ、附け人の国司《くにし》直記や側女の登美《とみ》らと共に夜半の山道を杣地《そまじ》に向かった。杣地《そまじ》の大田新右衛門の家に着いたころには夜が明けかけていた。大田新右衛門の家に移って後の約二十日間は、日中も雨戸を閉めたまま六名は息を潜めて暮らしたらしい。

萩本藩《ほんぱん》でも長府藩《ちょうふはん》でも尊王攘夷派《そんのうじょういは》は失脚し、守旧派（俗論党）が藩政を掌握《しょうあく》していた。守旧派が政権を担《にな》った長州藩では、藩論を「幕府への恭順と謝罪」に決していた。尊攘派《そんじょうは》（正義派）の巨頭であった周布正之助《すふまさのすけ》が状況に絶望して自刃したのは九月二十六日である。萩本藩の内部では守旧派による尊攘派《そんじょうは》粛清の嵐が吹き荒れた。高杉晋作が間一髪、守旧派の追跡を逃れて長州から筑前（博多）に渡ったのは十一月二日である。長府藩《ちょうふはん》でも尊攘派《そんじょうは》家臣への襲撃が連鎖し始めていた。長州の守旧派政権は幕府への恭順の流れの中で、蛤御門《はまぐりごもん》の変に責任のある三家老を切腹させた。十一月十一日には、益田右衛門親施《ちかのぶ》（31）は徳山の惣持院《そうじいん》で切腹し、十二日には国司《くにし》信濃親相《ちかすけ》（22）が徳山澄泉寺で切腹し、福原越後（49）は岩国龍護寺《りゅうごじ》で切腹している。

萩の藩政府は幕府側との折衝で中山忠光の保護をやめる約束を取り交わしたようであった。長府藩《ちょうふはん》も藩を挙げて忠光の身を護ることはもはや困難となっていた。いつしか長府藩の守旧派の放った刺客《しかく》が田耕村《たすき》に潜入して、白滝山《しらたきさん》の麓で暮らす忠光一行の身辺にも刺客《しかく》の手が伸びてきた。十月中旬、長府藩内に残っていた尊攘派《そんじょうは》が忠光卿を田耕村《たすき》の白滝山《しらたきさん》の山中にある四恩寺《しおんじ》に移した。しかし忠光は牢獄のように隔絶された山中の四恩寺《しおんじ》が気に入らなかったようで、四恩寺《しおんじ》のすぐ下にある大林家で暫く生活をした。長府藩《ちょうふはん》の守旧派と尊攘派《そんじょうは》の両派の息詰まる策動の中、忠光らが身を置く田耕村《たすき》の五人の庄屋の一人の山田幸八《こうはち》がやがて刺客《しかく》たちに買収されてしまった。もはや、万事休すであった。その後の残された短い期間を忠光が田耕村《たすき》のどこで過ごしたのかはっきりしない。十一月二日、長府藩《ちょうふはん》の守旧派の意を受けた庄屋の山田幸八《こうはち》は忠光の居を忠光が以前に生活していた大田新右衛門宅に変えさせた。

忠光卿に最後の日が訪れた。元治《げんじ》元年（1864）十一月八日（一説では五日、あるいは六日）の夜遅く、庄屋の山田幸八《こうはち》は大田新右衛門宅を訪れ、この家も危険が迫ってきたので山奥の四恩寺《しおんじ》に潜《ひそ》むようにと忠光に説き、丸腰の忠光を長瀬《ながせ》の渓谷に誘い出した。身辺に危機せまっていることを知らされた忠光は四恩寺《しおんじ》に退避するために新右衛門宅を後にした。側女の登美《とみ》と雑役夫《ざつえきふ》の宮原力蔵《みやはらりきぞう》はそのまま残った。

上弦の月が冷たく照らす初冬の山道を、山田幸八《こうはち》に誘いだされた忠光は四恩寺に向けて杣地《そまじ》川沿いに上って行ったのであろう。山田幸八《こうはち》の後を追って忠光は月が照らす山道を上った。白滝山《しらたきさん》上から流れ下る杣地《そまじ》川の渓流沿いの小径には巨岩がゴツゴツと重なっており、歩きにくかったはずである（現在は渓流の対岸に自動車用の道路ができている）。新右衛門宅から数百メートルほど歩いた場所が長瀬《ながせ》の渓谷である。そこには七名の長府藩《ちょうふはん》の刺客《しかく》が待機していた。忠光は突如、脛《すね》を木刀で殴られた。忠光が倒れると刺客《しかく》たちは倒れた忠光の体の上にどっと馬乗りになり絞め殺したという。こうして忠光は十九歳の若さで異郷に果てた。脛からは暫く血が流れたらしい。

殺害後の遺体処理の経緯ははっきりしない。信頼に足る文献が残っていないからである。長櫃《ながびつ》に入れられた忠光公の遺骸は大八車《だいはちぐるま》に載せられ夜のうちに赤間関《あかまがせき》方向に搬送されたという。通説の一つである。赤間関《あかまがせき》に近い「勝ケ野」で夜が明けたので砂浜に埋めたともいう。後日それを掘り起こして、綾羅木《あやらぎ》の浜辺に再度埋葬したともいう。通説である。いずれにしても最終的に葬られた場所は現在中山神社のある海辺のようである。あくまでも「最終的に」である。

事件直後に忠光の隠棲状況やその後のことを口外するものはいなかった。地元には厳しい箝口令《かんこうれい》が敷かれ、他言した者は打ち首だと脅《おど》されていたからである。時の経過と共に詳細が分からなくなった。最も事情を知っている人物は夜討峠《やうちだお》そばに住んでいた庄屋の山田幸八《こうはち》のはずであるが、事件からほどなく山田家は地元から消えた。幸八の命日は廃藩置県の直前の明治四年（1871）四月十九日である。

筆者は、山田幸八家のそばの夜討峠《やうちだお》こそが中山忠光の死亡状況を推定できる失われたリンクのような気がしていた。夜討峠《やうちだお》付近を訪ね歩いていた筆者が事情に通じた地元民から漸く話を聞くことができた。老齢のその人物は祖父や父から聞いた話だと前置きして語った。

幸八《こうはち》さんの案内で、数人の刺客《しかく》たちは忠光公の遺体の入った長櫃《ながびつ》を抱えて出合《であい》集落に向かった。出合《であい》集落は常光庵《じょうこうあん》方面から流れ下る太田川と赤間関街道《あかまがせき》北浦道筋《きたうらみちすじ》の最大の河川の粟野川が出合う場所であり、道でいえば、肥中《ひじゅう》街道と北宇賀《うが》道（現在の県道田耕《たすき》・湯玉《ゆたま》線）が出合う要地である。幸八《こうはち》と刺客《しかく》一行は、殺害現場の長瀬《ながせ》の渓谷から出会集落まで、通常の田耕《たすき》神社のそばや五千原《ごせんばら》の交叉路を通るルートではなく、間道《かんどう》（脇道）を抜けたらしい。刺客《しかく》の侍たちは人目に触れることをとても警戒していたようで深夜の間道《かんどう》を通った。地元の者ならその付近の間道《かんどう》をいろいろ知っていたのである。殺害現場の長瀬の渓谷から出合《であい》集落までは一里弱（三キロ程度）の距離である。間道《かんどう》を通れば一時間程度で出合《であい》にたどり着けたという。出合《であい》から夜討峠《やうちだお》の山田幸八《こうはち》宅までは現在の距離でおよそ一キロ半である。

幸八《こうはち》は妻と娘と暮らしていた。長櫃《ながびつ》に押し込まれた遺体は深夜に庄屋の山田幸八の家に持ち込まれた。幸八《こうはち》は家人に、長櫃《ながびつ》の中には食器が入っていると説明したらしい。幸八《こうはち》の妻は長櫃《ながびつ》を見ていない。というのも、妻はすぐに夫から武士たちの食事の準備を指示されたからである。しかし娘が長櫃《ながびつ》を見ていなかったのかは不明であった。食事を済ませた武士たちが長櫃《ながびつ》を抱えて庄屋宅を立ち去る時、幸八《こうはち》は長櫃《ながびつ》に向かって土下座《どげざ》していたという。

老人は続けた。やがて遺体が綾羅木《あやらぎ》の浜に埋葬されたことは事実でしょう。でも一旦は我が家の裏の夜討峠《やうちだお》に埋められたはずです。なぜなら、夜明けまでに綾羅木《あやらぎ》の浜に辿《たど》り着くのは全く無理です。それに・・・。老人は少し間《ま》を置いた。私の祖父が夜討峠《やうちだお》の間道《かんどう》で「あるもの」を見たのです。それは地面に落ちていた血の付いた絹の切れ端でした。田耕《たすき》村のような田舎で絹をまとう者など居ないので、祖父は不思議なことだと思ったらしいです。あなた、せっかくいらっしゃったのだから、ご遺体が埋められたと地元で語られてきた場所に案内して上げましょう。いよいよ『夜討峠《やうちだお》』である。

老人の誘導に従って筆者も杉林の中を上り始めた。老人は口を開いた。「いま上っている所は林に見えるでしょうが、少し前までは田圃《たんぼ》だったんですよ。少し前といっても、もう三十年前ですがね。私が耕作を止《や》めて杉を植林してからまだたった の三十年ですが、こんなふうにすっかり杉林になりました。田圃《たんぼ》の面影はないでしょう。いまあなたと私が上っているこの盛り上がった地面は昔の田圃の畔《あぜ》です。この畔《あぜ》の両脇の窪地《くぼち》がかつての田圃《たんぼ》です。今の景色から想像もできないでしょうが、ここの杉林は三十年前までは草原だったのですよ。

畔《あぜ》道を登りきると杉の木の間に古びた石碑が一つ立っていた。石碑の表面は相当に風化していたが木漏《こも》れ日に透かすと碑文『故侍従中山忠光古蹟《こせき》』と読めた。筆者は尋ねた、「この墓の場所が夜討峠《やうちだお》なのですか?」。老人は首を振りながらそばの窪地《くぼち》の方を指さした。「いいえ、峠《とうげ》とよべるような地形はここには無いのです。そこの下の土地は溝のように低くなってずっと向こうに続いているでしょ、それは溝ではなくて昔の間道《かんどう》なのです。間道《かんどう》がこの辺りで少しだけ盛り上がっていたのでそれを『峠《たお》』とよんだのでしょうかね」。「祖父が血の付いた絹の端切《はぎ》れを見つけたのが間道《かんどう》のこの場所です。侍さんたちは人目につかないようにこの間道を通ったんでしょう。この間道《かんどう》を少し向こう（南）に進むと山田幸八《こうはち》さんの家に突き当たります」。筆者は尋ねた、「この碑はどなたが建立《こんりゅう》したのですか?」。「むかし地元の青年たちが立てたらしいです」。「今までにどなたかここを訪ねてこられましたか?」「あなたを含めて五人くらいです、作家の方もいましたね…、それにある人から、掘り起こさせてほしいと要望されたことがありましたが、お断りしました」。筆者は最も知りたい部分を尋ねた、「忠光公のご遺体もここに埋められたとお考えですか？それともここに埋められたのは衣類だけだと思いますか？」。「それは何とも分かりません、しかし、後日侍たちが衣類を処分しに来たと父から聞いたことがあります」。筆者は尋ねた、「その当時、ここの間道は大八車《だいはちぐるま》が通れたでしょうか？」。「そりゃ無理です、とても通れません、さあ、戻りましょうか。」

夜討峠《やうちだお》から引き返して平地まで降りたところで老人は遠くを指さした。「あそこに黒い家が見えるでしょ、あれは山田幸八《こうはち》さんがむかし住んでいたところです。今は別の方のおうちですが」。「ええっ、そうなんですか」。

事件の概要を筆者なりに推測してみた。殺害現場の杣地《そまち》を発《た》った彼らは街道を避けて距離が長く整備されていない悪路を通った。人目に付くのを恐れたからだ。長府藩の犯行集団には遺体処理を急ぐ必要はなく、人目につかないことや萩本藩の領域を通らないことの方が重要だった。朝までに長府の藩邸に帰り着くのは無理だと分かっていたので、山田幸八の家近くの間道に遺体を裸体にして埋め、後日を期したのであろう。病死の計画なので血染めの衣類はまずい。萩本藩へも病死で報告されている（「（十一月）十五日、侍従中山忠光は病ニテ延行《のぶゆき》村ニ卒《そつ》ス」）。

十月中旬に忠光は四恩寺《しおんじ》の下の大林家に移り、やがて幸八の勧めで大田新右衛門宅に戻っている。惨劇のあった十一月八日までの約二週間のあいだ、刺客側には殺害機会は十分にあったはずであるが、そうしなかった。おそらく暦だと考える。十一月一日は朔月《さくげつ》（闇夜）である。その前後の一週間は当然月明かりが不足している。隠密を旨としたため、田耕集落に明かりを持参できない。大田新右衛門宅に踏み込めば殺害はできる。しかし、病死を決めていた長府藩として強行策は選択肢になかった。不案内な夜の山道を忠光が一人で四恩寺に向かうはずはなく、山田幸八が誘導した。幸八は犯行を見ていた。登美は長らく忠光の死を知らなかったのだと思う。殺害を終えたあと、夜討峠《やうちだお》の庄屋宅で腹ごしらえを済ませた武士らは幸八に鍬《くわ》を準備させたであろう。数日以内に遺体を掘り出して衣服を着せ綾羅木《あやらぎ》の浜に搬送した。全作業を終えて十五日付で萩本藩に病死報告をしたのであろう。

当時、多くの志士と自由に交わり、また日々の出来事を克明に日誌に記した人がいる。白石正一郎である。中山忠光は生前白石邸にしばしば寝泊まりしていた。白石正一郎の弟の大庭伝七《おおばでんしち》は常に中山忠光の御供役であった。正一郎が忠光の死亡を日記に書き漏らすことは考えにくい。それにも関わらず、中山忠光の暗殺の周囲を記す日誌の原本が失われている。長府藩にも資料がない。結局、資料は全て毛利家からの指示で焼却されたと考えるべきであろう。明治天皇にとって最大の恩人である長州藩が叔父を殺害した経緯を知られないようにしたのかも知れない。明治天皇は幼少期を共に過ごした中山忠光を殺害した長府藩《ちょうふはん》を心から嫌ったという。それでも、華族制度が発足した明治十七年(1884)、長府藩主には爵位が与えられた。

殺害の実行者に関しては諸説がある。『長府名勝旧宅址記《しき》』に実行者として八名の名前が上がっているがここでは省略する。藩がこれらの藩士の名をのこしたことをどう理解すればいいのか。これらの者に罪を着せようとしたと考えるのは後代の人間の思い違いで、たぶん、論功行賞も含めて事実を書き残しただけであろう。想えば、悪人はいない。自藩を護ろうと一身をささげた者ばかりである。

明治元年（1868）四月二十三日、土佐藩士の石田英吉（29）が忠光公殺害の真相を知ろうと田耕地区で聞き取りを行った。石田英吉は坂本龍馬と一緒に海援隊を創始した男である。明治元年だと、幕府は倒されていたがまだ版籍奉還の前なので、現場周辺は依然、長府藩《ちょうふはん》領であった。住民の口は堅く、真相を全く窺い知ることができなかった。

忠光公の側女《そばめ》として忠光に付き従っていた恩地登美《おんちとみ》は忠光が殺害された時には懐妊《かいにん》していた。彼女は忠光が殺害された翌年（1865）の五月十日に女児を出産している。忠光がこの世に残したのは女児（仲子《なかこ》）だったのである。出産後登美母娘は住居を転々とするが、毛利氏により保護され、山口の町で養育された。野村望東尼を養育係にとの話は実現しなかった。事件の概要は恩地登美《おんちとみ》の口から語られたものであろう。忠光が転々とした隠棲先が知られ始めたのも彼女の記憶によるものである。

中山忠光がこの世に残した仲子は成人した後、十九歳で侯爵嵯峨公勝《さがきみかつ》の妻（嵯峨《さが》仲子）となっている。恩地登美《おんちとみ》も娘の仲子と一緒に嵯峨《さが》家に引き取られ、明治三十六年（1903）、五十九才で他界した。仲子の孫娘の嵯峨浩《さがひろ》は満州国の愛新覚羅《あいしんかくら（アイシンギョロ）》家（満州皇帝の一族）に嫁《か》すこととなるのである。通り過ぎた一切《いっさい》が幻のようである。

《補遺》

殺害の日付に関して、本稿では月齢を考慮して『十一月八日』とした。「十一月三日」説もあるし、十一月十五日説もある。夜討峠《やうちだお》に近い県道二七〇号線の場所に事件に絡む説明板が立っている。そこの記述では惨劇は十一月五日である。長瀬《ながせ》の渓谷にある説明文では十一月六日である。

《補遺》
北宇賀上畑《うがかみはた》の『常光庵』を訪れたところ、庵は二〇二〇年に解体され、消失していた。所有者は「残していてもしようがないのでねえ」と笑っておられた。

赤とんぼ

三木露風《みきろふう》の生涯は糸が複雑にもつれ合い運命のアヤの中にある。

露風《ろふう》が生まれ育った龍野の古い通りを歩いてみた。龍野城の道路向かいの『三木露風生家』の木戸をくぐって建物の中に入ったが、誰もいない。拝観無料。玄関の右奥の畳の部屋に上がって腰を下ろし、くたびれた足を揉《も》んでいた。直ぐそばで『赤とんぼ』の歌が流れていた。部屋の隅に置かれた古いラジオからの歌だった。あちこちの郷土資料館の展示や骨とう品店で見かける古い型のラジオだ。中にCDプレイヤーが入っているのであろう。加藤登紀子が歌っていた。

腰を下ろしていた筆者のところに奥から男が一人やって来た。何の御用ですかと筆者に尋ねた。執筆を趣味にしている旅行者だが、露風の生まれ故郷を見たくてやって来たと返答した。何かお知りになりたいことがありますかと重ねて筆者に尋ねてきた。なぜ露風は北海道に渡ることになったのですかね、と尋ねてみた。それにはおそらく彼の母のかたさんの影響があったでしょう。筆者に話しかけるその方はどうも学芸員風であった。露風の母はなぜここから鳥取に帰ったのですか?かたさんが一旦ここから鳥取に向かったのは事実ですが、そこに住んだわけではありません。東京に行っています。そしてやがて北海道に。学芸員風のその方は「私の思い違いかも知れませんが」と言いながら語ってくれた。

露風の母のかたは和田家の娘でした。和田家は鳥取藩では最上位の家柄で、五千五百石の高禄でした。彼女の父の和田邦之助《くにのすけ》は鳥取藩の城代家老《じょうだいかろう》でした。殿様の池田慶徳《いけだよしのり》公が江戸在勤の時には城下を管理する立場でした。城代家老の和田邦之助《くにのすけ》は因幡二十士事件で無実の罪を被《かぶ》ったのですが、『因幡二十士事件』をご存じですか。『三木露風生家』を訪れていた人もいなかったので、その方はいろいろ説明してくれた。

少し回り道になるが、『因幡二十士事件』に触れてみよう。

『因幡二十士事件』が発生したのは、十二代藩主の池田慶徳《よしのり》公の時で、文久三年（1863）である。池田慶徳《よしのり》は水戸徳川家の出身で、尊皇攘夷《そんのうじょうい》で知られた水戸藩主の徳川斉昭《とくがわなりあき》の五男である。世に『水戸学』とされるものは儒教に則った生き方をいう。鳥取藩の十一代藩主の池田慶栄《いけだよしたか》が嗣子《しし》（嫡子《ちゃくし》）が無いまま死去したため、幕命によって水戸徳川から鳥取藩（池田家）の養子となった人物である。

文久二年（1862）当時、薩摩《さつま》藩主の島津久光《しまづひさみつ》は朝廷と幕府との関係の調停役を自ら任じていた。鳥取藩内の保守派は島津久光の政治姿勢に賛同しており、十二代藩主の慶徳《よしのり》公にも島津久光と同じ方向でその一翼を担って欲しいと考えていた。一方で、京都では、長州藩を中心とした尊皇攘夷《そんのうじょうい》が幅を利かせていた。京都における動きは急を告げ、長州藩は強力に朝廷に働きかけ、攘夷の決行を迫っていた。薩長らの雄藩に振り回される幕府と朝廷のあり様を憂慮した池田慶徳《よしのり》は、攘夷は幕府の専権事項であることと、朝廷は京の町から雄藩を退出させるべきであることを主張していた。鳥取藩内には、長州藩と結ぶ尊攘グループと公武合体のグループが混在していた。鳥取藩は自領内に攘夷のための台場を築き始めた。要するに、「幕府主導」での攘夷である。

『因幡二十士事件』は文久三年（1863）の八月から始まる。八月十六日、京都の町で、ときの十二代鳥取藩主の池田慶徳の政治姿勢を逆賊《ぎゃくぞく》だと非難する貼り紙が貼られていた。このことに憤激した鳥取藩内の尊皇攘夷派（急進派）の河田左久馬《かわたさくま》（34）や詫間樊六《たくまはんろく》（30）ら二十二人は、「藩主がこうした汚名を蒙《こうむ》ったのは藩主の側近たちのせいである」と考えた。藩主慶徳《よしのり》が尊王攘夷の態度を鮮明にしないのは、四名の「君側《くんそく》の奸《かん》」のためであるとして、『斬奸状《ざんかんじょう》』を準備して行動に出た。事件の精神風土を要約すれば次のようになる。幕命によって池田家に養子に来た池田慶徳《よしのり》は尊皇攘夷の狂信者のような父水戸《みと》斉昭《なりあき》の家訓を一つ一つ忠実に実行しつつも、それに徹しきれずに『佐幕』にも理解を示そうとして、家臣の反発を招いた訳である。具体的には、尊王攘夷が尊王親政に変わり、さらに尊王倒幕に向かい始めると、若い藩主の慶徳《よしのり》（26）は動揺してしまった。池田家は徳川家康の孫から出発した「準親藩」なのであり、彼は公武合体論を棄てきれなかった。

文久三年（1863）八月十七日、河田左久馬《かわたさくま》隊長と詫間樊六《たくまはんろく》副隊長に率いられた尊皇攘夷派の鳥取藩士二十二人は「君側《くんそく》の奸《かん》」を除くとして、京都の本圀寺《ほんこくじ》で藩の重役四名を急襲し、三名を殺害した。重役の一人の加藤十次郎は非番であったために難を逃れたが、藩主池田慶徳の懇請《こんせい》によって翌日自刃《じじん》した（「済まぬが、格別に深い考えをしてくれぬか」）。これが世にいう『因幡二十士事件（本圀寺《ほんこくじ》事件）』である。実行グループ二十二人のうち一人は特殊な事情で自刃し、一名（新庄常蔵《しんじょうつねぞう》）は外出先で幕府方に逮捕されていたので、『二十士』である。二十人に対する藩の処分は軽く、現場の京都の鳥取藩邸での蟄居《ちっきょ》処分であった。京都で蟄居処分中も京の町への外出は自由であった。穏健派からの「罪人たちが京を闊歩している」との苦情が藩主慶徳に上がると、慶徳《よしのり》は二十士を国元で収監することにした。元治《げんじ》元年（1864）八月九日、二十士は黒坂（日野郡）の泉龍寺《せんりゅうじ》に幽閉された。大山《だいせん》の南西にある黒坂は城下町を母体とした町で、代官所や陣屋がおかれた日野街道の要衝である。黒坂は城下町らしく寺が多い。泉龍寺《せんりゅうじ》はJR伯備線の黒坂駅の直ぐ近くにある。鳥取藩は因幡《いなば》と伯耆《ほうき》の二国を領有していた。鳥取城下から百キロ以上も隔たって出雲に近い伯耆の日野郡は鳥取藩領であった。泉龍寺の山門脇や境内には『因藩《いんばん》二十士』の碑があり、事件の概要が説明されている。尊皇攘夷から出発して倒幕を遂げ明治政府の中枢をになった長州閥の治世のためか、二十士を讃えた内容である。

慶応二年（1866）六月十八日（本圀寺事件から三年後）、二十士は鳥取城下に移された。黒坂で勝手放題に諸藩の志士と交流していたからである。城下に移送された二十人は第二次幕長戦争で長州軍が圧勝状態だと聞き、長州軍に合流しようとして脱走した。二十人は湯梨浜《ゆりはま》（現倉吉市）から出港し鳥取藩領を離脱した。一行は松江藩領の美保関《みほのせき》（出雲）に入り、さらに手結浦《たいのうら(たゆのうら)》に着いた。余談だが、手結浦《たゆのうら》は現在の鹿島原発と鹿島町恵曇《えとも》の中間にある村で、切り立った断崖の脇を通る曲がりくねった県道37号沿いの海岸集落である。足を運んでみて、よくここまで来たものだと感心する。手結浦で出雲藩の役人の取り調べを受けることになる。二十士のうちの五名は本圀寺事件の証言者としてその場に留まることとし、残りの者（十四人）

は長州に向けて旅立った。ところが、本圀寺事件で死亡した重臣四名の遺族が仇討《あだうち》をしようと手結浦まで追いかけて来たのである。証言役として手結浦にとどまった五名は斬り殺された。長州に辿り着いた者は長州藩庁で藩主に拝謁した。長州藩は第二次幕長戦争を勝ち抜いた時期で、倒幕に向け始動した時期でもあった。

和田かたの父の和田邦之助《くにのすけ》は天保《てんぽう》九年（1838）の生まれで、藩主の慶徳とは一歳違いである。『因幡二十士事件』を巡って、鳥取城内では城代《じょうだい》家老《がろう》の和田邦之助（25）が二十二人を扇動したとの噂が流れたという。風聞だけであり証拠は無かったが、和田邦之助は幕末期に若い藩士たちに尊皇攘夷《そんのうじょうい》思想を指導して『賢大夫《けんたいふ》』と称されていたことは事実である。若い邦之助は無実を訴えたくて切腹を申し出たが許されなかった。邦之助は次第に精神の変調を来し、職務遂行不能となって療養生活に入った。士籍を藩に返上すると、領地の松崎に隠棲した。松崎は現在の湯梨浜町で東郷湖の南東岸である。和田家は高禄であり、「準藩」として松崎に陣屋を構えた家柄であり、自前の家臣をもった。邦之助は自領の松崎に隠棲したわけである。

鳥取藩主の池田慶徳《よしのり》は、水戸藩主徳川斉昭の子なので、幕府十五代将軍の徳川慶喜《よしのぶ》とは兄弟である。従って落ち着いて考えれば、藩主の頭の中は立場上、公武合体・尊王・敬幕・攘夷がないまぜにならざるを得ない。純粋な尊皇攘夷論の和田邦之助とは意見を異にした。藩主慶徳は過激派と通じた邦之助を信任せず忌避していたともいわれるがこれも噂である。一方、京を中心に国内で天誅《てんちゅう》と称する暗殺が横行し治安は悪化していくのに、鳥取の国元の家老連中はどうしてよいやら判断がつかず右往左往であった。京詰めや江戸詰めをして世情に明るい和田邦之助は、若い藩主慶徳《よしのり》が他藩の志士らによる天誅《てんちゅう》に巻き込まれることを懸念した。和田邦之助は江戸詰めを中断し、江戸から因幡まで藩主に付き従って護衛している。前述のように、和田邦之助は隠居して松崎で隠遁生活に入ったが、朝晩、鳥取の方角に向かって遙拝しつづけていたという。

和田かたは三木露風《みきろふう》の母となる人である。彼女は明治二年（1869）十月十日に和田邦之助の子として生まれた。出生地が松崎（伯耆国《ほうきこく》）なのか鳥取（因幡国）なのかはっきりしない。かたの生年月日には三説がある（明治二年説は和田氏系図によるもので、墓碑は明治三年とし、龍野市戸籍は明治五年である）。

かたは邦之助（31）の隠棲先の松崎で生まれたはずだと思って松崎の地を訪れてみたが、もはやかたの事蹟を知る人はいない。地元の郷土史家によれば、かたが生まれたのは松崎ではなく鳥取かも知れないという。犯罪者扱いだった邦之助は、娘のかたを堀家の養女に出した。堀《ほり》正《ただし》は和田家の重臣である。堀正の養女となったかたが東郷湖畔の松崎で育ったことは間違いない。かたは父が無実だと信じていた。和田邦之助は松崎で生涯を閉じたが、没後の明治四十年に朝廷から従四位を贈られ名誉を回復された。邦之助の墓はＪＲ松崎駅から北東三百メートルの西向寺にある。ひときわ大きな墓であり、そばに従四位と書かれた碑がある。

養父の堀正《ほりただし》は西南戦争に従軍したのち、龍野刑務所の警部として兵庫県の龍野《たつの》に赴任した。ここで『龍野』が登場するのである。かたは堀の赴任先の龍野では円覚寺に預けられた。円覚寺の住職（罫采教順《はなつきょうじゅん》）が実質的な養父となった。堀正はやがて高知刑務所に着任したが、かたは龍野に留まった。かたは明治十年前後に制度化された初等教育を受けることになった。円覚寺の住職は飛び級を繰り返すかたの学力と明晰《めいせき》な頭脳に驚嘆した。住職はかたの話を瀧野の名士であった三木家に持ち込んだ。三木家は龍野藩（城主脇坂氏《わきさかし》）で要職を務めた家柄で、幕末・維新期の三木家の当主の三木制《みきおさむ》は寺社奉行職であった（『制』を『すさむ』と読ませている文献が多い）。明治維新後、三木制《みきおさむ》は国立『九十四銀行』の頭取を務めたほか、龍野の初代町長に選ばれる信望の厚い人物だったという。三木制《みきおさむ》は、和田かたの家柄やその人物を勘案した上で、息子節次郎《せつじろう》の嫁として和田かたを迎えることとした。明治二十一年四月（1888）である。和田かたは十六歳、節次郎（三木露風の父）は二十二歳とされる。

三木操《みさお》（露風《ろふう》）は明治二十二年（1889）六月二十三日に龍野で生まれた。節次郎（24）とかた（18）の第一子である。その後（1892）、第二子の勉《つとむ》も生まれた。不幸にもかたの結婚生活は長くは続かなかった。かたにとって節次郎はとんでもない配偶者であった。節次郎は『九十二銀行』の社員であったが、実務能力を全く欠いた人間だった。おまけに節次郎は身持ちが悪く、大阪まで出かけていっては放蕩《ほうとう》を重ねた。節次郎が事業を手掛けてもことごとく失敗した。かたは実質養父の円覚寺住職（罣采教順《はなつきょうじゅん》）に夫の行状《ぎょうじょう》の相談をしていた。ついに節次郎の父の制《おさむ》が息子夫婦の調整に乗り出した。制《おさむ》はかたの将来を考え節次郎との離婚はやむをえないと断を下した。ただし跡継ぎの長男は三木家に置いて出ていく条件をつけた。明治二十八年、かたは、この処世の術《すべ》を学んでおらずかつ身持ちも悪い配偶者を見限った。かたは長男の操《みさお》（のちの露風《ろふう》）を三木家に残すと、二男の勉を背負って鳥取の養父の堀家に帰って行くことになった。操《みさお》（露風）が幼稚園から帰宅すると、もうそこには母の姿は無かった。

操《みさお》（露風）は彼の父の節次郎と一緒に祖父

（三木制《みきおさむ》）の家に引き取られた。操の父の節次郎はやがて斉藤シズという女性と再婚し、一子（正夫）をもうけた。さらに節次郎はシズとも離婚して龍野を棄て、神戸市に移り住むとそこで谷口つるという女性と所帯を持った。結局、父母を失った操《みさお》（露風）は祖父の制《おさむ》に育てられることになったのである。

失意のかたにも少しづつ展望が開けてきた。養父の堀正《ほりただし》が東京に仕事をもつことになったことが契機であった。学生寮の舎監《しゃかん》の仕事である。かたは職業婦人として経済的に自立することを決心し、養父を頼って東京に出て看護婦の道を選ぶことにした。乳飲み子の勉《つとむ》を抱えて東京に旅立つかたの姿を心配した和田家の旧家臣が、ちょうど東京専門学校（一九〇二年より早稲田学校）への入学が決まり上京することになっていた地元の十七歳の少年に、「和田のお嬢さんを送ってやってくれ」と依頼した。この十七歳の少年の碧川企救男《みどりかわきくお》こそやがてかたの夫となる人であった。碧川企救男《みどりかわきくお》は米子裁判所長の碧川真澄の二男で、かたより八つ年下である。企救男は東京までかたと勉に同行した。

東京に出たかたは帝国大学（今の東大）の看病法講習科に入学した。履修期間は二年である。かたは昼間には看護婦業をやり、夜は看護学を学ぶ生活を送った。乳飲み子の勉の授乳をしながら仕事と勉学を続けた。そんな折、龍野の三木家から勉《つとむ》も引き取りたいと言ってきた。彼女は再び幼子を手放した。かたが東京帝大の付属看護学校で学んでいた時期に、操《みさお》（露風《ろふう》）は弟の勉や節次郎が斉藤シズとの間にもうけた子（正夫）と一緒に龍野の祖父（三木制《みきおさむ》）の家で暮らした。看病法講習科を卒業したかたは東京帝大附属病院に就職し、そこで七年間働いた。

明治三十五年（1902）、かたはドイツへの官費留学の誘いを東京帝大から受けた。その時かたは碧川企救男《みどりかわきくお》（25）から妻になって欲しいと思いがけない求婚を受けた。かつて上京するかたを駅に送ってくれた少年である。この年に碧川企救男《きくお》は小樽《おたる》新聞に勤め始めたばかりで、北の果ての小樽《おたる》に住んでいた。かた（33）は企救男の求婚を受け容れた。操《みさお》（露風）が十三歳の時のことである。

碧川かたは夫の企救男と小樽に暮らした。結婚後間もなく、企救男の勧めで受洗し、キリスト教徒となった。企救男の父（真澄）もキリスト教徒である。かたは勉《つとむ》まで手放したことを生涯悔いていた。その苦悩があった。このころ小樽日報の石川啄木と知己になっている。かたは小樽で聴講したある講演を機に、社会主義に目覚めてゆく。看護婦として修練を積みつつ、社会活動にも参加し、社会的弱者に手を差し伸べた。足尾鉱毒《あしおこうどく》事件の救済活動や廃娼《はいしょう》運動に挺身《ていしん》した。

ある年、碧川企救男《みどりかわきくお》が懸賞小説で一等に入賞した。それが縁で企救男は東京の報知《ほうち》新聞社に勤めることになった。かたは四十六歳であった。大正四年（1915）、養父の堀正（77）が病没した。それを追うように病弱だった二男の勉《つとむ》が早世《そうせい》した。

三木《みき》操《みさお》（露風）は早熟である。小～中学生の頃から、自作の詩や俳句・短歌を新聞や雑誌に寄稿していた。十七歳で処女詩集を出すと上京した。母と別れてからも露風はずっと母と文通を続けていた。三木露風は二十七才から三十五才まで、北海道の上磯町（現・北斗市）のトラピスト修道院の文学講師を務めた。大正十年、露風（32）はトラピスト修道院でカトリックの洗礼を受けている。鈴木三重吉の赤い鳥運動に参加し、童謡の作詞を手掛けるようになったのは三十才の頃からである。

童謡の『赤とんぼ』は切ない。『赤とんぼ』は大正十年（1921）、函館のトラピスト修道院で赤とんぼに出会った時に生まれた作品である。操は六歳で母と別れた。修道院の夕暮れ時に赤とんぼを見た露風は龍野で過ごした幼い頃を懐かしく思い出した。郷愁にあふれた歌詞である。露風の『赤とんぼ』の詩を山田耕筰が歌にした。

　傷《いた》みは人をいじけさせたり、研ぎ澄ましたりする。三木操《みさお》が本当の三木露風になるのに随分の歳月を要した。『昇華《しょうか》』は時間を必要とするのである。こうした傷みの精神力学を坂村真民《しんみん》が詩で表現している。

かなしみは、みんな書いてはならない
かなしみは、みんな話してはならない
かなしみは、わたしたちを強くする根
かなしみは、わたしたちを支えている幹
かなしみは、わたしたちを美しくする花
かなしみは、いつも枯らしてはならない
かなしみは、いつも湛《たた》えていなくてはならない
かなしみは、いつも噛《か》みしめていなくてはならない

　昭和三年（1928）、三木露風は東京都三鷹市《みたかし》牟礼《むれ》に移り住んだ。その後、三木は死去するまでの三十六年間をこの地で過ごした。当時の三鷹は桑畑や雑木林が連なる武蔵野の田園地帯であったらしい。露風はこの地の自然をいたく愛し、幼い日の龍野の城（別名、霞城《かじょう》）にあやかって自宅を「遠霞荘《えんかそう》」と名付けた。露風の心象風景は龍野にあったのである。

　昭和三十九年（1964）十二月二十一日、露風（75）は三鷹市内でタクシーにはねられて頭蓋内出血を来した。意識が戻らないままに彼は年末の二十九日に他界した。母のかたが他界してから三年弱のことであった。日々の喧騒《けんそう》や煩雑を

超越したこの巨人にあっても、死はあっけなく訪れるものである。

揖保川《いぼがわ》の流域に開けた小平野《しょうへいや》の龍野は五万三千石の龍野藩の城下町である。龍野城址から揖保川《いぼがわ》に到る狭い通りには武家屋敷や白壁の土蔵が数多く残っており、実に落ちた着いた城下町である。一方で露風が育った龍野は港町でもある。海への玄関口は御津町《みつちょう》の室津港《むろつこう》である。室津港は龍野の中心部からはおよそ十五キロの距離にある。『室津海駅館《むろつかいえきかん》』で学芸員さんにお話しを伺った。

室津港《むろつこう》は三方を山に囲まれた理想的な港です。室《むろ》のように、風が吹き込まない入り江になった碇泊地《ていはくち》を室津と称しますが、あなたの住む山口県にもいくつかあるでしょう。龍野の室津（御津町《みつちょう》）は、福泊《ふくどまり》や魚住泊《うおずみのとまり》、大輪田泊《おおわだのとまり》、河尻泊《かわじりのとまり》と並んで、奈良天平時代の行基が開いた『摂播五泊《せっぱんごはく》』の一つです。奈良時代から良港として栄えました。この辺《あた》りの良港は全て兵庫県にあります。建武政権《けんむせいけん》の後醍醐天皇に追われた足利尊氏《あしかがたかうじ》が九州に落ち延びる時、ここで軍議を開いています。江戸時代には西国大名たちは参勤交代《さんきんこうたい》のために龍野の室津に到着したのち陸路で江戸に向かっています。参勤交代で江戸に上る西国大名八十家のうち、六十家が室津に上陸していました。つまり室津は宿場町でもあったのです。もちろん朝鮮通信使《ちょうせんつうしんし》の一団もこの港に上陸し、ここから徒歩で江戸に向かっています。瀬戸内海は広島あたりからこの室津までリアス式海岸です。ここから東の海岸は砂浜です。特にこの室津港は水深が深く、昔から大型船が着岸できました。室津から東側の海辺は浚渫《しゅんせつ》をしたところで十分な水深にはなりません。また、ここ室津は醤油《しょうゆ》の醸造でも栄えました。

筆者の目には、室津は「日常」がそのまま息づく所だった。観光の看板も標識も皆無である。漁業に従事する人たちが埠頭《ふとう》で作業にいそしんでいた。露風は室津の海を眺めたのであろうか。

あとがき

筆者は古いモノに妙に関心があります。昔ながらの言葉で語り、昔ながらの生活様式を守って暮らす人々、古老の方々の表情、こころざしならず失意のうちに世を去った逸材たち、伝統神事など、いずれに接しても深い感慨がありま す。日本の原風景はもはや僻地《へきち》にしか残っていません。国土の片隅で伝統に根差した生活を送っている人々に触れるのは無上の喜びです。例えば離島です。離島には本当に「古いもの」が保存されています。島民の言葉や表情がまさにそうです。さすがに報道が発達した現代にあっては、大都会や海外のことをまるで知らずに生活し続けることは難しいことでしょう。それでもわずかに命脈を保って息づく古い証言や習俗を写し取っておこうと思い、ノートを手に、休日を使っては散策を続けています。

欧米を模倣《もほう》して恥じないこの国の為政者や国民性にはため息がでます。ごく身近にあった貴重な文化遺産を惜しげもなく棄て去り、各地で古い記憶や貴重な文物が急速に失われています。取り返しがつきません。あちこちに出かけては歴史・郷土資料館や図書館を訪れます。資料室でその土地の由緒や来歴などの資料を漁り複写をお願いして持ち帰っている。そうした複写資料を自宅で製本します。自分の郷土に関心を持つ人は実に少ないというのが率直な印象です。自宅直ぐそばの山城や古墳にすら気付かない住人に唖然《あぜん》とします。

しかしまた一方で、破壊された建造物や焼失した文化財はそのまま放置で構わないとも思っています。新建材やコンクリート造りの新しい城を見ても何の感動もありません。壊れたものや消え去ったもの「そのまま」に意味があるのです。廃墟に立てば想像が広がります。自由度が広がります。擬物《まがいもの》を乱造しないで欲しいものです。

今回、いささか詳しすぎる地理解説をしました。読者が興味を持たれ、それらの地を訪れてみようと思われた時の参考に、そしてまた、もしかしたら開発で失われてしまうかも知れないという危惧のためにです。

著者紹介

一九四八年、山口県生まれ。山口大学医学部卒業の後、三年間の病院勤務を経て、二十余年の学者生活に入る。専攻は生理学系薬理学や生物物理学。国内や北米（合衆国、カナダ）で実験研究と教育に従事。その後、郵政省の医務機関勤務を経て、現在、柴田病院（山口市）勤務。

趣味は読書と執筆、将棋と囲碁。休日を利用した史跡（古城、遺跡）巡りや孤島巡り。著書は『物陰のキングコング（東洋出版）』、『ほう、妊婦が来るたびにウサギを殺すのかね（東洋出版）』、『あなたの誕生日はこんな日、三百六十六日の文化人類学、生命科学、歴史学（ブイツーソリューション）』、『穴門《あながと》（ブイツーソリューション）』など。

ふるい人たち
妻と訪ねる休日

二〇二一年十月十日　初版第一刷発行

著　者　佐田英明
発行者　谷村勇輔
発行所　ブイツーソリューション
〒四六六・〇八四八
名古屋市昭和区長戸町四・四〇
電　話　〇五二・七九九・七三九一
ＦＡＸ　〇五二・七九九・七九八四
発売元　星雲社（共同出版社・流通責任出版社）
〒一一二・〇〇〇五
東京都文京区水道一・三・三〇
電　話　〇三・三八六八・三二七五
ＦＡＸ　〇三・三八六八・六五八八
印刷所　モリモト印刷

万一、落丁乱丁のある場合は送料当社負担でお取替えいたします。ブイツーソリューション宛にお送りください。

ISBN978-4-434-29184-5